Von Kopf bis Fuß

Christine Kutschbach / Falko Schmieder (Hg.)

Von Kopf bis Fuß

Bausteine zu einer
Kulturgeschichte der Kleidung

Kulturverlag Kadmos Berlin

Die Drucklegung des Bandes wurde vom Bundesministerium für Bildung und Forschung unter dem Förderkennzeichen 01UG1412 gefördert.

Bibliografische Information der Deutschen Nationalbibliothek

Die Deutsche Nationalbibliothek verzeichnet diese Publikation in der Deutschen Nationalbibliografie; detaillierte bibliografische Daten sind im Internet über <http://dnb.d-nb.de> abrufbar

Internet: www.kulturverlag-kadmos.de
Umschlaggestaltung: Kaleidogramm. Coverbild © D.M. Nagu, 2015
Gestaltung und Satz: Readymade, Berlin
Druck: Finidr
Printed in EU
ISBN 978-3-86599-289-5

Inhalt

6

7

SIGRID WEIGEL GEWIDMET,
IM ZWANZIGSTEN JAHR DES ZFL

Von Kopf bis Fuß. Bausteine zu einer Kulturgeschichte der Kleidung

Christine Kutschbach und Falko Schmieder

»Es hat sich uns ergeben, daß in der Mode sozusagen die verschiedenen Dimensionen des Lebens ein eigenartiges Zusammenfallen gewinnen«[1] – diese Bemerkung aus Georg Simmels *Philosophie der Mode* (1905) deutet an, warum sich Simmel und andere Exponenten der ›Ersten Kulturwissenschaft‹[2] wiederholt mit dem Phänomen der Mode beschäftigten. In ihm erscheinen wie in einem Brennglas vielfältige Aspekte der Moderne gebündelt und wechselseitig aufeinander bezogen: religiöse, ästhetische, mediale, historische, ökonomische, psychologische, soziale, ethische, politische, geschlechtsspezifische und andere mehr. Vor diesem Hintergrund verwundert es nicht, dass die Auseinandersetzung mit der Mode als eine Art Königsweg zu einer Theorie der Moderne erscheint und dass umgekehrt die Moderne häufig in Bildern der Mode beschrieben werden konnte: als Flüchtige, Beschleunigte, stetem Wandel Unterliegende, als ästhetische Innovation, Dialektik von Altem und Neuem. An der Mode bewährt sich der für die Historiografie der Moderne geltende Leitsatz, dass ihre Geschichte permanent um- und neugeschrieben werden muss, da im Lichte des Neuen stets andere Aspekte der Vergangenheit obsolet oder aktuell erscheinen.

Die Überdeterminiertheit des Begriffs der *Mode* verdankt sich nicht zuletzt der Expansion von Wechsellogiken und Wandlungsdynamiken, die zunächst auf das Feld der *Bekleidung* beschränkt waren, auf immer weitere Bereiche der Gesellschaft. Diese – unter dem Stichwort ›Vermodung‹ gefasste – Dynamik dürfte umgekehrt zur Folge haben, dass auch die Kleidung in neuer Weise von der Gesellschaft und ihren Teilsystemen ergriffen, durchdrungen, neu ›in Form gebracht‹ und inszeniert wird. Überblickt man die jüngeren Debatten, dann lässt sich eine Fülle von Schauplätzen ausmachen, auf denen Aspekte der (Be-)Kleidung neu verhandelt und zum Gegenstand von teilweise erbitterten Auseinandersetzungen geworden sind. Sie zeigen nicht nur, dass die Moderne aufgrund der ihr eigenen Innovationsdynamik (oder schärfer: als dem Wandlungsimperativ und Veränderungszwang [›Diktat der Mode‹] unterworfene) gewissermaßen per definitionem eine Gesellschaft im Übergang ist, sie deuten auch an, dass sich neben den Phänomenen eines scheinbar selbstverständlichen Wandels hier und da bislang gültige Hintergrundgewissheiten oder temporär stabilisierte Wahrnehmungsweisen und Welthaltungen aufzulösen und anders zu konfigurieren beginnen.

Vier Stichworte, an denen sich das näher verdeutlichen ließe, sind die Globalisierung, die ökologische Krise, der religiöse Fundamentalismus und die Medialisierung. Wie raumübergreifend und komplex Prozesse modischer Innovation gedacht werden müssen, offenbart die Vielzahl neuer hightech Materialien und Kleiderstoffe, deren Geburtsstätten nicht selten Weltraumforschung und Rüstungslabore sind. Die Stufenleiter dieser Stoffe kann unter Umständen vom Raumanzug über militärische Ausrüstung und Accessoires für den Hochleistungssport bis hinab zur Alltagskleidung führen – am Fuße der Leiter mögen dann extrem strapazierfähige Wanderschuhe stehen, die Nanofasern enthalten und die mit einem Spray zu behandeln empfohlen wird, das diverse Nanopartikel enthält. Kleidung anlegen kann dann, in Abwandlung eines provokativen Bonmots von Friedrich Kittler, als eine Art Missbrauch von Heeresgerät angesehen werden. Dies scheint insbesondere für jüngere Tendenzen einer Medialisierung der Kleidung zu gelten, in deren Zuge Kleidung mit Sensoren und allerlei technischem Gerät ausgestattet und in den öffentlichen Debatten unter dem Stichwort der ›intelligenten Kleidung‹ verhandelt wird. Hier führt der Weg in umgekehrter Richtung, *bottom up*, vom Individuum, das eine private Joggingtour mit Pulsmesser und Strecken-Navi absolviert, zum alles ortenden Satelliten im Weltall, auf dessen Daten die Überwachungsbehörden ›im Notfall‹ zurückgreifen können. Im Bereich des Sports, der seit dem ersten Drittel des 20. Jahrhunderts im Zeichen der Jagd nach dem Rekord zu einem Exerzierfeld der Einübung von grenzüberschreitendem Verhalten und zum Instrument der Disziplinierung und Modellierung des Körpers geworden ist, führen diese Innovationen zu der Diskussion darüber, ob es sich – bei neuartigen Schwimmanzügen etwa – um legitime Mittel der Leistungssteigerung handelt. Solche hightech Kleidungsformen werfen damit epistemisch ähnliche Fragen auf wie das Doping oder der Einsatz von Prothesen.

Ein wenn nicht neuer, so doch in neuer Weise dringlich gewordener Aspekt der fortschreitenden Verwissenschaftlichung und Technifizierung der Kleidung ist deren Belastung mit vielfältigen toxischen Stoffen, die zuletzt in den Debatten um Chemikalienrückstände in (Kinder-)Kleidung beziehungsweise um die Überschreitung von Grenzwerten kanzerogener Stoffe erörtert wurde. Dass es sich hierbei jedoch nicht in erster Linie um ein ›technisches‹, sondern vor allem um ein soziales Problem handelt, lässt sich im Rückgang auf den Grund der Produktion von Kleidung verfolgen. Verheerende Unglücksfälle wie zuletzt der Einsturz der Textilfabrik Rana Plaza in Bangladesch bringen für kurze Zeit ins Bewusstsein, was ansonsten verdrängt wird: dass nämlich ein nicht geringer Teil der Kleidungsproduktion insbesondere in den sogenannten Entwicklungsländern unter katastrophalen sozialen und hygienischen Bedingungen abläuft. Der Zusammenhang von Kultur und Barbarei, den Walter Benjamin gegen ein bildungsbürgerliches Verständnis von Kultur herausgestellt hat, lässt sich demnach gerade auch an den profanen Gegenständen der Kleiderwelt greifen.

Es versteht sich von selbst, dass Kleidung nie eine neutrale ›Sache‹ war. Ein Aspekt der ökologischen Wende des Bewusstseins besteht aber darin, dass die Kleidung – und Gleiches ließe sich von der Nahrung sagen – in unübersehbarem Maße zu einem Politikum geworden ist. Ein frühes

Symbol dieser Wende war die Jutetasche, die angesichts ausufernd dispergierenden Plastikmülls dabei ist, ein Revival oder neue Anhänger zu finden. Ein perennierendes Motiv ist die Pelzkritik von Tierschutzaktivisten, die sich mit zeitgenössischen Trends wie dem Lederschuhe und Wollpullover ablehnenden Veganismus verbindet.

Die im Zeichen eines verschärften Globalisierungswettkampfs erwachsenen Auseinandersetzungen um das Problem von Fälschungen etablierter Marken und Labels bilden einen weiteren Schauplatz aktueller Debatten. Auch hier ergeben sich vom Feld der Mode aus Anschlüsse an gleichgelagerte grundsätzliche Fragen auf benachbarten Gebieten wie beispielsweise der nach dem Recht der Herstellung von medizinischen Nachahmerpräparaten (Generika) oder der Forderung einer (technisch möglichen) kostenlosen Reproduzierbarkeit digitaler Inhalte.

Wenn sich die Kleidung des Menschen, nicht selten gefertigt aus der Haut der Tiere, als eine ›zweite Haut‹ verstehen lässt, so ist auch die menschliche Haut selbst als existentielle Hülle anzusehen, die das Individuum gewissermaßen einkleidet, auch wenn sie der zusätzlichen Bedeckung bedarf. In immer größerem Maße wird sie in die Regelwerke von und in Kleiderordnungen einbezogen. So erweitert sich beispielsweise das Spektrum der Durchdringung von Körper und Gesellschaft durch die Entwicklung von Schönheitschirurgie und die Expansion der Tattoo-Kultur in einer Weise, die in mancher Hinsicht zugleich als Wiederkehr und Neubelebung älterer, vermeintlich gänzlich der Vergangenheit angehörender Formen erscheint. Adolf Loos' Feldzug gegen das Ornament, der mit der Annahme verbunden war, dass der »Mensch niemals zur Tätowierung seines Gesichtes zurückkehren wird«,[3] und Sigmund Freuds Bemerkungen zu Scham und Schamverlust geben im Lichte heutiger Erfahrungen schockhaft zu erkennen, wie tiefgreifend sich die gesellschaftlichen Wahrnehmungsweisen, ästhetischen Werte und Affektkulturen verändert haben. Der Begriff der ›Wiederkehr‹, der in dialektischer Spannung zur These des ›Nachlebens‹ steht, verweist auf eine – mit der Moderne und ihrer dynamischen Entwicklung anscheinend unausweichlich verbundene – wachsende Gleichzeitigkeit des Ungleichzeitigen. Sie kommt zum Ausdruck in Desintegrationserfahrungen und dem Bedürfnis nach neuen Gemeinschaftsformen und autoritärer Führung. Ein zumindest hierzulande in Erscheinung tretendes Feld, auf dem die Rede von der ›Wiederkehr‹ notorisch begegnet, ist das der Verallgemeinerung der Armut, die nicht zuletzt an der synthetischen Billigkleidung der Unterschichten ihren öffentlich sichtbaren Ausdruck findet. Die dialektische Kehrseite hierzu bildet das wiederaufgelebte Bekenntnis zum Luxus, zur Verschwendung und ästhetischen Exzentrik, die sich an ausgefallenen Kleidungsstücken ebenso wie an einer Vielfalt neuartiger Accessoires ablesen lässt. Die Implosion traditioneller Fortschritts-, Rationalisierungs- und Säkularisierungsnarrative dokumentieren vielleicht am sinnfälligsten die aktuellen Diskussionen über das Kopftuch bzw. Verschleierungen und das Tragen religiöser Symbole. Diese häufig ebenfalls unter dem Stichwort einer ›Wiederkehr‹ oder Konjunktur des Religiösen debattierten Fragen, die nicht selten auch im Zeichen eines neuen Fundamentalismus und ›Kulturkampfs‹ diskutiert werden, legen auf dem Feld der Bekleidung die Hinterfragung des eindimensionalen Übergangsmodells von vormodernen, für traditionelle Ständegesellschaften typischen *Kleiderordnungen* zu dem für die Moderne und ihre individualisierte Freiheitsordnung charakteristischen Phänomen der *Mode* nahe. In eine ähnliche Richtung weist die ubiquitäre Zurschaustellung von Markenzeichen oder -namen. Die durch Kleidung artikulierten Bekenntnisse scheinen auf intensivierte Praktiken der Subjektivierung und Selbstverwirklichung, Bindungssehnsüchte, Identifikationsbedürfnisse oder Gruppenzwänge hinzudeuten.

Die hier nur ausschnitthaft und grob beschriebenen aktuellen Schauplätze zeigen, dass sich Reflexionen über Formen der Bekleidung nicht auf die Sphären von Laufsteg, Schaufenster und Glamour-Journal beschränken und auch nicht in die Reservate des schönen Scheins und der reinen Funktionalität flüchten sollten. Um das »eigenartige Zusammenfallen« verschiedener Dimensionen des Lebens in der Mode zu untersuchen, bieten sich die Kulturwissenschaften als ein empfängliches Reflexionsorgan an. In vielen ihrer Arbeiten hat Sigrid Weigel die paradigmatische methodische Bedeutung von Ansätzen der ›Ersten Kulturwissenschaft‹ herausgearbeitet. Ein auffälliger Zug dieses gegen Geschichtsphilosophie und Positivismus gleichermaßen gerichteten epistemologischen Neuansatzes ist die Erschließung von Untersuchungsgegenständen, die quer zu den etablierten Disziplinen stehen und sich einzelwissenschaftlich nicht dingfest machen lassen. Kulturwissenschaft ist in dieser Perspektive Übertragungsforschung, Schwellen- und Transferkunde, eine Arbeit an Übergängen, Bruchstellen, Verwerfungen und Verwebungen, eine Operation an verschiedenen Texten und Texturen, die in Form stereoskopischer Zugänge erschlossen werden. Die Entgrenzung des Fragehorizonts geht zugleich mit einem veränderten Verständnis einzelner Phänomene oder Zeichen einher, die sowohl aus ihrer Isolierung als auch aus der Verortung in philosophischen Entgegensetzungen wie materialistisch/idealistisch, abstrakt/konkret oder universell/partikular befreit werden. Vertreter der ›Ersten Kulturwissenschaft‹ »betrachten das Einzelne nicht als *Teil* des Ganzen, sondern als *Detail*, in dem das Ganze entzifferbar wird.«[4] Mit diesem Ansatz einer Epistemologie des Konkreten[5] ist schließlich ein scharfes Bewusstsein für die doppelte Historizität der Sachen und Begriffe verbunden: »Entschiedene Abkehr vom Begriffe der ›zeitlosen Wahrheit‹ ist am Platz. […] Wahrheit ist nicht […] eine zeitliche Funktion des Erkennens, sondern an einen Zeitkern, welcher im Erkannten und Erkennenden zugleich steckt, gebunden. Das ist so wahr, daß das Ewige jedenfalls eher eine Rüsche am Kleid ist als eine Idee.«[6] Walter Benjamin und andere Exponenten der ›Ersten Kulturwissenschaft‹ übertragen damit philologische Methoden auf Gegenstandsfelder, die über Texte hinausreichen, um die Dinge und Phänomene der Alltagskultur lesbar zu machen und die in ihnen sedimentierten historischen Gehalte sowie ihre kulturellen Voraussetzungen und Vermittlungen zu dechiffrieren.

Dieses Verfahren möchte das Buch an Gegenständen und Details der Bekleidungswelt erproben. Die einzelnen Beiträge sind nicht nach der Ordnung des Alphabets angeordnet oder an der Anatomie des menschlichen Körpers orientiert, sondern nach einer Art Korrespondenzprinzip montiert, so dass sich die aufeinanderfolgenden Beiträge wechselseitig erhellen, kommentieren oder auch herausfordern. Der Band stellt Materialien und Bausteine zur Verfügung, die geeignet sind, die Breite des Feldes, den Beziehungsreichtum und die Komplexität des Themas zu verdeutlichen und so zu einem neuen Bewusstsein der Vielfältigkeit von Problembezügen und Dimensionen beizutragen, die in Formeln wie ›Theorie der Mode‹ oder ›Theorie der Kleidung‹ unterzugehen beziehungsweise vorschnell abgeschnitten oder vereindeutigt zu werden drohen. Als Bausteine mögen sie brauchbar sein, neue theoretische Anläufe zur Erschließung des Zusammenhangs von Kleiderordnungen und übergreifenden kulturellen und sozialen Entwicklungen zu inspirieren.

Von Kopf bis Fuß. Bausteine zu einer Kulturgeschichte der Kleidung versammelt Beiträge von Wissenschaftlerinnen und Wissenschaftlern, die am Zentrum für Literatur- und Kulturforschung Berlin arbeiten oder gearbeitet haben. Somit durchdringen sich hier Erfahrungsgehalte verschiedener aktueller oder ehemaliger Arbeitsschwerpunkte, etwa zu den Themen Religionskulturen oder dem Forschungsfeld Erbe/Erbschaft/Vererbung. Insbesondere nehmen die Texte Anregungen aus dem Band *Die Ordnung pluraler Kulturen* auf, in dem das Konzept der *Kleiderordnungen* im Verhältnis zu den benachbarten Konzepten der *Bildordnungen* und *Affektordnungen* entwickelt und profiliert wurde.[7] Die Herausgeber danken ihren Kolleginnen und Kollegen für die Text- und Bildbeiträge, Gwendolin Engels für das sorgfältige und kenntnisreiche Lektorat sowie Judith Elisabeth Weiss und Johann Gartlinger für die Unterstützung bei der Bildredaktion. Das Buch ist Sigrid Weigel gewidmet, die das Zentrum für Literatur- und Kulturforschung seit ihrer Übernahme des Direktorats im Jahre 1999 zu einem international sichtbaren Ort kulturwissenschaftlicher Forschung entwickelt hat.

Anmerkungen

1 Georg Simmel: Philosophie der Mode, in: ders.: Gesamtausgabe, hg. von Otthein Rammstedt, Frankfurt/Main 1995, Bd. 10, S. 7–38, hier S. 31.

2 Zum Konzept der Ersten Kulturwissenschaft vgl. Sigrid Weigel: Kulturwissenschaft als Arbeit an Übergängen und als Detailforschung. Zu einigen Urszenen aus der Wissenschaftsgeschichte um 1900: Warburg, Freud, Benjamin, in: Alfred Opitz (Hg.): Erfahrung und Form. Zur kulturwissenschaftlichen Perspektivierung eines transdisziplinären Problemkomplexes, Trier 2001, S. 125–145.

3 Adolf Loos: Ornament und Erziehung, in: ders.: Sämtliche Schriften in zwei Bdn., hg. von Franz Glück, Wien, München 1962, S. 394.

4 Sigrid Weigel: Literatur als Voraussetzung der Kulturgeschichte. Schauplätze von Shakespeare bis Benjamin, München 2004, S. 21.

5 Das Konzept wurde von Hans-Jörg Rheinberger im Hinblick auf Ansätze einer neuen Wissenschaftsforschung geprägt, lässt sich aber auch auf die im selben Zeitraum entstandenen kulturwissenschaftlichen Ansätze beziehen.

6 Walter Benjamin: Das Passagen-Werk, in: ders.: Gesammelte Schriften, unter Mitwirkung von Theodor W. Adorno und Gershom Scholem hg. von Rolf Tiedemann und Hermann Schweppenhäuser, Bd. V.1, Frankfurt/Main 1982, S. 578.

7 Vgl. Zaal Andronikashvili, Tatjana Petzer, Andreas Pflitsch, Martin Treml (Hg.): Die Ordnung pluraler Kulturen. Figurationen europäischer Kulturgeschichte, vom Osten her gesehen, Berlin 2014.

Heimlicher Vorsprung. Siebenmeilenstiefel im Märchen und in der Geschichte

Johannes Becker

> Die Siebenmeilenstiefel waren eine der schönsten Erfindungen der alten Zeit, nur befanden sie sich leider nicht immer in den besten Händen.[1]

Siebenmeilenstiefel gab es einmal in zwei Welten: zum einen im Märchen, wo sie Wunderdinge sind, die übernatürliche Fähigkeiten verleihen; zum anderen wurden die Reitstiefel der Postreiter so genannt, »die nur alle sieben Meilen den Boden berührten, wenn Postreiter oder Gespanne an Stationen die Pferde wechselten«.[2] Als literarisches Motiv haben die Siebenmeilenstiefel eine lange Geschichte, die mindestens bis in den griechischen Mythos zurückreicht, wo Perseus von den Nymphen Flügelsandalen erhält – zum Dank dafür, dass er die übelriechenden Graien ins Meer wirft. In der Science-Fiction des 20. Jahrhunderts kehrt das Motiv auf – zeitgemäß – abstrakterer Ebene wieder, in der Figur der Teleportation[3], also des Reisens durch den Raum ohne zeitliche Verzögerung – und ohne ein bestimmtes Schuhwerk.

Der Aspekt, über den die Entwicklung des literarischen Motivs der Siebenmeilenstiefel mit der des modernen Transportwesens in eine historische Gleichzeitigkeit gerät, ist jener der *Beschleunigung*. 1845, zu einer Zeit, als sich das Postkutschenwesen als das europaweit wichtigste – und schnellste – Transportmittel im Überlandverkehr durchgesetzt hatte, schrieb Ludwig Bechstein in seiner Version des Märchens vom *Kleinen Däumling* über die Siebenmeilenstiefel: »[D]as waren Stiefel, *wenn man damit sieben Schritte tat, so war man eine Meile gegangen*, das war nichts kleines.«[4] 1867, als Moritz Hartmann seine Version veröffentlichte, mussten die Stiefel mehr leisten:

»Wer sie an den Füßen hatte, *legte mit jedem Schritt sieben Meilen zurück*, also mit zehn Schritten nicht weniger als siebzig Meilen.«[5] Hartmann musste seine über die Alltagssprache mit der Postkutsche verbundenen Siebenmeilenstiefel von der schnelleren Eisenbahn abgrenzen, die sich ab 1850 auch in Deutschland durchzusetzen begann: »Da ist die Eisenbahn nichts dagegen, obwohl wir uns so viel darauf einbilden.«[6]

Im Märchen sind die Siebenmeilenstiefel vom materiellen Kontext des Postwesens gelöst. Sie haben die Möglichkeit der schnellen Fortbewegung, die zur Entstehungszeit des Märchens, dem 17. Jahrhundert, ›eigentlich‹ von Pferden, Kutschen und dem dazugehörigen Straßennetz bereitgestellt wurde, in sich aufgesogen und stehen für die reine Geschwindigkeit. Solange die Postkutsche als Synonym für Geschwindigkeit schlechthin galt, genügte das Wort von den Siebenmeilenstiefeln, und die Zeitgenossinnen wussten, was gemeint war. In dem Maße, in dem die Postkutsche von der Eisenbahn ›überholt‹ wird, verliert die Rede von den Siebenmeilenstiefeln zwar ihren Bezug zur Gegenwart des Transportwesens – als literarische Geschwindigkeitsmetapher funktioniert sie bis heute. Gerade dadurch, dass im Text nicht ›verraten‹ wird, ob die Siebenmeilenstiefel auf ein bestimmtes historisch verbürgtes Verkehrsmittel verweisen, können auch heutige Leserinnen, die Autos und Flugzeuge kennen, ihre Vorstellungen von Geschwindigkeit auf sie projizieren.

Genauso wie die *Materialität* des zeitgenössischen Kontexts ausgeblendet wird, bleibt auch die wichtige Frage nach dem *Material* der Stiefel selbst ohne Antwort: Sind es welche mit Absätzen oder Sporen, aus Leder, reichverziert und nach Maß angefertigt, oder grobe Holzschuhe für alle Füße, mit Stroh ausgestopft? Die Stiefel sind entmaterialisierte bzw. sich je neu materialisierende, gespenstische Dinge, und insofern die angemessenen Repräsentanten ihres Mediums, der Fiktion. Anders als die die Räume des 17. bis 19. Jahrhunderts durcheilenden Postkutschen bleiben die märchenhaften Siebenmeilenstiefel nicht in der ›Alten Zeit‹ zurück, in der sie ›erfunden‹ wurden, sondern wirken fort als Protagonisten eines durch die Zeiten wandernden, die jeweilige Gegenwart assimilierenden Vorstellungsvermögens – und sind als solche mit der Eigenschaft versehen, »sich nach Bedürfnis auszudehnen oder zusammenzuziehen«, so dass sie »auf den Fuß jedes jeweiligen Besitzers« passen.[7] Das ließ sich von Postkutschen gerade nicht sagen, diesen ungefederten Leiterwagen, die ihre Passagiere der Materialität des zurückgelegten Weges rücksichtslos auslieferten und die darum nicht nur ›Walkmühle‹ und ›Knochenknacker‹, sondern auch ›Höllenpfad‹ und ›Teufelsweg‹ genannt wurden. Charles Perrault geht in seiner Version des Märchens aus dem Jahr 1697 zwar ebenfalls darauf ein, dass die Stiefel sich an die Besitzer anpassen, erwähnt aber im Gegensatz zu Hartmann und Bechstein auch, dass, wie die Postkutsche es mit ihren Passagieren tat, die Stiefel ihre Träger übermäßig ermüden (»les bottes de sept lieues fatiguent fort leur homme«[8]). So kommt es, dass der böse Riese, während er den Däumling und seine Brüder verfolgt, plötzlich einschläft – so dass der

Gustave Doré, Der kleine Däumling, 1862

Däumling ihm die Stiefel rauben und damit entkommen kann.

Die Siebenmeilenstiefel sind Werkzeuge, die dem dienen, der sich ihrer bemächtigt, unabhängig von Status (›Größe‹) und Herkunft. Das heißt, in den Worten des Märchens: dem kleinen Däumling genauso wie dem großen Riesen. Sie sind ein[9] Instrument der Macht, das dazu dient, ihren Trägern (ausschließlich Männern) einen *Vorsprung* zu verschaffen – einen Vorsprung im Raum und in der Zeit, vor allem aber einen Vorsprung an Wissen. Lange bevor der Däumling am Ende des Märchens dem Riesen die Siebenmeilenstiefel raubt, weiß er, dass er mehr wissen muss als alle anderen. Heimlich belauscht er den aus der Not geborenen Plan der Eltern, ihn und seine Brüder in den Wald zu führen, und lässt, um den Rückweg zu finden – wieder heimlich –, die berühmten weißen Kieselsteine fallen. Immer muss er heimlich mehr erfahren und, was er erfährt, erneut verheimlichen: »Der kleine Däumling war klug, klüger als seine Brüder, sprach wenig und hörte und merkte viel.«[10] Seinen Wissensvorsprung nutzt er dazu, andere zu täuschen. Er sagt seinen Eltern nicht, dass er von ihren Plänen weiß, und durch eine List bringt er den Riesen dazu, nicht ihn und seine Brüder, sondern die eigenen Töchter zu töten.

Klug und überlegen ist der Däumling also, aber auch selbstgefällig und gemein. Als seine Brüder merken, dass die Eltern sie im Wald zurückgelassen haben, was er schon längst weiß, schreien und weinen sie, er aber »schrie und weinte nicht und sagte auch nichts«. Dann herrscht er sie an: »Jetzt ist genug geweint! Seid ihr Männer? Ich bin einer. […] Auf, mir nach!«[11] Des Däumlings Zugang zur Welt und zur Moral ist ein pragmatischer, seine Sprache neigt zur handhabbaren Banalität: »Gute Saat […] trägt gute Früchte«, »Gott verlässt die Seinen nicht«, »Man muss sich strecken nach der Decken«.[12]

Im Däumling hat der machtbewusste Kleinbürger seinen Auftritt, und das ist jemand, der nicht umsonst so heißt. Er zieht seinen Vorteil daraus, dass er wegen seiner geringen Größe unterschätzt wird. Anders als die adligen Helden der mittelalterlichen Epen mit ihren überlegenen Körpern, macht er durch praktische Intelligenz, leistungsstarke Hilfsmittel und Techniken der Überwachung seinen Weg. Nachdem er dem Riesen entkommen ist und noch dessen ganzes Vermögen mitgenommen hat, setzt sich der Däumling nicht etwa zur Ruhe, sondern tritt als Bote in den Dienst des Königs – er wird also Informationspolitiker. Mithilfe der Siebenmeilenstiefel ermöglicht er dem König, »seine Soldaten von seiner Stube aus kommandieren zu können, vor den Kugeln sicher, nichts von Regen und Kälte und Ermüdung zu leiden und doch ein großer Feldherr zu sein«.[13] Indem der Däumling seinen durch die Siebenmeilenstiefel gewonnenen Vorsprung konsequent in den Dienst der Macht stellt, erweist er sich als ihr ›besserer‹ Träger – und zwar nicht in einem ethischen, sondern in einem instrumentellen Sinn. Durch kluges Taktieren wird schließlich der Däumling, obwohl körperlich klein und aus einer armen Handwerkerfamilie stammend, selbst »ein großer Herr«.[14]

Anmerkungen

1 Zitate, wenn nicht anders angegeben, aus Moritz Hartmanns Nachdichtung des Märchens Le petit Poucet von Charles Perrault in: Charles Perrault: Der kleine Däumling, Berlin 1958, S. 5–22.

2 http://de.wikipedia.org/wiki/Siebenmeilenstiefel [abgerufen am 11.12.2014].

3 Seit den 1960er Jahren durch die Science-Fiction-Serie Raumschiff Enterprise als ›Beamen‹ populär geworden, ist die Teleportation zuvor schon unter der Bezeichnung ›Jaunten‹ in Alfred Besters Roman The Stars My Destination von 1956 paradigmatisch für das Genre entwickelt worden.

4 Ludwig Bechstein, Peter Liebers, Ludwig Richter: Märchen. Vollständige Ausgabe, Berlin 1986, S. 173 [Hervorhebung J. B.].

5 Perrault: Der kleine Däumling, S. 18 [Hervorhebung J.B.].

6 Ebd., S. 18.

7 Ebd.

8 Charles Perrault: Contes de Fées, Leipzig 1896, S. 25.

9 Im Mythos erhält Perseus, zusätzlich zu den Flugsandalen, noch einen Mantelsack und eine Tarnkappe.

10 Perrault: Der kleine Däumling, S. 5.

11 Ebd., S. 9.

12 Ebd., S. 6, 10, 16.

13 Ebd., S. 22. Dasselbe leistet heute, im sogenannten ›Krieg gegen den Terrorismus‹, die Drohne, eine Waffe, von der ein US-amerikanischer General sagte, sie ermögliche es uns, »mit warmen Füßen zuhause zu sitzen, während wir Macht und Effekte um die Welt schicken«. Zit. nach: Grégoire Chamayou: Ferngesteuerte Gewalt. Eine Theorie der Drohne, Wien 2014, S. 238, Anm. 5.

14 Perrault: Der kleine Däumling, S. 22.

Gagarins Raumanzug

Matthias Schwartz

Raumanzüge gehören zu Astronauten und Kosmonauten wie der Feuerwehranzug zum *Firefighter* und der Tauchanzug zum Taucher – sie sind Funktionskleidung, ohne die die Retter in der Not, Entdecker der Tiefsee und Pioniere des Weltraums ihre Heldentaten nicht vollbringen könnten. In der populären Ikonographie der bemannten Raumfahrt sind die meist monochromen, häufig amorph wirkenden Ganzkörperkleidungsstücke mit dem runden, überproportional großen Helm, die die Menschen in etwas schwerfällig sich bewegende, leicht roboterartige Wesen verwandeln, untrennbar verbunden mit dem sogenannten *Space Race*, mit *Star Wars* und mit *2001: A Space Odyssey.* Nur der erste Mensch im Weltraum, Juri Gagarin, hatte keinen. Zumindest hat man ihn nie live in seinem Raumanzug gesehen oder fotografiert; erst als er bereits zur Ikone des neuen kosmischen Zeitalters erklärt worden war, tauchte das leidige Utensil, das ihm seinen Flug gründlich verdorben und ihn fast das Leben gekostet hatte, in den Medien auf.

Das kam so. Als man in der Folge des am 4. Oktober 1957 pünktlich zum bevorstehenden 40. Jahrestag der Oktoberrevolution erfolgten Starts des ersten künstlichen Erdtrabanten – des Sputniks – fieberhaft an einer Trägerrakete für einen menschlichen Weltraumflug arbeitete, war die Frage des Raumanzugs eine Nebensache. Erst im Januar 1959 ging ein entsprechender Auftrag an die ›geheime‹ Fabrik Nr. 918, die zuvor schon die ersten ›Hunde-Kosmonauten‹ eingekleidet hatte und ansonsten mit der Ausrüstung von Militärpiloten mit feuersicheren Wärmeanzügen befasst war. Doch als im Februar 1960 massive Übergewichtsprobleme bei der Fortentwicklung des Raumschiffs auftraten, wurde der schwere Raumanzug wieder gestrichen – da die Raumkapsel ohnehin hermetisch abgeriegelt sei, reiche ein gepolsterter Trainingsanzug für den zukünftigen Insassen, so hieß es. Doch die Fertigungsingenieure für Spezialanzüge wollten nicht klein beigeben, so dass die Auseinandersetzung um die Kleidungsfrage bis zum Sommer desselben Jahres andauerte, ehe der legendäre Chefkonstrukteur des Wostok-Raumschiffes, Sergej Koroljow, persönlich intervenierte und erklärte, er sei bereit, »500 kg abzugeben«, damit »ein Skaphander mit einem lebenserhaltenden System bis Ende des Jahres fertig gestellt wird«.[1] Bis Dezember 1960 hatte man acht Unikate des später SK-1 (Kosmischer Skaphander-1) genannten Modells fabriziert, das in zwei Schichten innen aus einer synthetischen Lawsanfaser[2] und außen aus zusammengeklebten hermetisch dichten Gummifolien bestand und mit einem nicht abnehmbaren, großen Helm versehen war. Im Notfall hätte er dem Kosmonauten »zwölf Tage hygienische Bedingungen bei angenehmer Körpertemperatur gewährleistet sowie ein Überleben in kaltem Wasser von bis zu zwölf Stunden (ohne Sauerstoffzufuhr maximal immerhin fünf Stunden)«.[3]

Notwendig war diese mühevolle Handarbeit nicht – sie diente nur für den abwegigen Notfall, dass aus der Raumkapsel Sauerstoff entweicht; jede andere denkbare Katastrophe war jedoch wahrscheinlicher. Erst wenige Wochen vor dem Start beschäftigte man sich mit der Frage, wie man den Kosmonauten nach seiner Landung finden sollte. Selbst wenn alles gut ging und er über dem Territorium der UdSSR zurückkehrte, betrug die Unschärfe des Zielortes mehrere hundert Kilometer. So bekam das Gummi-Lawsankostüm noch eine dritte schlabberige, aber strahlend orangefarbene Stoffhülle, in der man den Kosmonauten nach seiner Landung in möglicherweise unbewohntem Gebiet besser vom Hubschrauber aus orten können sollte. Der Legende nach stellte ein Ingenieur der Fabrik Nr. 918, Viktor Dawidjanz, erst auf der Startrampe fest, dass das grelle Kostüm keinerlei sowjetische Hoheitszeichen oder militärische Kennmarken trug – woher sollte ein wachsamer Sowjetbürger, der Gagarin zufällig nach seiner Landung entdeckte, wissen, dass es sich nicht erneut um einen amerikanischen Spion handelte, wie bei dem im Mai 1960 abgeschossenen amerikanischen CIA-Piloten Francis Gary Powers, den Bauern gestellt hatten und dessen Gefangennahme ein großes Medienereignis wurde? So malte der hellsichtige Ingenieur in letzter Minute in roter Farbe auf den Helm die großen Lettern »CCCP« (UdSSR).

In der wenige Wochen nach seinem Flug am 12. April 1961 veröffentlichten Autobiographie *Der Weg in den Kosmos* beschreibt Gagarin in blumigen Worten die »wunderbare Schönheit« der Erde und die »Überfülle des Glücks« und »heiße Sohnesliebe«, die ihn beim Anblick seines Heimatplaneten aus dem Weltall überflutet habe.[4] Tatsächlich war die Freude eher gering, hatte man den Helm doch so fest auf dem Raumanzug fixiert, dass Gagarin ihn kaum bewegen konnte; sein Bewegungsradius betrug lediglich 7 Grad. Hinzu kam, dass die Luke der Raumkapsel, durch die er nach außen blicken konnte, maximal weit von seinem Sitzplatz entfernt lag, an dem er festgeschnallt war, die Kapsel zudem ständig schaukelte und sich drehte und Gagarin also nur in einer spezifischen Schräglage überhaupt einen Blick auf die Erde werfen konnte, diese dann aber höchstens fünf Sekunden in seinem Sichtfeld lag, so dass er letztlich kaum etwas zu erkennen vermochte. So musste er bei der ersten geheimen Befragung durch die offizielle Kontrollkommission einen Tag nach seiner Rückkehr desillusioniert mitteilen: Das Sichtsystem der Raumkapsel sei »ungenügend« gewesen, er »wäre auch ohne den Skaphander ausgekommen«, der Anzug müsse »überarbeitet« werden.[5] Zudem habe er, nachdem er sich kurz vor dem Aufprall per Schleudersitz aus der Raumkapsel katapultiert hatte, am Fallschirm hängend aufgrund der starren Helmkonstruktion noch nicht einmal richtig nach unten schauen können, so dass er keine Ahnung hatte, wo er letztlich landen würde. Und als er dann wohlbehalten den Boden erreicht hatte, sei er beinahe erstickt, da es sechs Minuten gedauert habe, bis sich das Luftventil für Außenluft endlich öffnen ließ.

So bestand die erste Tat, die Gagarin nach seiner Landung vollbrachte, darin, sich des lästigen Ungetüms zu entledigen. Als wenig später die ersten Fotoaufnahmen mit der Kolchosbäuerin und ihrer Tochter, die ihn als Erste gesehen hatten, sowie einigen Traktoristen entstanden, trug er nur seine Unterwäsche – einen himmelblauen Thermoanzug. Der Raumanzug ist nicht fotografiert worden, er wurde später zusammen mit der Raumkapsel entfernt, sollte die ganze Landung doch bald in der Sowjetunion zur absoluten Geheimsache erklärt werden, da man die Welt in der Illusion lassen wollte, Gagarin sei *innerhalb* der Kapsel auf der Erde angekommen. Die Weltöffentlichkeit bekam ihn erst zwei Tage später leibhaftig in Moskau zu sehen, in prächtiger Militäruniform, befördert vom Oberleutnant zum Major und erhoben zum »Held der Sowjetunion«. Und auch einige Schwarzweißfotos mit Gagarin im Skaphander tauchten jetzt in der Presse auf, manche ohne die Aufschrift CCCP, andere mit, doch schön gedruckt, in abweichenden Schrifttypen, so dass Verschwörungstheoretiker rätseln konnten, ob Gagarin überhaupt im Weltraum gewesen sei. Später begann Gagarin bei seinen unzähligen Reisen durch die Sowjetunion die orangefarbigen Trainingsexemplare des SK-1 an die neu gegründeten Kosmos-Museen des Landes zu verschenken, alle mit den schön gedruckten vier roten Buchstaben auf dem Helm versehen, ohne Hoheitszeichen. Das Original sieht man hingegen angeblich im Museum der Herstellerfirma, die heute NPP Zvezda (Wissenschaftlicher Produktionsbetrieb Stern) heißt und in einer Kleinstadt nahe Moskau gelegen ist. Gagarins Raumanzug hat unterdessen seit einem halben Jahrhundert in unzähligen Dokumentar- und Spielfilmen Karriere gemacht, auch im Washingtoner National Air and Space Museum ist inzwischen ein Exemplar gelandet – elegant sieht er immer noch nicht aus.

Gagarins Raumanzug,
angebliches Original aus
der Fabrik ›Zvezda‹

Postskriptum: Im Russischen nennt man den Raumanzug – den *Space Suit* – auch heute noch *Skafandr*, abgeleitet von *skaphe* (Boot) und *andros* (Mensch), so wie Jean-Baptiste de La Chapelle 1775 seine neu erfundenen Schwimmwesten genannt hatte, ›Menschenboot‹ oder ›Bootsmensch‹, der im ›Raumschiff‹ ins Weltall fliegt, damit er nicht untergehen möge. Sicherheit geht vor Eleganz, auch wenn sie die Sicht behindert.

Anmerkungen

1 A. Dubrovskij: Glavnoe – čtoby kostjumčik sidel [Das Wichtigste ist, dass der Anzug sitzt], in: Nauka i žizn' 4 (2006), http://www.nkj.ru/archive/articles/5188/ [abgerufen am 15.11.2014].
2 Lawsan ist ein polyesterähnliches Polykondensationsprodukt aus Ethylenglykol und Terephthalsäure und stellt das Akronym derjenigen Institution dar, die es das erste Mal hergestellt hat, des Labors für makromolekulare Verbindungen der Akademie der Wissenschaften der UdSSR (Laboratorija vysokokmolekuljarnych soedinenij Akademii nauk CCCP).
3 Isaak Abramow: Modetrends aus Tomilino. Wo die Kosmonauten für ihre Reisen eingekleidet werden (Raumanzüge und Lebenserhaltungssysteme), in: Philipp Meuser (Hg.): Architektur für die russische Raumfahrt. Vom Konstruktivismus zur Kosmonautik: Pläne, Projekte, Bauten, Berlin 2013, S. 264–275, hier S. 266.
4 Vgl. Juri Gagarin: Der Weg in den Kosmos. Bericht des ersten Kosmonauten der UdSSR, Moskau 1961, hier S. 151, 152, 158.
5 Vgl. Anton Pervušin: 108 minut, izmenivšie mir. Vsja pravda o polete Jurija Gagarina [108 Minuten, die die Welt veränderten. Die ganze Wahrheit über den Flug von Jurij Gagarin], Moskau 2011, S. 316 f.

Unter der Holo-Haube. Ein Gedanke zum *Helmbrecht* des Wernher dem Gartenære

MATTHIAS DÄUMER

I

Ich beginne mit einer Pauschalaussage zur mittelalterlichen Mode: Ab dem 13. Jahrhundert wurde es Sitte, dass die adlige Dame spätestens mit sechzehn Jahren wortwörtlich unter die Haube kam. Die typische Kopfbedeckung der verheirateten Frau war das Gebende, ab dem 14. Jahrhundert die oft aufwendig verzierte Haube.[1] Die Verdeckung des Haars signalisierte sexuelle Unverfügbarkeit – für alle außer für einen. Die modische Kleiderordnung dieser Zeit ist (aus heutiger Sicht) strikt, fri- wie rigide und in ihrer sozialen Eindeutigkeit schlichtweg langweilig. Noch stärker als für die Moderne erfüllt sich hier Barthes' lakonische Feststellung, dass »Modeliteratur eine schlechte Literatur [sei], aber trotz allem eine Schrift«.[2]

Zum Glück gibt es aber neben der (lediglich metaphorisch schriftlichen) historischen Realität auch noch die ›echte‹ Literatur, denn in ihr findet sich eine Haube, deren Bedeutung jede der oben genannten Signifikanzen der Modeliteratur zu unterlaufen vermag:

Ich sach, deist sicherlîchen wâr,	Ich sah (und da ich's sah, ist's auch wahr)
eins gebûren sun, der trouc ein hâr,	einen Bauernsohn, dessen Haar
daz was reide unde val;	wild gewellt war, leuchtend hell.
ob der ahsel hin ze tal	Vom Scheitel spross der Quell
mit lenge ez volleclîchen gie.	in voller Länge bis zum Staube.
in eine hûben er ez vie,	Der fing sein Haar unter einer Haube,
diu was von bilden wæhe.[3]	die kunstvoll war, mit Bildern bestickt.

Es handelt sich um Helmbrecht (nicht-adlig, unverheiratet, männlich), dessen Haar hier in *queerer* Überkreuzung erotisch wallt; er ist der Protagonist einer Versnovelle von Wernher dem Gartenære aus der zweiten Hälfte des 13. Jahrhunderts. Bei der Haube, die die kapillarische Pracht fängt, handelt es sich um einen Gegenstand, der mit dem beinahe animistischen Aktanten-Status der Objektlegende eingeführt wird. Wie eine antagonistische Kraft zur Haarpracht, die der Erzähler *sah* und als wahr bezeugt, ist die Haube mit (Ab-)Bildern bestickt, verhüllt das Erotisch-Unmittelbare mit dem mittelbaren Schein.

Das Bildprogramm der Haube bestimmt die nächsten rund hundert Verse. Auf der rechten Seite findet sich eine Illustration der Entführung der Helena, auf der linken die Ruhmestaten Karls und Rolands, die hintere Partie zeigt Dietrich von Bern, die Stirnbedeckung tanzende Ritter und Damen; und würde man dem Bauernsohn von oben auf den Kopf schauen, erblickte man nur munter zwitschernde Vögel. Die Konstruktion der Haube lässt ›*textura*‹ (ihr Material) auf ›Text‹ (die Abbildungen von Szenen der höfischen Literatur) treffen, vereinigt Träger und Bild. Als sei diese Text-Haube von jeher auf einer Queste nach des Bauernsohns Haupt gewesen, wird anschließend ihre Geschichte ausgebreitet: Gefertigt wurde sie von einer gefallenen Nonne, »die daz nider teil verrâten hât«.[4] Den Auftrag zur Herstellung erteilten Helmbrechts Mutter und Schwester: Frauenhände kleiden Helmbrecht nun wie eine Kleiderpuppe ein – weibliche Lüsternheit erschafft den Parvenü. Zum krönenden Abschluss bedeckt *textura*/Text sein Haar – und der Protagonist ist den literarischen Abbildern ›vermählt‹.

Trotz der Warnung seines Vaters zieht Helmbrecht nun in der Überzeugung aus, selbst ein großer Held zu sein. Die rigide Ständelogik des Mittelalters führt dazu, dass es diesem Proto-Don-Quijote jedoch schlechter ergehen muss als seinem von Ritterromanen verblendeten Epigonen: Helmbrecht wird in Pervertierung der über die Haube modisch angemaßten Ehre zum Raubritter, schändet, säuft, zerstört. Als er reumütig zum Vater zurückkehrt, wird er ganz entgegen jeglicher Verlorener-Sohn-Moral abgewiesen und schließlich erhängt. Die letzten Verse beschreiben die wutentbrannte Zerstörung der Haube, die sich zu diesem Zeitpunkt schon untrennbar mit Helmbrechts Haar verflochten hat:

daz was ein griuwelîch dinc:	Das war ein grauenvoller Moment:
sô breit als ein phenninc	Kein Stück größer als ein Cent
beleip ir niht bî einander.	blieb von ihr beieinander.
siteche und galander,	Sittiche und Galander,
sparwære und turteltûben,	Sperber und Turteltaube,
die genâten ûf der hûben,	alles Stickwerk auf der Haube
die wurden gestreut ûf den wec.	wurde verstreut zwischen den Brocken.
hie lac ein loc, dort ein flec	Dort flog ein Fetzen, hier lagen Locken
der hûben und des hâres.	der Haube und des Haares.
gesagt ich nie iht wâres,	Und erzählte ich nie Wahres,
doch sult ir mir glouben	schenkt mir dennoch Glaube
daz mære von der houben.[5]	für diese Erzählung von der Haube.

II

And now for something completely different, rund 700 Jahre später: Stanisław Lem ersinnt sich in seiner *Summa technologiae* (1964) die ›phantomatische Maschine‹,[6] einen Apparat, der den Menschen in seiner absoluten Ausprägung vollends in die Virtualität befördert und in seiner ›peripheren‹ Funktion als neue Kunst die »Organe umgeh[t], da der Inhalt der Information unmittelbar in das Nervensystem eingeführt« wird, dabei jedoch als »Kunst mit Rückkopplung« die Einwirkung des Rezipienten auf die ihn umgebende Welt ermöglicht.[7] (Erotische) Unmittelbarkeit und (virtuelle) Mittelbarkeit werden durch diese Rückkopplung ununterscheidbar. Die heutige Ausprägung dieser Maschine ist das *Head-Mounted Display* und dessen nur noch von der Software-Entwicklung abhängige Möglichkeit, den Rezipienten als Avatar nicht nur in die *Virtual Reality*, sondern vielmehr in die virtuell erweiterte Realität zu schicken.

Geleitet – vielleicht auch ›verleitet‹ – von dem Willen, das Mittelalter nicht unter dem Apriori der Alterität zu betrachten, meine ich in einer anachronistischen Wendung von Lems

32

Zukunftsvision ein Erklärungsmuster dafür zu finden, was Helmbrecht zustieß.

Zum Nicht-Alteritären: Nichts anderes geschieht dem Bauernsohn, als dass er sich die heldenhaften Erzählungen und kunstvollen Lebweisen des Adels über den Kopf respektive über die Weltwahrnehmung streift. So erschafft er sich ein halb-holographisches *Second Life*, in dem er sich wider seinen Stand die Ehrhaftigkeit der adligen Aventürewelten angedeihen lässt. Die Holo-Haube (als *textura* wie Text) ›infiziert‹ sein Denken, belegt mit ihren Abbildern (so könnte man es mittelalterlich verstehen) die vier in seinem Kopf gelagerten Kammern der *imaginatio*, *memoria*, *ratio* und des *intellectus*[8] mit dem hofliterarischen Wertsystem. Dabei sind speziell für die auf Gott ausgerichtete ›Antenne‹ des *intellectus* die zwitschernden Vögel gedacht, in Ausdeutung: die höfischen Minnesänger. Das mittelalterliche *Head-Mounted Display* ist also – ganz im Lem'schen Sinne – ›dicht‹, selbst gegen die göttliche Eingebung, und reizt die Nerven des Bauern als geschlossenes System zu einem fiktiv-adligen Verhalten – in einer dafür (noch) nicht empfänglichen Gesellschaft.

Zum Dennoch-Alteritären: Der Unterschied liegt in der Wertung der virtuellen Realitätserweiterung. Bei Lem deutet sich trotz aller Fortschrittsbegeisterung jene Dystopie an, die später im Film der Wachowski-Geschwister namens *Matrix* (1999) ihre popkulturelle Umsetzung fand: eine Menschheit, die durch das Virtuelle *ohnmächtig* und damit *kontrollierbar* gemacht wird. Genau entgegengesetzt schätzt Wernher die Wirkung ein: Der Bauernsohn *ermächtigt* sich durch die Einflechtung (abermals von *textare*, doch hier im Sinne einer absoluten Rezeptionsteilhabe) des eigenen Haars (seiner libidinösen Kraft) und unter Anleitung des Weiblich-Libidinösen (Nonne, Mutter, Schwester) zu einem virtuell erweiterten Leben über seinem Stand. Dadurch wird er *unkontrollierbar* und aus der Sicht eines adligen Publikums zur Gefahr, so dass am Ende der Novelle in einem Ausbruch quasi-exorzistischer Gewalt die gewobene Haube samt eingewobenem Haar zerstört werden müssen.

Doch wie werten wir, denen rund 50 Jahre nach Lems Vision die ›phantomatische Maschine‹ zumindest in Teilen schon zur Verfügung steht? Ich plädiere dafür, die mittelalterliche Position nicht als das Dunkle aus unserem ach so aufgeklärten Denken zu verdrängen. Denn ob uns die Virtualität eines *Second Life* dazu *bemächtigt,* über uns und unsere sozialen Ordnungen hinauszuwachsen (Wernher),

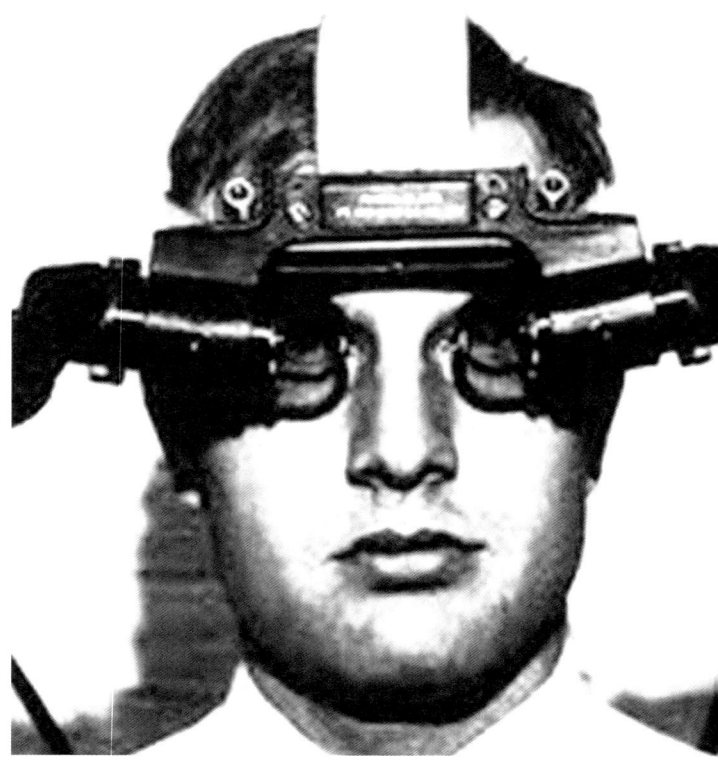

›Holo-Haube‹ im Jahr 1968
(Ivan Sutherlands ›Sword of Damocles‹) …

oder aber uns *entmächtigt*, um von der Maschine absorbiert zu werden (Lem), scheinen mir zwei gleichmögliche Optionen; der Ausgang ist wohl nur von der Mündigkeit des jeweiligen Rezipienten abhängig. In Abweichung von der mittelalterlichen Position jedoch plädiere ich des Weiteren dafür, an diese Mündigkeit zu glauben und die Parvenü-Maschine nicht zu zerstören. Vielmehr fordere ich – Politisierung ge-

… und ca. 1300–1340 (Große Heidelberger Liederhandschrift, Codex Manesse)

35

lingt ja vorzüglichst, solange die Hintertür der Ironie noch einen Spaltbreit offensteht –, jeden Menschen im Namen der sozialen Gleichstellung umgehend und irreversibel unter die Holo-Haube zu bringen.

Anmerkungen

1 Vgl. Kleidung und Mode vom Mittelalter bis zum 19. Jahrhundert, hg. vom Landesmuseum Oldenburg, Oldenburg 1996, S. 14 f.

2 Roland Barthes: Über die Semiologie der Mode und der Literatur. Ein Gespräch mit Raymond Bellour, in: Adelbert Reif (Hg.): Antworten der Strukturalisten, übers. von Britta Reif-Willenthal und Friedrich Griese, Hamburg 1973, S. 11–24, hier S. 15.

3 Wernher der Gartenære: Helmbrecht, hg. von Friedrich Panzer und Kurt Ruh, 10. Aufl. bes. von Hans Joachim Ziegler, Tübingen 1993, V. 9–15. Meine Übersetzung ist gewollt frei, da der Reim manchmal reizvoller als die Pedanterie sein kann.

4 Ebd., V. 105.

5 Ebd., V. 1883–94.

6 Vielen Dank für den Hinweis, Matthias (Schwartz).

7 Vgl. Stanisław Lem: Die Phantomologie, in: ders.: Summa technologiae, übers. von Friedrich Griese, Frankfurt/Main 1981 [1964], S. 319–390, hier S. 325–327.

8 Diesen Zusammenhang stellte, wenn auch unter Berufung auf die zeitgleich kursierende Drei-Kammern-Lehre (ohne *intellectus*), schon Mario Klarer her; vgl. Mario Klarer: ›Ekphrasis,‹ or the archeology of historical theories of representation. Medieval brain anatomy in Wernher der Gartenære's ›Helmbrecht‹, in: Word and Image 15 (1999), S. 34–40.

Tarnkappen und tanzende Pixel

Hannah Wiemer

Eine Tarnkappe ist ein ungewöhnliches Kleidungsstück. Sie macht unsichtbar – so viel wissen wir aus der Mythologie. Die Tarnkappe an sich jedoch, als Objekt, ist wenig greifbar und in ihrer Materialität eher unzuverlässig. Auch sprachlich will sich dieses Kleidungsstück nicht festlegen lassen. Es schlüpft durch das Netz der Sprache und taucht verwandelt jenseits des Deutschen als *cloak of invisibility* (Mantel der Unsichtbarkeit) oder *cape magique* (magischer Umhang) wieder auf. Die mittellateinische Vokabel *cappa* bezeichnete ursprünglich einen Kapuzenmantel. Im Laufe der Zeit verflüchtigte sich der Mantel, wurde abgetrennt von der mit ihm verwachsenen Kapuze, und als umhanglose *cappa* blieb nur noch die Kopfbedeckung übrig. Auch die mythologischen Darstellungen scheinen des Wesens dieser magischen Kappe nicht Herr zu werden: So findet man in Darstellungen des Perseus den nackten Helden mal mit Helm und mal mit locker über die Schulter gelegtem Umhang. Der einst den ganzen Körper umhüllende Kapuzenmantel mutierte durch Kleiderordnungen, Tradierungen und Übersetzungen zum bloßen Käppchen, eben den Scheitel bedeckend, und geistert heute körperlos, zum stofflosen Prinzip geschrumpft, vor allem als Metapher durch das Internet. Da gibt es Tarnkappensoftwares, die anonymes Surfen versprechen. Neueste Tarnkappentechnik versucht durch das Umleiten von Lichtwellen Objekte von nanometrischer Winzigkeit völlig in der Unsichtbarkeit verschwinden zu lassen. Perseus' Kappe war noch aus Hundefell gefertigt. Hundefell erscheint uns in Zeiten von Nanotechnik und Metamaterial nicht mehr als zeitgemäßer Stoff – zu stofflich, zu tierisch, zu analog.

Welche Materialien oder Strategien sind heute in Prozesse des Unsichtbarwerdens und Unsichtbarmachens involviert? Wer verschwindet wie, wodurch und wozu?

Eine künstlerische Auseinandersetzung mit diesen Fragen bietet ein Kurzfilm der Videokünstlerin und Autorin Hito Steyerl. Der 16-minütige Film *HOW NOT TO BE SEEN. A Fucking Didactic Educational .Mov File* von 2013 kommt zunächst im Format eines Ratgebervideos daher – und reiht sich damit in das weitverbreitete Genre von selbstgedrehten Videos ein, in denen Menschen ihr Wissen im Netz zur Verfügung stellen. Doch der Untertitel von Steyerls Arbeit kündigt schon an, dass der Film zwar deutlich Bezug auf dieses Format nimmt, sich aber nicht ganz so nahtlos in die Reihe der im .mov-Dateiformat online zirkulierenden Tutorials einreihen will. Der didaktisch erklärende Gestus vieler Tutorials, der ein gesichertes Wissen voraussetzt, das nur Schritt für Schritt vermittelt werden will, wird hier ironisch gebrochen. In fünf Lektionen erklärt eine automatisch klingende, tiefe männliche Stimme auf Englisch unterschiedliche Arten, unsichtbar zu werden. Die Titel der fünf *lessons*, die jeweils weiß auf schwarz eingeblendet werden, erzeugen den Eindruck einer Systematisierung der Techniken des Unsichtbarwerdens:

Lesson I: how to make something invisible for a camera
Lesson II: how to be invisible in plain sight
Lesson III: how to become invisible by becoming a picture
Lesson IV: how to be invisible by disappearing
Lesson V: how to become invisible by merging into a world
            made of pictures

Für jede Lektion zählt die Stimme die unterschiedlichen Möglichkeiten des Unsichtbarwerdens auf. Jedes Mal benennt sie auch die Anzahl der Möglichkeiten, ganz im selbstbewussten Stil einer Darstellung zweifelsfrei verbriefter Erkenntnisse mit dem Anspruch auf Vollständigkeit. So beispielsweise in Lektion I: »There are four ways to make something invisible for a camera. To hide. To remove. To go off screen. To disappear.« Vier simple Strategien. Ihnen ist gemeinsam, dass sie sich der Gemachtheit von Kamerabildern bedienen.

Dadurch ist es sehr leicht, Dinge aus dem sichtbaren Bereich zu entfernen: Was sich außerhalb des rechteckig begrenzten Bildbereichs befindet, ist unsichtbar.

Durch die vermeintliche Plattheit des Anleitungsstils hindurch scheinen sehr viel weiter reichende Fragen nach dem Verhältnis von Sichtbarkeit, Bildern, Wirklichkeit und Manipulation. Der Film knüpft an postmoderne Diskurse an, die sich mit der Frage auseinandersetzen, inwieweit Bilder Realitäten weniger abbilden als vielmehr erst konstruieren und welche wirkmächtigen Ein- und Ausschlussmechanismen mit diesen Prozessen einhergehen. Was nicht im Bild erscheint, ist nicht, existiert nicht. Und das gilt im Kampf um mediale Aufmerksamkeiten nicht nur für das Bild: Worüber niemand redet, wofür sich niemand interessiert, wovon niemand Zeugnis ablegt, das ist nie passiert. Diese Art von Tarnkappe ist also eine des bitterernsten Spiels mit der medialen Aufmerksamkeit. Sie ist weniger ein magisches Hilfsmittel für ein Subjekt, das sich tarnen möchte. Vielmehr ist sie ein Instrument der Sehenden: Es dient dem Zweck, etwas aus dem Sichtfeld auszublenden oder es zu überblenden, indem stattdessen etwas anderes in den Fokus genommen wird. Der *cloak of invisibility* wird zu einem »cloak of representation«, wie er im Film genannt wird, mit dem Menschen oder Dinge bedeckt werden können, die nicht thematisiert werden sollen. Das Individuum legt die Tarnkappe nicht aus autonomer Entscheidungsfreiheit an, sie wird ihm ungefragt oder gar gegen seinen Willen übergestülpt.

Schlupflöcher der Sichtbarkeit finden sich auch in der Bildtechnik, genauer: in der Auflösung von Kamerabildern: »This is a resolution target. It measures the resolution of the world as a picture. Resolution determines visibility. Whatever is not captured by resolution is invisible.« Im Bild sehen wir dazu eine schwarze Tafel mit Gruppen von jeweils drei weißen Balken unterschiedlicher Größe, die nummeriert sind. Es ist eine standardisierte Testtafel, die 1951 von der US-amerikanischen Luftwaffe eingeführt wurde, um die Auflösung optischer Messgeräte einzustellen und vergleichbar zu machen. Anhand der kleiner werdenden Balken lässt sich die Grenze der Auflösung einer Kamera bestimmen und beziffern. Im Film sehen wir als nächstes eine ähnliche Anordnung weißer Balken auf einer großen asphaltierten Fläche mitten in einer Wüste. Zur Erläuterung werden wir informiert: »In the 1950s and 60s the US Airforce installed great scales of resolution targets in the Californian desert to calibrate aerial photographs and videos. Resolution determines visibility. It calibrates the world as a picture.« Laut der in Los Angeles ansässigen Forschungsinstitution Center for Land Use Interpretation (CLUI) gibt es dutzende dieser skurrilen Orte in den USA, insbesondere in der Mojave-Wüste in Kalifornien.[1] Sie erfüllen die gleiche Funktion wie die Testtafeln, nur auf einer größeren Skala und speziell für die Aufnahmen aus der Luft durch Kameras oder Satelliten. Für moderne Digitalkameras ist diese Art der Kalibrierung nicht mehr notwendig. Übriggeblieben sind die 24 mal 16 Meter großen Asphaltrechtecke, verlassene Orte, an denen sich nun Pflanzen den Weg durch die Asphaltrisse bahnen.[2]

Ein solcher aus vergangenen Zeiten und Medientechniken übriggebliebener Ort wird in Steyerls Film die anachronistische Bühne für wild tanzende Pixel, dargestellt durch Menschen mit würfelförmigen Boxen auf dem Kopf. Analog zur Testtafel, bei der die Grenze der Auflösung durch die kleiner und schließlich unsichtbar werdenden weißen Balken ermittelt wird, zieht sie eine simple Schlussfolgerung für das Unsichtbarwerden im Zeitalter digitaler Bildauflösung: »One has to become smaller or equal to one pixel.« Einzelne Pixel lassen sich ebenso wenig auf eine Materialität festlegen wie eine magische Kappe. Sie entwischen tanzend. Diese Tarnkappe der Bildauflösung ist also eine medientechnische, die uns zwischen Kamerabildern, Pixeln und Testbildern zum Narren hält.

Die vierte Lektion schließlich verlässt die Ebene der bildlichen Repräsentation und wendet sich dem ›echten‹, also nicht rein medial bedingten Verschwinden zu. Da gibt es bissige Vorschläge wie »living in a gated community; living in a military zone« oder »being a woman and over 50«. Angesprochen sind hier politisch gewollt intransparente Räume,

se de Pimpernelle gegeben werden. Madame Pimpernelle verkörpert in vollkommener Weise das Ideal von strenger Erziehung wie auch (wenngleich unfreiwillig) von Komik. »Sie hatte sich den Leib mit einer engen Jacke, in der eiserne Stangen waren, so eng zusammengepreßt, trug einen so breiten Reifrock, daß sie aussah, wie eine Schreibfeder in einem Tintenfaß«[3] – ein Outfit, zu dem der exzentrische *Selfie Hat* nur zu gut passen würde. Ihre Marotte, nur durch die Nase zu sprechen, versetzt den König in solches Verzücken, dass er Madame Pimpernelle zur »lustigsten Person«[4] erklärt.

Kleidung als Technik zur Selbstbeherrschung

Ein besonders widerspenstiges Exemplar unter den Schülerinnen von Madame Pimpernelle ist Schnürlieschen, die »gar heftig und gar wild« war.[5] Nach den zehn Jahren, die sie eingezwängt in einer Schnürbrust »kerzengerade, eingeschnürt und frisiert wie ein Haubenstock, die eine Hand rechts, die andere links auf der seidenen Bettdecke« wort- und bewegungslos daliegen musste, wurde sie jedoch »ganz sanft und mild«.[6] Die Kleidung und die Versuchsanordnung, in die Schnürlieschen gebannt ist, erinnern eher an Folter- als an Erziehungsmethoden. Sie stehen auf den ersten Blick ganz im Widerspruch zur Heiterkeit und zum Frohsinn in Soso. Gerade dadurch wird aber der Zwangscharakter dieser Ordnung entlarvt.

Vor diesem Hintergrund erscheinen die Sensoren und Displays der intelligenten Kleidung als Einfallstore für eine Welt, die der herrschenden Ordnung im Reiche Soso durchaus ähnlich ist. Die technischen Erweiterungen der Kleidung nämlich sind mit Datenbanken und sozialen Netzwerken verbunden und vergegenwärtigen deren Prinzipien. Big-Data-Archive geben die Normen und Werte vor, in deren Rahmen die Vitalfunktionen gehalten werden oder die durch Disziplinierung und Training erreicht werden müssen. Und in der sogenannten ›Spaßgesellschaft‹, im Reich von Facebook und Co., sind Unlust, Trauer und Missvergnügtheit ebenso verpönt wie in Soso. Erzählbar und mitteilbar ist nur, was positiv bewertet werden kann. Missachtung wird bestraft und ist mit der Währung der digitalen Welt zu bezahlen: Aufmerksamkeit. Diese wird entzogen, wenn etwas nicht der herrschenden Ordnung entspricht. Intelligente Kleidung bringt diese Ordnungsprinzipien direkt auf den Leib der Träger. Der vermessene Mensch wird durch die Quantifizierung seines Selbst gebändigt und kann dies zu jeder Zeit öffentlich bezeugen. Zur modernen Selbstbehauptung und Selbstoptimierung gehört immer ein Lächeln im Gesicht.

Mode und die Spur der Wahrheit

Roland Barthes' Verwunderung darüber, dass Kleidung keine Spuren am Körper zurücklässt, ist mit der intelligenten Kleidung gegenstandslos geworden. Die Vorgänge des Messens und Beobachtens hinterlassen sichtbare und wahrnehmbare Spuren am Körper und im Verhalten. Während Mode mit der Ambivalenz von Verhüllen und Zeigen spielt, konterkariert intelligente Kleidung alle Camouflagetechniken von Mode. Hierin liegt die eigentliche Ironie des *Selfie Hats*. Gerade auf einer Mode-Messe, auf der er präsentiert wurde, hat er partout nichts zu suchen. Sensoren und Kameras zeichnen unbarmherzig alles auf, auch Unsicherheiten und Makel, die durch die Mode und im Rampenlicht auf dem Laufsteg überspielt werden. Dem kann nur entkommen, wer seinen Körper und sein Verhalten vollständig auf Überwachung umstellt und diese vollständig ins Leben integriert. Der schockierende Moment aus dem Märchen von Schneewittchen, wenn das Spieglein an der Wand wirklich einmal sagt, dass es eine Schönere im Land gibt, droht sich im Zeitalter des Echtzeit-Daten-Abgleichs permanent einzustellen. Im Namen der Gesundheit und des Sozialen werden die Techniken der Selbstkontrolle und des Selbst-Designs die Regel, während der Ausnahmefall ebenso marginalisiert wird wie das Ungewisse. Was würde aus der Spannung beim ersten Date, die aus dem Unvorhersehbaren entsteht, wenn die Sensoren den ganzen Prozess protokollieren, analysieren und an ›Normalzuständen‹ messen?

Schnürlieschens durch die Korsettierung vollständig kontrollierter Körper liegt im Sterben. Ein letzter Trost wird ihr am Ende ihres Lebens zuteil, als Liebseelchen, die Tochter des Königs von Soso, an ihr Sterbebett kommt. Das Gesicht von Liebseelchen, die selbst noch kein einziges Mal in ihrem Leben gelacht hat, spendet allen Leidenden Trost. Allein der Anblick von Schnürlieschen lässt dem Liebseelchen »die Tränen aus den Augen stürzen«.[7] Liebseelchen befreit sie sogleich, »und als Schnürlieschen sich wieder frei fühlte, tat sie einen tiefen Atemzug und umarmte Liebseelchen unter einem Strom von Tränen«.[8] Erst nachdem die Last der einschnürenden Kleidung Schnürlieschen genommen ist, erzählt sie die Geschichte ihres Verschuldens, die ihrem Leid zugrunde liegt. Mit der Befreiung von der einengenden Schnürbrust wird sie zugleich von ihrem stummen, bild-gleichen Dasein erlöst.

Die Kontrolle durch intelligente Kleidung ist dagegen weitreichender und stellt mehr als eine rein funktionelle Erweiterung dar. Hier finden wir eine neue Kategorie von textiler Kulturtechnik, die imstande ist, ihre Ordnungsprinzipien auf den bekleideten Körper zu übertragen. Die Messinstrumente kartografieren nicht nur den optimierten Menschen, sondern haben das Potential, sein Denken, Empfinden und Verhalten umzuprägen. Eine rein physische Befreiung aus den einzwängenden Kleidern brächte dann noch keine Erlösung, wenn ihr nicht ein mentaler Ausbruchsversuch aus dem Reich Soso der heutigen Zeit folgte.

Anmerkungen

1 Clemens Brentano: Werke, Bd. 3, hg. von Wolfgang Frühwald und Friedhelm Kemp, München 1965, S. 600.
2 Ebd.
3 Ebd., S. 601.
4 Ebd., S. 602.
5 Ebd., S. 610.
6 Ebd., S. 603.
7 Ebd., S. 604.
8 Ebd.

Future Fashion

Tatjana Petzer

Neue Materialien und neue Technologien stehen für Zukunftsmode. Davon schrieben Science-Fiction-Autoren, noch bevor Modemacher diese Kombination alltagstauglich machten. Prinz Vladimir Odoevskij, bekannt für seinen exzentrischen Kleidungsstil, entwarf in der Zukunftsnovelle *Das Jahr 4338* (1835) schillernde Gewänder à la *comète*, gefertigt aus synthetischen Materialen wie »elastischem Kristall« mit eingewebten »metallischen Kristallisationen«.[1] In der Erzählung zeigt sich die Petersburger Gesellschaft von morgen in Erwartung eines Kometeneinschlags unbesorgt ob der befürchteten Katastrophe, die sie mittels wissenschaftlich-technischen Fortschritts abzuwenden gedenkt. Diese Einstellung spiegelt sich selbst in der Abendgarderobe wider: Kultur und domestizierte Natur sind darin vereint. Die kostspieligsten Kreationen sind von kurzer Lebensdauer, da in das transparente Material seltene Pflanzen, lebende Schmetterlinge und Glühwürmchen eingearbeitet sind. Elektronische Accessoires im Haar und im Gewand der Frauen bezaubern den Betrachter durch funkensprühende Lichteffekte.

Amerikanische Designer, die hundert Jahre später in dem British-Pathé-Clip *Eve, Ad 2000!* (1939) mit eigenen Entwürfen die Zukunftsmode im Jahr 2000 ›voraussagen‹, kommen in Hinblick auf Material und Effekte auch der romantischen Vorstellung Odoevskijs erstaunlich nahe. Für die Frau wählen sie transparente, in der Länge je nach Anlass variierbare Kleidung, Licht-Kopfschmuck und Zellophanschleier. Für den Mann wird ein metallischer Bodysuit mit Antenne am Kopf und Verstauboxen für mobile Technik und andere Utensilien kreiert. Einige Elemente gehen auf die Moderevolution der

1920er Jahre zurück, andere lassen sich in der Tradition der futuristischen Kostüme verorten, die Aleksandra Ėkster für die Marszivilisation in Jakov Protazanovs 1924 entstandener Verfilmung von Aleksej Tolstojs Novelle *Aėlita* im konstruktivistischen Stil entwarf, der für das Science-Fiction-Filmgenre in den 1920ern und 1930ern weltweit wegweisend war.

Odoevskijs elegant-romantische Zukunftsästhetik, die synthetische Textilproduktion und spezifische Leuchteffekte dekorativer Glasfaserprodukte vorwegnimmt, erinnert an die LED-Technologie von heute. Denn dieser Tage sorgen nicht selten LED-Lämpchen, ob als falsche Wimpern oder am Gala-Kleid, für strahlende Auftritte. Unter den ersten, die diese Technik für ihre Kollektion nutzten, waren Francesca Rosella und Ryan Genz vom Label CuteCircuit. Ihre Kreation, ein mit Swarovski-Kristallen und 24 000 bunten LED-Lämpchen besetztes Kleid – für letztere wurden Batterien in die Krinoline eingearbeitet –, steht ganz im Zeichen romantischer Eleganz.

Als »emotional wardrobe« bezeichnete Lisa Stead in ihrer künstlerischen Ph.D.-Arbeit, in die theoretische und praktische Forschungen eingingen, Kleidung, die mittels Elektrolumineszenzeffekten auf die Emotionen des Trägers und auf den Betrachter reagiert.[2] Aus sensitivem Hightech-Material gefertigt ist auch die preisgekrönte Kreation der Philips-Design-Gruppe, die zu ›intelligenten‹ Fasern und Textilien forscht und in der Nancy Tilbury als Artdirector wesentliche Impulse setzte: *Bubelle, das errötende Kleid* (siehe Abb.; http://vimeo.com/32964255). Die Kreation besteht aus zwei Schichten mit eingearbeiteter biometrischer Sensortechnik und LED-Technologie, die empfangene Hautsignale weiterleiten und in Farben übersetzt auf die äußere Schicht projizieren. Als reizvolles Lichtspiel auf der transparenten zweiten Haut hatte bereits Odoevskij den Gefühlszustand vestimentär dargestellt, den eine romantische Begegnung in der Zukunft auslösen wird.

Die Zukunft bestimmt die Mode. Das gilt, auch wenn es widersprüchlich klingen mag, ebenfalls für handwerklich konventionelle Couturiers wie Yohji Yamamoto, der sich von

Bubelle – Blushing Dress, 2006

traditioneller japanischer Kleidung und Fotografien August Sanders inspirieren lässt. Yamamotos Kreationen sind dadurch nicht weniger visionär und nehmen mögliche Kleidungsmoden vorweg. In den letzten Jahren aber eilt Mode ihrer Zeit noch mehr voraus. So werden in Modelaboren an der Schnittstelle von Wissenschaft, Kunst, Technologie und Mensch wahre Revolutionen der Modeindustrie geplant und erprobt. Sie geben Trends vor, die auf neuen Technologien basieren und nicht selten mit Science-Fiction wetteifern. *Future Couture* ist *smart*, *bio* und *digital*,[3] dafür stehen folgende Designvisionen:

Tragbare Elektronik von Kopf bis Fuß wird ›intelligente Kleidung‹ genannt. Eingebaute Temperatur- und EKG-Messung, etwa in Trikots von Leistungssportlern, bildet nur den Anfang möglicher Selbstüberwachung durch Kleider. Auch Accessoires wie selbsttätige Verschlussmechanismen sind keine ferne Zukunftsmusik mehr, so möchte Nike 2015 seine Kunden in den Film *Back to the Future II* (1989) versetzen und den magischen Schnürsportschuh im Angebot haben, dessen Existenz der Film für dieses Jahr vor(her)sah. Seit den 1970er Jahren, mit den ersten Schritten hin zur Mikroelektronik, übertragen Designer eine ›Cyborg-Ästhetik‹ in die Militär- und Sportkleidung, d.h. zunächst in funktionale Männermode. In heutigen Überlegungen sind tragbare Computer und textile Antennen nicht weit entfernt davon, mittels Kleidung mit der persönlichen Facebook-Seite verbunden zu sein und über Kleider-Gefühlsimpulse auf gesetzte Likes sofort zu reagieren.

Somit offenbart sich vieles, was unter ›smart‹ bzw. ›intelligent‹ subsumiert wird, als einfaches Gadget mit Marktpotential, weniger als nachhaltige Technologie. Auf letztere jedoch zielt die Londoner Designerin Suzanne Lee, die mit Biocouture Ltd. das weltweit erste Beratungsunternehmen für Biodesign gegründet hat. Lee entwickelte ein Verfahren, in dem aus einer Mischung aus grünem Tee, Zucker und Hefe mit Hilfe von Zellulose produzierenden Mikroben in Bottichen neuartige Gewebe gezüchtet werden. Das getrocknete mikrobielle Material soll beliebig zu Kleidung zu verarbeiten sein – eine Biofabrikation, die völlig natürlich und zu hundert Prozent kompostierbar wäre.

Die ökologische Seite neuer Modetechnologien interessiert auch Industriedesigner, die das Potential des 3D-Druckers erkannt haben. Der *Clothing Printer* des US-Amerikaners Joshua Harris wurde 2010 beim Electrolux-Designwettbewerb prämiert, bei dem jedes Jahr bahnbrechende Konzepte für den Alltag vorgestellt werden. Das Wertvolle an der Idee ist nicht die Auswahl und schnelle Fabrikation von Kleidung via Interface, sondern vielmehr, dass die frisch gedruckten Kleidungsstücke aus alten recycelt werden. Noch ist die 3D-Drucktechnik nicht so weit, jedes beliebige Material bis auf die atomare Ebene auseinanderzunehmen und dann wieder neu zusammensetzen zu können. Eine größere Community um Professor Neil Gershenfeld (MIT) und das von ihm ins Leben gerufene Netzwerk der Digital Fabrication Labs arbeitet aber daran. Ihr Ziel für die nahe Zukunft ist es, sich mit der neuen Recycling-Technologie dem globalen Problem der Müllberge zu stellen.

Liquide und transformierbare Kleidung, die multifunktional, schnell wandelbar und anpassungsfähig ist sowie Aufgaben übernehmen kann, die über die Schutz- und Schmuckfunktion von Kleidung hinausgehen, ist Kernidee von *Digital Couture*, also Kleidung als eine Art polymorphe Roboter-Hülle. So lautet die Vision, nach der das 2011 in London von Nancy Tilbury und Benjamin Males gegründete Studio XO arbeitet: In Zukunft soll Kleidung aus dem 3D-Drucker wie ein persönlicher Tumblr des Körpers, d.h. analog zum Blogging und Re-Blogging auf dieser virtuellen Netzwerkplattform funktionieren, Mode also demokratisiert und per digitalem Abonnement personalisiert produziert werden.[4] Die Haltung zu Kleidung wird sich grundlegend ändern. Bis dahin nehmen sich Simulationen, bei denen kleine Computer-Spinnen gleich am Körper die vorgestellte Kleidung umsetzen oder Kleidung und Accessoires durch körpereigene Prozesse entstehen, wie Science-Fiction aus.

Zukunftsmode aus dem Drucker, die synthetisierte Materialien, konstruktiv-technisches Know-how und spielerische sinnlich-ästhetische Effekte vereint, ist bereits in der Testphase für den Alltag – gestaltet in Form personalisierter Haute Couture, die Kunden wie Lady Gaga spektakuläre Auftritte garantiert. Dafür kooperiert Studio XO mit The Haus of Gaga, dem persönlichen Kreativteam der Pop-Diva. Für sie schufen sie das Design *Anemone*, ein weißes Körpergeflecht, dessen integrierte Technik fortwährend Seifenblasen versprühte, und das erste fliegende Kleid, *Volantis*. Angesichts der Entwicklungen in der Aviatik scheint selbst persönliches und individuell gestaltetes Fluggerät in der Zukunft nicht unwahrscheinlich – eine Engführung von Odoevskijs Vision von 1835, die in wenn auch ferner Zukunft Abendgesellschaften verheißt, zu denen sich jeder mit eigenem Flugschiff einfinden wird, und zwar bekleidet mit elastischen Elektro-Kreationen in einem der Zeit vorauseilenden Design. *Future Fashion* verkörpert noch mehr: eine grundlegende Transformation des vestimentären Bewusstseins, der Textilproduktion und der Kleiderfunktion der Mode, deren Möglichkeiten und Reichweite transdisziplinär arbeitende Teams aus Designern, Wissenschaftlern und Ingenieuren gegenwärtig intensiv erforschen und deren kulturelle sowie gesellschaftliche Auswirkungen noch zu untersuchen sein werden.

Anmerkungen

1 Vladimir Odoevskij: 4338-j god. Peterburgskie pis'ma (Teilveröff. 1835/1840), dt.: Das Jahr 4338. Petersburger Briefe, in: Der Polarstern. Ein Spiegel der russischen Romantik. Erzählungen, hg. und übers. von Erich Müller-Kamp, Hamburg/München 1963. S. 422–464, hier S. 442.
2 Vgl. Lisa Jane Stead: ›The Emotional Wardrobe‹: A Fashion Perspective on the Integration of Technology and Clothing, PhD thesis, University of the Arts London 2005, http://ualresearchonline.arts.ac.uk/5662/1/Stead_thesis.pdf [abgerufen am 14.11.2014].
3 Vgl. Suzanne Lee (Hg.): Fashioning the Future: Tomorrow's Wardrobe. London 2005.
4 Vgl. Technologie zum Anziehen: Studio XO, http://www.aeg.de/planen/thenextblack/studio-xo/ [abgerufen am 14.11.2014].

»But if you wanna see some more …«. Trickkleider beim Eurovision Song Contest

FRAUKE FITZNER

Dublin, 1981: Der Eurovision Song Contest (ESC, früher auch: Grand Prix) erlebt ein Novum. Eine Überraschung. Die britische Band Bucks Fizz singt ihren Song *Making your Mind up*. Sie singen nicht nur, sie performen: Die zwei Männer und zwei Frauen vollführen eine streng synchronisierte Choreografie, die entsprechend dem musikalischen Stil ihres Songs Anleihen aus dem Rock 'n' Roll enthält. Die überknielangen Röcke der beiden Frauen schwingen bei den rhythmischen Bewegungen hin und her. Nach dem instrumentalen Zwischenspiel (›Bridge‹), mit dem Beginn der vierten Strophe, kommt das Highlight der Performance: Jeder der beiden Männer greift der Partnerin an seiner Seite an die Hüfte und löst mit einer Geste, die sich in die Choreografie einfügt, den wallenden Rock der Partnerin und reißt ihn herunter – darunter kommen wesentlich kürzere Röcke zum Vorschein. Nun wird den Zuschauern klar, dass die beiden Sängerinnen von Anfang an Minikleider trugen, über die sie die längeren, wallenden Röcke gebunden hatten. Den Rest der Performance absolvieren sie in diesen kurzen Kleidchen. Und gewinnen am Ende des Abends mit ihren Kollegen den Wettbewerb.

1. Kleidung auf der ESC-Bühne

Mit dieser trick- und siegreichen Idee erhielt die Bekleidung der Künstler – bzw. vor allem der Künstlerinnen – beim Eurovision Song Contest eine neue Dimension: Sie wurde zum potentiellen Gestaltungsmittel und Highlight des Showacts. Die Kleidung der beim ESC auftretenden Künstler kann natürlich in vielerlei Hinsicht in die Performance integriert sein: Sie trägt als wesentlicher Bestandteil des Stylings dazu bei, dass die Künstler optisch bestimmten (musikalischen) Genres zugeordnet werden können: Während sich bei rockiger Musik nach wie vor Jeans und Turnschuhe empfehlen, werden Nummern, die musikalisch an Formen aus Musical oder Operette erinnern, gerne im Anzug oder Abendkleid vorgetragen. Dabei gibt es fließende Übergänge zum regelrechten Verkleiden, wofür der Auftritt der Gewinner des ESC 2006, die finnische Hard-Rock-Band Lordi, als musizierende Monster sicherlich das bekannteste Beispiel ist. Trachten oder andere folkloristische Elemente stellen dagegen Bezüge zu den Nationalkulturen her, die die Künstler im Wettbewerb repräsentieren. Außerdem werden in vielen Auftritten die jeweiligen Moden des popkulturellen Mainstreams reproduziert: So waren in den 70er Jahren zahlreiche Schlaghosen, in den 80er Jahren Schulterpolster und in den 90er Jahren Spaghettiträger auf der Bühne zu sehen. Gleichzeitig bildet die Kleidung auch häufig einen Zusammenhang mit anderen technischen Dimensionen der Inszenierung, etwa wenn Mäntel oder fließende Stoffbahnen an Röcken von Windmaschinen zum Flattern gebracht werden oder wenn weiße Kleidung zur Projektionsfläche für farbige Lichteffekte wird. So wie alle anderen Ebenen der Inszenierung wird auch die Kleidung zum Mittel im Kampf um die Aufmerksamkeit der Zuschauer – schließlich gilt es, im Wettstreit mit etwa 25 Konkurrenten zu beeindrucken und in Erinnerung zu bleiben. Die Auftritte bestehen daher zumeist aus Performances, die bis auf Sekundenbruchteile präzise durchchoreografiert sind, in denen nicht nur das Geschehen auf der Bühne, sondern auch die Vermittlung an den Fernsehzuschauer – jede Kameraeinstellung, jeder Schnitt – exakt vorgeplant ist. Dabei darf jeder Auftritt nach aktuellem Regelwerk maximal drei Minuten dauern. Kein Wunder, dass Trickkleider unter diesen Bedingungen relativ häufig zum Einsatz kommen. Schließlich bilden sie eine Möglichkeit, in dieser kurzen Dauer der Performance durch eine überraschende Veränderung im Aussehen der Künstler für einen besonderen Effekt zu sorgen.

2. Trickreiches Ent- oder Umkleiden

Vom Trickkleid zu unterscheiden ist das – ebenfalls beliebte – einfache Ausziehen eines Kleidungsstückes. So streifte beispielsweise Ireen Sheer, als sie 1978 mit ihrem Song *Feuer* für Deutschland antrat, zum Beginn des Refrains das Cape ihres schulterfreien Abendkleids ab (als ob ihr von dem inneren Feuer, das sie besang, zu heiß geworden wäre). Bei diesem Ablegen eines Kleidungsstückes gibt es keine technische Raffinesse, die das Kleidungsstück und die Art des Ausziehens von der normalen, alltäglichen Kleidungsgestik unterscheiden würde. Der Trick des Trickkleides hingegen ermöglicht die ungewöhnlich plötzliche Geste des Entkleidens und damit den Überraschungseffekt. Zwar ist diese Form besonders häufig: So wie die Sängerinnen von Bucks Fizz 1981 plötzlich in kürzeren Röcken dastanden, kam beispielsweise unter Anzug und Hemd von Marie N., die 2002 für Lettland antrat, ein kurzes Kleid hervor (auch sie gewann den Wettbewerb). Dass der Einsatz von Trickkleidern aber nicht notwendig zur Reduktion der Kleidung führen muss, zeigte die norwegische Sängerin Guri Schanke beim Halbfinale 2007. Sie verwandelte zunächst ihr braunes Kleid in ein rotes (bevor dann ein weiterer Kleidertrick in klassischer Manier ein deutlich kürzeres, golden glitzerndes Kleid zutage förderte). Auf ganz eigene Weise setzte 2010 die weißrussische Band 3+2 einen trickreichen Kleidereffekt ein: Auf dem Höhepunkt des choreografisch ansonsten sehr schlicht gehaltenen Vortrags ihres Songs *Butterflies* schnellten auf den Rücken der Sängerinnen der Band Schmetterlingsflügel hervor, farblich auf die Kleider abgestimmt und diese damit zu einer Art Schmetterlingsverkleidung ergänzend – als hätten die Sängerinnen ihre Flügel, die zuvor am Körper anlagen, nun ausgebreitet.

Interessanterweise sind es fast ausschließlich Frauen, bei deren Auftritten Trickkleider eingesetzt werden. Die Aus-

InCulto Auftritt beim Eurovision Song Contest, 2010

nahme bestätigt die Regel: Als sich die fünf Sänger der Band InCulto, die im zweiten Halbfinale 2010 für Litauen antraten, ihre Hosen herunterrissen, unter denen sehr kurze, silbern glitzernde Shorts zum Vorschein kamen (siehe Abb.), war dies der Höhepunkt einer Performance, in der auch auf musikalischer Ebene verschiedene Traditionen des ESC zitiert worden waren. Auf diese Weise fügte sich auch die typische Geste, das Wegreißen des Trickkleides, in eine Metaebene ein, mit der diese Performance in bester popkultureller Manier ihre Kontexte zugleich kommentierte und reproduzierte.

3. Ordnungen und Unordnungen des Trickkleides

Von zentraler Bedeutung für den Einsatz von Trickkleidern ist das Timing. Durch die zeitliche Koordination werden auditive und visuelle Ebenen miteinander verbunden. Die Integration der Trickkleider-Geste gelingt dabei nur, wenn sie auf musikalischer Ebene mit einer ähnlichen Struktur zusammentrifft. Prädestiniert für den Einsatz von Trickkleidern ist daher der Moment der ›Rückung‹: ein harmonischer Wechsel, meistens eine Verrückung um einen Halbton nach oben, der bei vielen der beim ESC vorgetragenen Songs nach der ›Bridge‹ vorgenommen wird, bevor dann der Refrain noch ein- bis zweimal bis zum Ende des Songs wiederholt wird. Wie für alle audiovisuellen Inszenierungen ist diese zeitliche Verschränkung der Ebenen auch für die Aufführungen beim ESC von zentraler Bedeutung. Dies wird besonders deutlich, wenn sie nicht gelingt und das, was es zu hören und zu sehen gibt, nicht zusammenzugehören scheint. Der Einsatz eines Trickkleides mitten in der zweiten Strophe eines Songs, wie er beim Auftritt der Sängerin Daria beim zweiten Halbfinale 2011 vonstattenging, erscheint daher geradezu deplatziert: Die Verwandlung eines schwarzen in ein pinkfarbenes Kleid wurde hier nicht mit einem musikalisch hervortretenden Geschehen synchronisiert, sondern erfolgte an einer formal beiläufigen Stelle. Dadurch wirkte sie merkwürdig bedeutungslos.

Die Verschränkung von musikalischer und visueller Ebene beim ESC scheint immer wichtiger geworden zu sein. Eigentlich ist der ESC ein Kompositionswettbewerb – doch die Sehgewohnheiten der Fernsehzuschauer ändern sich stetig, und im Kampf um die Aufmerksamkeit werden immer wieder neue technische Register gezogen, um auch auf der visuellen Ebene zu beeindrucken. Und so wirkt die Textzeile, zu der die ersten Trickkleider zum Einsatz kamen, wie eine Voraussage: »But if you wanna see some more …«

Kugelrock und Schwanensee. Eine kleine Kulturgeschichte des Tutus

CHRISTINA PAREIGIS

Vom Tanz bleiben oft nur Kostüme. Ob Anna Pavlovas durchgetanzte Spitzenschuhe, die schillernden Gewänder der Ballets Russes oder Suguru Gotos elektronische *Powered Suits*: Als materielle Hinterlassenschaften einer flüchtigen Kunst verweisen sie auf Kreativität und Ideen von Choreographen, Bühnen- und Kostümbildnern, tragen sie noch die Spuren von Kraft und Dynamik des Tänzers, spiegeln sie den Abglanz vom Radius der tänzerischen Bewegung.

Das *Triadische Ballett* des Bauhaus-Künstlers Oskar Schlemmer wurde 1922 uraufgeführt. Was sich dabei genau abspielte, lässt sich nicht vollständig rekonstruieren, zu lückenhaft gestaltet sich die Überlieferung. Von der Choreographie zur Musik u.a. von Enrico Bossi, Debussy, Mozart und Hindemith mit mechanischer Orgel ist wenig bekannt. Durch den Erhalt von sieben Original-Figurinen, von Fotos und Skizzen aus den 1920er Jahren gibt es dagegen detaillierte Vorstellungen vom Aussehen der 18 raumplastischen Kostüme. Diese im Verhältnis zu den Körpern der Tänzer überdimensionierten, in geometrischen Formen und bunten Farben gestalteten (Ganz-)Körpermasken haben dafür gesorgt, dass das *Triadische Ballett* zu einem ikonischen Werk des 20. Jahrhunderts wurde und heute zur klassischen Avantgarde zählt. Fast alle variieren ein Kleidungsstück, das seinerseits eine Ikone des (klassischen) Tanzes ist: das Tutu. Verbindet man in der Fantasie das Wissen um Schlemmers Konzept mit Formen, Farben und Material seiner Kostüme, werden die eigenwilligsten Szenarien lebendig:

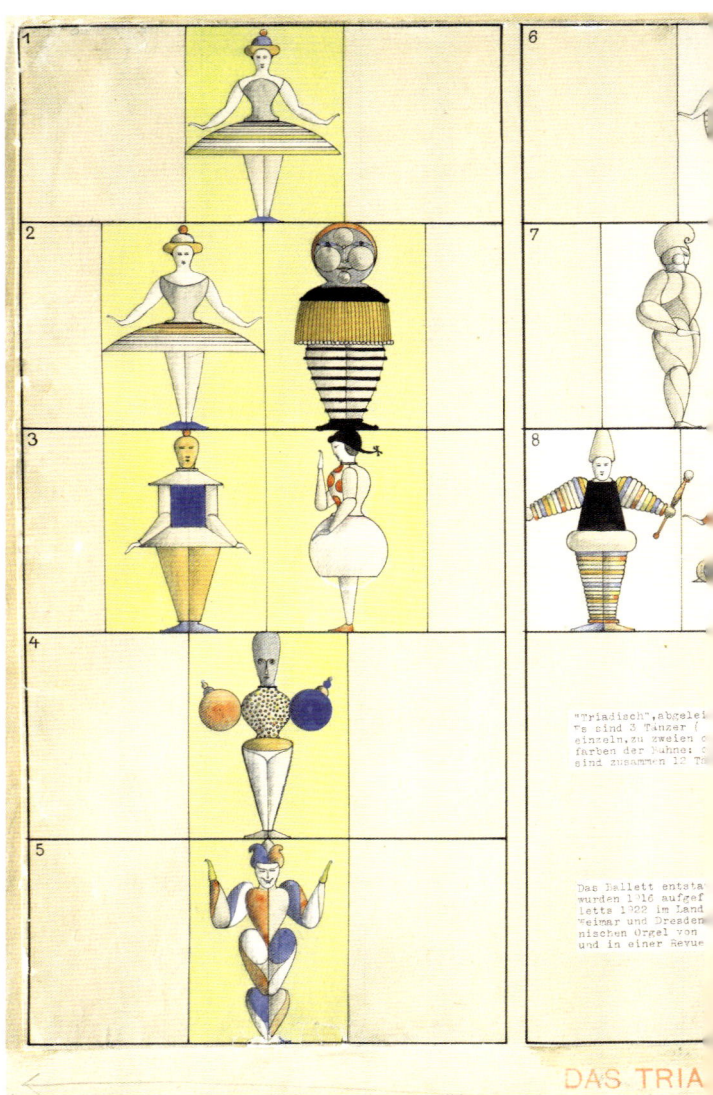

"Triadisch", abgeleit...
...s sind 3 Tänzer (...
einzeln, zu zweien o...
farben der Bühne: c...
sind zusammen 18 Ta...

Das Ballett entsta...
wurden 1916 aufgef...
letts 1922 im Land...
Weimar und Dresden...
nischen Orgel von...
und in einer Revue...

DAS TRIA
OSKA

Oskar Schlemmer, Das Triadische Ballett. Studie, 1926

Den Reigen eröffnet eine Tänzerin in einem riesigen, mit konzentrischen Ringen bemalten »Rundrock« aus Holz. Weite Sprünge lässt das Material nicht zu, sie bewegt sich in rhythmischen, mechanischen Pas durch den Raum und schwirrt in kreiselförmigen Drehungen ab. Eine zierliche Gestalt erscheint, ihr Unterleib ist ein Trapez aus bonbonfarbenen und goldenen Pappmachékugeln; trippelnd rotiert sie über die Bühne und deutet mit feierlichem Ernst eine Arabesque an. Abgelöst wird sie von einem langsam schreitenden Tänzer in Schwarz, dessen Mitte von metallglänzenden Spiralen umgeben ist; sie sehen aus wie die gefrorenen Linien einer eben erst vollendeten Pirouette.

Als Schlemmer seine traumhaft wie magisch anmutenden Figurinen entwarf, war das Tutu in der Welt des klassischen Balletts bereits zum romantischen Kostüm schlechthin geworden, zum historischen Rock.[1] Seine Entwicklung folgte im Laufe der Jahrhunderte dem Bedürfnis, größtmögliche Bewegungsfreiheit für die Tänzerin zu erreichen und zugleich ihre virtuose Beinarbeit und makellose Silhouette auszustellen. Die Geschichte dieses Tanzkostüms ist mit der fortwährenden Verringerung des Abstands zum ›natürlichen‹ Körper verbunden. Das Tutu schob sich mit der Zeit immer mehr in die Höhe, bis es um 1900 in Choreographien wie Marius Petipas *Schwanensee* die Hüften nur noch »wie ein Saturnring« umkreiste.[2]

Schlemmer nahm diese Form auf und entfernte sich zugleich von der klassischen Tanzästhetik sowie von zeitgenössischen Gegenbewegungen. Mit seinen statischen Tutus aus Kugeln, Scheiben und Zylindern erkundete er die Geometrie des tanzenden Körpers. Als der Ausdruckstanz, der auch gegen den bauschigen Tüll und die einengenden Korsagen angetreten war, seinen Höhepunkt erreichte, sperrte er die Körper seiner Tänzerinnen und Tänzer in kubistische Behältnisse aus »wattierten Stoffteilen« und »starren, cachierten Formen«.[3] Diese ermöglichten weder eine expressive Entäußerung des Selbst noch die illusorische Schwerelosigkeit des Balletts; das Ideal folgte eher der künstlichen Anmut Kleist'scher Marionetten: Alles Menschliche war auf Distanz gehalten, um Ideen und schematisierte Formen zum Tanzen zu bringen. In dieser Suche nach dem vollendet geometrisierten Körper verliert die Tänzerin die Freiheit, ihre Glieder in die gewohnten Positionen zu bringen, und gewinnt dafür ein neues Wissen und eine neue Sensibilität für das Verhältnis ihrer Bewegungen in den begrenzten Dimensionen des sie umgebenden Raums.

Schlemmers Tutus lassen die technische Perfektion des klassischen Tanzes künstlich und die reduzierten, abstrakten Bewegungen natürlich, als dem Menschen zugehörig erscheinen; damit wurde das geschichtsträchtige Kleidungsstück zum Vehikel für seine Synthese von bildnerischer und darstellender Kunst jenseits einer naturalistischen *mise en scène*. Gleichzeitig standen bei ihm, etwa im Gegensatz zum mechanischen Theater, in dem der Mensch vollständig durch Puppen oder kinematographische Effekte ersetzt wurde, weiterhin die Möglichkeiten der menschlichen Bewegung im Mittelpunkt: Während die Schichten aus Tarlatan und Tüll die Silhouette der Ballerina bei jedem Sprung und jeder Drehung verlängerten und verfeinerten, brachten »Kugelrock«, »Tütenrock« und »Goldkugel« die Körper der männlichen und weiblichen Tänzer dazu, sich in ihrer Eingeschränktheit neu zu orientieren. Durch die drei Teile des Balletts entfalteten sich damit »bildmäßige Reliefs« von ganz eigener Schönheit: von »heiter-burlesk« über »festlich-getragen« bis »mystisch-phantastisch«.[4]

Ob Figurine oder Primaballerina: Das Tutu zieht einen magischen Kreis um jede Tänzerin. Wie kaum ein anderes Kleidungsstück vereint es die Spannung zwischen dem Wandel von Form und Funktion und dem Bewahren der Geschichten, die in ihm getanzt werden. Sein Oszillieren zwischen Verbergen und Zurschaustellen, zwischen Keuschheit und unverhohlener Erotik inspirierte Edgar Degas zu den träumerischen Darstellungen der *École de Danse* und etwa 150 Jahre später Jean Paul Gaultier zu seinem Lederbustier mit weitschwingendem, schwarzrotem Rock für die Stiefmutter in Angelin Preljocajs *Blanche Neige*. Doch obwohl das Tutu in unendlichen Variationen auf Bühnen, Laufstegen und auch in der Welt des Alltags zu sehen ist, gilt weiterhin, was Willa Kim, die die Kostüme für über 125 Ballettproduktionen entwarf, einmal sagte: »The tutu is […] still an invention for the ballet and a remnant of the Romantic age. There are a lot of us who yearn for that kind of romanticism.«[5] Urszene für diese Sehnsucht bleibt Marie Taglionis Spitzentanz, den sie 1832 in *La Sylphide* mit bis dahin ungesehener Leichtigkeit und Grazie präsentierte und der sie zur berühmtesten Ballerina der Romantik machte. Das Kostüm dafür entwarf der Maler Eugène Lami, es war die erste Skizze des Tutus: Ein Rock aus weißem Krepp mit einem Musselin-Unterrock, enganliegendes Mieder, Hals und Schultern frei, um die Wespentaille ein blaues Band, auf dem Rücken die beiden Flügel des Elementargeistes.[6]

Diesem Kostüm ging eine lange Entwicklung der Tanzbekleidung voraus; mit dem Gang der Moden, der Entwicklung von Techniken und Choreographien, die einen freieren Körper verlangten, veränderte sich das Tutu als Bühnen- und Trainingsbekleidung und wurde mitunter nach seinen sich wandelnden Formen benannt. Ob aber Puderquasten- oder Pfannkuchen-Tutu, immer besteht es aus drei zusammenhängenden Teilen: *la trousse* (der Unterhose), *le jupon* (dem Rock, dem eigentlichen Tutu) und dem Bustier. Die Herstellung eines einfachen Tutus nach den überlieferten Regeln der Kunst dauert 60 Stunden bei einem Verbrauch von etwa 25 Metern Stoff. Ursprünglich bestand es aus Seiden- oder Baumwolltüll. Heute werden Musselin und künstlicher Organza verarbeitet, manchmal auch futuristischere Stoffe wie Metall oder Latex.

Der meist hauchzarte Stoff des Tutus ist vergänglich wie der Tanz. Die Lebenserwartung eines hochwertigen Tutus beträgt ca. 20 Jahre. Um mehr über seine Faszination zu erfahren, befragt man deshalb am besten zuerst Tänzerinnen, die das Tutu trugen und tragen. Sie sprechen dann von einer erhabenen wie unheimlichen Fremdbewegtheit, wenn sie sich im Tutu einer anderen Ballerina bewegen;[7] andere betonen die Distanz und die erhöhte Aufmerksamkeit, die die Spannweite des Rockes schafft: Er bändigt die Bewegung der Tänzerin und fordert die Konzentration ihres Partners beim Pas de deux heraus, weil die Position ihres Standbeins in seinem Schatten oft nicht zu sehen ist.[8] Das Tutu kann aber auch die Sicht der Tänzerin behindern; so geschahen vor der Verbreitung des elektrischen Lichts in den Opernhäusern schreckliche Unfälle mit Todesfolge, wenn die ausladenden Textilschichten beim Herumwirbeln in Berührung mit Gasbeleuchtungen kamen. Nicht zuletzt ist das Tutu auch Mittler zwischen Choreograph und Tänzerin; der Reif um die Mitte des tanzenden Körpers ist ein geometrisches Maß, das die kleinste Abweichung der präzisen Beinarbeit von der choreographierten Bewegung sichtbar macht. Es war vermutlich diese besondere Aufmerksamkeit, die auch Schlemmers Figurinen viel mehr sein ließen als ein ironisches Zitat des romantischen Tanzkostüms. Der verkürzte Reifrock hatte den menschlichen Körper im Tanz immer schon zu erweitern und zugleich zu begrenzen vermocht. Wenn heute der Tanz nach den Grenzen und Entgrenzungen des Leibes fragt, geht es oft um die nackte Haut, führen die Antworten zur Entzauberung des Kleides. Was bleibt, ist die Sehnsucht nach dem Tutu.

Anmerkungen

1   Vgl. Anja Hälg: Das Tutu, in: Ballettanz (Januar 2006), S. 70–75, hier S. 75.
2   Vgl. Thomas Hahn: Außer sich. Der Tänzer ist eine Hülle voller Muskeln. Das Kostüm ist die Verlängerung seiner Bewegungen – ein etwas anderer Blick auf die Bühnen-Verkleidung, in: Tanz (Januar 2011), S. 48–51, hier S. 49.
3   Dirk Scheper: Oskar Schlemmer – Das Triadische Ballett und die Bauhausbühne, Berlin 1988, S. 35.
4   Ebd., S. 36, 34.
5   Zit. nach Victoria Looseleaf: The Story of the Tutu, in: Dance Magazine (October 2007), http://www.dancemagazine.com/issues/October-2007/The-Story-of-the-Tutu [abgerufen am 26.11.2014].
6   Vgl. Hälg: Das Tutu, S. 72.
7   So Maria Kowroski, Tänzerin des New York City Ballet, über ihr Gefühl, als sie in einem Tutu von Suzanne Farrell tanzte, vgl. Looseleaf: The Story of the Tutu.
8   Davon spricht Gillian Murphy vom American Ballet Theatre, vgl. Looseleaf: The Story of the Tutu.

Volant – textile Bewegung oder das »Knisterschweigen von Crêpe de Chine«

SANDRA PRAVICA

Der Volant ist ein textiles Detail, welches bisher vor allem im Bereich der Frauenbekleidung anzutreffen ist. Er dient im Folgenden als Ausgangspunkt für Überlegungen zum Zusammenhang von Material und Bewegung und als ein Beispiel dafür, wie Stoffe als Vehikel für Bewegung fungieren.

Als Besatz verziert der Volant Röcke und Kleider – oft an deren Säumen – sowie Blusen und Jacken, bisweilen ist er anstelle eines Kragens angebracht. Volants können sowohl horizontal als auch vertikal am Kleidungsstück verarbeitet sein, wobei der Volantstoff – je nach Material – entweder dezent-wellenartig in unterschiedlich breiten Lagen übereinander fällt oder in voluminösen weichen Faltungen vom Kleidungsstück absteht. Volants tauchen häufig als Element von asymmetrischen Entwürfen auf. Dass sie Röcken »ein romantisches, junges Aussehen« verleihen, behauptete 1954 Christian Dior, sie seien »bezaubernd«, besonders für »junge Mädchen«. Der französische Couturier hält Volants außerdem für »zeitlos«.[1] Kostüm- und modehistorisch gesehen ist der Volant allerdings nicht im selben Sinne zeitlos, wie es Modeklassiker sind, die die Wechsel der Mode unangetastet überdauern, etwa das ›kleine Schwarze‹ oder der Smoking. Vielmehr hat der Volant im Laufe seiner bereits vergleichsweise langen Lebenszeit in der Bekleidungsgestaltung hohe Flexibilität bewiesen. Schon die Fest- und Zeremonialkleidung der kretisch-minoischen Kultur verfügte über einen »ganz aus Volants zusammengesetzten Frauenrock«,[2] der »von der Hüfte bis zu den Füßen« mit »zahlreichen übereinander gelegten Stücken […] gewickelt oder besetzt« war.[3]

Unter dem Namen »Falbel« war der Volant vom 17. bis zum 19. Jahrhundert als Zierbesatz an Rock- und Ärmelsäumen beliebt.[4] Auch aus der aufwändig gefertigten Haute-Couture-Mode ab Mitte des 20. Jahrhunderts sind Volants nicht wegzudenken. In seiner ersten Kollektion zeigte Hubert de Givenchy in den 1950er Jahren beispielsweise eine »bescheidene weiße Baumwollbluse mit überraschenden Schwarzweißvolants an den Ärmeln«.[5] Das Pariser Couture-Haus Balenciaga setzte damals auf Riesenvolants, und Emanuel Ungaro präsentierte noch in einer späten Kollektion 1999 »lange Röcke aus Blumendrucken mit Volants«.[6] Im neuen Jahrtausend sind »üppige Volants, die fast nicht tragbar sind«, wie eine Modebloggerin kommentiert, etwa bei der Designerin Stella McCartney zu sehen.[7] Durch seine vielfältigen Anpassungen hindurch hat der Volant offenbar eine Affinität zum Festlichen und Überschwänglichen beibehalten (siehe Abb. 1).

Mehr als seine Beweglichkeit über Zeiten und Moden hinweg interessiert hier jedoch die besondere Beziehung des Volants zur Bewegung des menschlichen Körpers. Die französische Bedeutung des Namens ›Volant‹ – ›beweglich‹ oder ›fliegend‹ – weist schon auf den Zusammenhang von Stoff und Bewegung hin. Um das textile Bewegungsprinzip des Volants zu erkunden, ist es zunächst jedoch wichtig zu wissen, wie er gearbeitet ist, damit er das typisch weiche und arabeskenhafte Aussehen erhält. Im Unterschied zur Rüsche ist ein Volant an der Ansatznaht nicht in Falten gelegt oder gerafft, sondern glatt angenäht. Er erreicht sein Stoffvolumen dadurch, dass er kreis-, ring- oder spiralförmig geschnitten wird – die äußere Kante ist somit rund geformt und immer größeren Umfangs als die Ansatznaht. Hierdurch kommt im Volant – entscheidend für den fließenden Fall – das Prinzip des Diagonalschnitts zum Tragen: Ist ein Kleidungsstück schräg zum Fadenlauf geschnitten, fällt der Stoff diagonal zum Körper, wodurch eine besondere Elastizität und Flexibilität erreicht wird. Es nimmt Bewegungen des Körpers auf, geht einen »Dialog« mit diesem ein.[8] So steht der Volant als beliebtes Detail an Tanzbekleidung und Trikots – im

Abb. 1 Rock mit Volantbesatz von Balenciaga, Frühjahr/Sommer 2013

Eiskunstlauf, Standardtanz, Flamenco oder Tango – in enger Verbindung zur Bewegung menschlicher Körper.

Die Tanzkunst der Loïe Fuller (1862–1928) verdeutlicht besonders anschaulich, wie der Volant Bewegung textil ins Werk setzt. Fuller, sowohl Tänzerin als auch Choreographin, entwarf ihre Bühnenbilder und Kostüme selbst.[9] Tanzkleider von riesenhaftem, sich in der Bewegung kreis- oder halb-kreisförmig ausfaltendem Stoffumfang waren zentraler Be-standteil ihrer Aufführungen (siehe Abb. 2). Fuller hatte eine Tanztechnik entwickelt, bei der sie die teils aus Hunderten

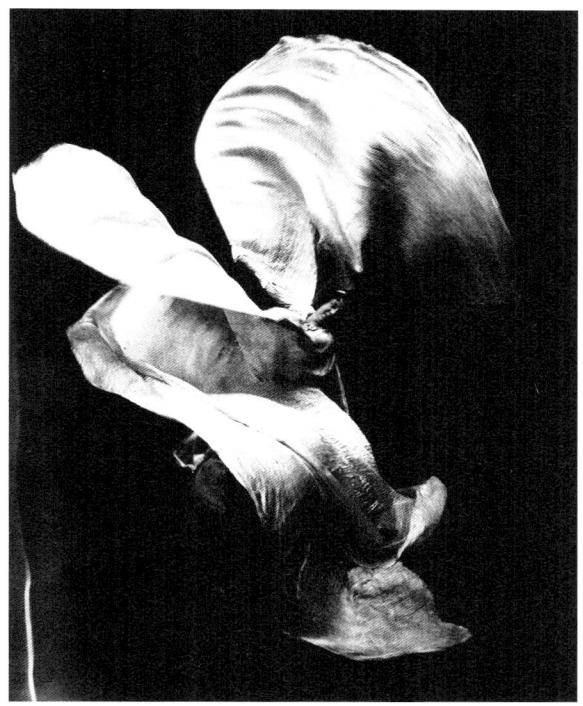

Abb. 2   Loïe Fuller, La Danse du Lys, ca. 1900

von Metern dünner Seide gefertigten Kleider in Kreis- und Spiralbewegungen herumführte, unterstützt von zwei Bambusstangen als Verlängerung der Arme.[10] Die Kleider erreichten damit einen Radius von drei Metern um die Körperachse, die Stoffbahnen ließen sich bis zu sechs Meter in die Luft werfen.[11] Nicht zuletzt aufgrund der so hervorgebrachten Wellenlinien und -formen wird Loïe Fullers Tanzkunst häufig als eine Versinnbildlichung des Jugendstils angesehen.[12]

Der Zusammenhang von Stoff und Bewegung kommt bei Fuller nicht mehr nur – wie bei ›regulären‹ Volants –

supplementär im zierenden Besatz zum Tragen, sondern das Textile vermittelt hier die Bewegungsdarstellung auf der Bühne wesentlich. Ihre Kleider bilden, wenn man so möchte, für sich selbst stehende Volants, die im Bewegungsgeschehen den sie tragenden Körper transzendieren. Nach Gabriele Brandstetter handelt es sich bei Fullers Performances um »auf dunkler Bühne« vorgeführte »farbige Stoffszenarien«, um »fortwährend sich verwandelnde Stoffgebilde, in die sich jeder Bewegungsimpuls mit geringer Verzögerung weiter[trägt]«.[13] Stéphane Mallarmé vergleicht sie mit »Riesenblüten und -schmetterlingen«.[14] Ausgeklügelte Licht- und Spiegeltechniken, die Fuller experimentierend selbst entwickelte, akzentuierten ihre Bewegungspräsentationen. Sie fand sogar eine Methode, ihre Kleiderstoffe mit fluoreszierenden Substanzen so zu behandeln, dass diese aus sich selbst heraus leuchteten – eingesetzt im *Radium Dance*, in dem sie wie ein »großer schillernder Nachtfalter« ihre »in allen Farben schimmernden Flügel« in den Raum ausbreitete.[15]

Flug- und Flügelmotive und -assoziationen kennzeichnen sowohl Fullers frühe – weniger abstrakte – als auch ihre späten Inszenierungen: Die Tänze tragen Namen wie *Schmetterlingstanz*, *Der schwarze Vogel* oder *Der Erzengel*, so dass Willy Rotzler seinen Essay über Fuller nicht umsonst mit *Das schönste Gewand wären Flügel* betitelte.[16] Dementsprechend markiert Mallarmé – Brandstetter zufolge glaubte dieser in Loïe Fullers Tanz die »Geburt« einer »absoluten Metapher zu erkennen«[17] – in seiner Beschreibung von Fullers Tanz eine Ambivalenz von Kleidungsstück und Flugorgan, wenn er von »retraits de jupe *ou* d'aile« (›Einraffen des Rocks *oder* Flügels‹)[18] spricht. Zudem benennt er eine Funktion des Fuller'schen Textiltanzes, die sich auf den Volant übertragen lässt: »L'enchanteresse fait l'ambiance, la tire de soi et l'y rentre, par un silence palpité de crêpes de chine.« (»Sie zaubert die Umgebung herbei, zieht sie aus sich hervor und staut sie in sich zurück, mit einem Knisterschweigen von Chinakrepp.«)[19] – Symbolisiert wird die Schaffung eines Ortes und einer Umgebung aus sich selbst heraus, der »Übergang vom Körper in den Raum durch das Medium des […] Stoffes«.[20] Das macht unmerklich auch der Volant. Interessant ist, dass Mallarmé den Stoff »Crêpe de Chine« ins Spiel bringt. Dieser ist aus stark überdrehten Garnen gewebt, deren Drehrichtung sich jeweils abwechselt, wodurch eine spannungsreiche fein-kräuselige Oberfläche entsteht. Selbst im Mikrodetail der Faserverarbeitung ist hier also eine besondere textile Bewegung am Werk. Nicht verwunderlich, dass dies ein »Knisterschweigen« vernehmbar werden lässt.

Anmerkungen

1 Vgl. Christian Dior: Das kleine Buch der Mode, Hamburg 2014, S. 120.
2 Ingrid Loschek: Reclams Mode- und Kostümlexikon, Stuttgart 2005, S. 175.
3 Vgl. Wolfgang Bruhn, Max Tilke: Das Kostümwerk, Berlin 1941, S. 7 f.
4 Vgl. Loschek: Mode- und Kostümlexikon, S. 175.
5 Vgl. Charlotte Seeling: Mode – Das Jahrhundert der Designer 1900–1999, Köln 1999, S. 272.
6 Ebd., S. 381.
7 http://www.lesmads.de/2009/10/paris_fashion_week_stella_mccartney_ss2010.html [abgerufen am 7.12.2014].
8 Harriet Worsley: 100 Ideen verändern Mode, Köln 2011, S. 63.
9 Vgl. Dee Reynolds: The Dancer as Woman: Loïe Fuller and Stéphane Mallarmé, in: Richard Hobbs (Hg.): Impressions of French Modernity. Art and Literature in France 1850–1900, Manchester, New York 1998, S. 157. Für den Hinweis auf Fuller danke ich Shirin Sabahi.
10 Vgl. Gabriele Brandstetter: Die Tänzerin der Metamorphosen, in: Jo-Anne Birnie Danzker (Hg.): Loïe Fuller. Getanzter Jugendstil, München, New York 1995, S. 25–38, hier S. 25 f.; Reynolds: The Dancer as Woman, S. 157 f.
11 Vgl. Reynolds: The Dancer as Woman, S. 157 f.
12 Vgl. ebd. S. 155; Brandstetter: Die Tänzerin der Metamorphosen, S. 28.
13 Brandstetter: Die Tänzerin der Metamorphosen, S. 28.; dies.: Tanz-Lektüren. Körperbilder und Raumfiguren der Avantgarde, Frankfurt/Main 1995, S. 333.
14 Stéphane Mallarmé: Œuvres complètes, hg. von Henri Mondor, Paris 1992, S. 308.
15 Gabriele Brandstetter, Brygida Maria Ochaim: Loïe Fuller: Tanz, Licht-Spiel, Art Nouveau, Freiburg/Breisgau 1989, S. 53.
16 Vgl. Brygida Maria Ochaim: Eine Wiederinszenierung des Serpentintanzes, in: Loïe Fuller. Getanzter Jugendstil, S. 139–142, hier S. 139; Giovanni Lista: Loïe Fuller oder die Macht des Geistes, in: Veit Loers (Hg.): Okkultismus und Avantgarde. Von Munch bis Mondrian 1900–1915, Ostfildern 1995, S. 588–599, hier S. 590 f.; Willy Rotzler: Das schönste Gewand wären Flügel. Loïe Fuller – Idol der Jahrhundertwende, in: Du. Die Zeitschrift der Kultur 41 (3.1981), S. 38–41, 138 f.
17 Brandstetter: Tanz-Lektüren, S. 338 f.
18 Mallarmé: Œuvres complètes, S. 309; ders.: Kritische Schriften. Französisch und Deutsch, hg. von Gerhard Goebel und Bettina Rommel, Gerlingen 1998, S. 183 [Hervorhebung S.P.].
19 Mallarmé: Œuvres complètes, S. 309; ders.: Kritische Schriften, S. 183.
20 Brandstetter: Tanz-Lektüren, S. 127.

Die Rüsche am Rock der Revolutionärin

Christine Blättler

Heute tritt die Rüsche im Plural und ziemlich laut auf, und zwar gleichermaßen, nur jeweils etwas zeitversetzt, auf dem exklusiven Laufsteg der Haute Couture wie im Romantik-Look der Massenware. Es ist, als würde einen mit dieser Stofffülle das einst von Omar Calabrese ausgerufene neobarocke Zeitalter anblicken, das die zum Signum des Barock gewordene, stofflich manifeste und metaphysisch ins Unendliche aufgeladene Falte diesseitig und vervielfacht zitiert.

Auch wenn die Falte das Grundelement der Rüsche ausmacht – vergessen sind die Zeiten, in denen diese als Besatz aus gefälteltem Stoff ein Kleid leise verspielt verschönerte. Dabei setzt dieses nichtige und sogar frivole, so offensichtlich unnütze, rein schmückende Detail immer wieder einen Akzent gleichsam en passant: Sein leichter Schwung zieht den Blick an, lädt ihn erotisch auf wie bei Baudelaires Passantin, oder lässt ihn irritiert aufmerken wie bei der entschieden Gehenden. Gegenüber dem streng-asketischen Habit des Berufsrevolutionärs Blanqui, der das personifizierte Gespenst des Kommunismus angemessen zu kleiden scheint, markiert die Rüsche am Rock der Revolutionärin eine diskrete Dissonanz, die es in sich hat.

Diese Frau kennt das Gefängnis ebenfalls von innen, und es ist der »Hunger nach Farben und Tönen«,[1] der ihr in Haftzeiten besonders zusetzte und den sie sich auch unter misslichen Bedingungen keineswegs verbot. Vielmehr fand sie, wie ihre Briefe verraten, »Honig in jeder Blüte«[2] und freute sich »an jedem hellen Tag und jeder schönen Wolke«.[3] Es wäre voreilig, das Begehren etwa nach einem »dünnen schwarzen Schleier mit zerstreuten schwarzen Pünktchen«[4]

Rosa
Luxemburg,
ca. 1918

allein dem benötigten Sonnenschutz zuzuschreiben. Genauso drückt sich darin ein ästhetischer Hunger aus, der sich nicht allein an großer Weltliteratur stillt, sondern insgesamt auf sinnliche Wahrnehmung setzt: Der »Zauber des Lebens« steckt selbst in »den kleinsten und alltäglichen Dingen«,[5] und ihn herauszuhören beflügelt auch die Denkarbeit in der Gefängniszelle, ständig bedroht von der Enge und dem »Mangel an Eindrücken, was sich allmählich wie Kleister um die Sinne legt«.[6] Freude und Lust entzünden sich am Stoff, und die Bildung der Sinne – gerade auch des *tactus* – fragt nicht nach dem Nützlichen, weder im Kleinen noch im Großen. So setzt sich diese Ästhetik auch jeglichem metaphysischen Sinn, einem göttlichen Weltenplan oder einem höheren historischen Zweck entgegen: »›Wozu‹ ist überhaupt kein Begriff für die Gesamtheit des Lebens und seiner Formen.«[7]

Der Revolutionärin wie dem Mikrologen ist die Rüsche nicht nur ästhetisch keine *quantité négligeable*, sondern genauso epistemologisch und geschichtsphilosophisch – die Revolution steckt hier definitiv im Detail. Wenn Benjamin dezidiert die »Abkehr vom Begriffe der ›zeitlosen Wahrheit‹« fordert, zielt dies auf deren Inbegriff, die platonischen Ideen; bis heute sind es sie, die vorbildlich der Kontingenzbewältigung dienen: Selbst immateriell und ewig, versprechen sie angesichts des dauernden phänomenalen Wandels Halt und Orientierung in Denken und Handeln. Doch wenn die Zeit ins Denken einbricht, bleibt auch die Wahrheit nicht davon verschont, ihr wird gar ein »Zeitkern« zugesprochen. Dieser Zeitkern der Wahrheit betrifft nicht einfach die »zeitliche Funktion des Erkennens«, sondern steckt »im Erkannten und Erkennenden zugleich«.[8]

Doch der Traum von der ewigen Wahrheit ist nicht gänzlich ausgeträumt. Sie ist immer noch schön, sie zieht weiterhin an, aber ihre Geltung hat sich verändert. Sie beansprucht nicht mehr, eine übergeordnete Wesenheit zu sein, vielmehr wird sie zitiert und ziert: »daß das Ewige jedenfalls eher eine Rüsche am Kleid ist als eine Idee«.[9] Die hier angedachte Wahrheit schwebt nicht ewig über den vielen vergänglichen Dingen, wie es noch die barocke Allegorie der *verità* empfiehlt; sie ist weder körperlos noch nackt, sondern stofflich im zweifachen Sinn: Sie hat einen Körper und trägt Kleider. Mit Sinn für die Materie schätzt die Wahrheit des Augenblicks besonders dasjenige, was partikular, kontingent, transitorisch und flüchtig ist und verwandelt dadurch die zeitlos-ewige Idee zum schmückenden Detail. Dieses Detail ist aus Stoff und weist eine bestimmte Form auf: »pli selon pli« (Mallarmé/ Boulez). Die Faltenform der Rüsche gehorcht dem Prinzip der Wiederholung, und sinnfällig demonstrieren die aneinandergereihten Fältchen am schwingenden Rock, dass sie weder ideal noch identisch oder starr sind, sozusagen keiner Parole gehorchen, und genau besehen jedes einzelne irgendwie aus der Reihe tanzt.

Der Zeitkern der Wahrheit zielt nicht auf eine Wahrheit in der Geschichte, etwa gemäß der Formel ›wie es eigentlich gewesen‹. Damit würde das, was sich historisch durchsetzt, Wahrheit beanspruchen und als Siegergeschichte legitimiert, und dabei würde weder die geltende Narration noch der eigene Blick darauf hinterfragt und Geschichte eben gerade nicht gegen den Strich gebürstet.[10] Genauso durchkreuzt der Zeitkern der Wahrheit Fortschritts- wie Dekadenznarrationen. Gerade in Zeiten ubiquitärer Fortschrittskritik ist es bedenkenswert, dass hier sehr wohl sturer Fortschrittsglaube, aber keineswegs jegliche Vorstellung von Fortschritt zurückgewiesen wird. Vielmehr wird versucht, eine Dimension von Zukunft offenzuhalten, Fortschritt als Fortschreiten immer an Aktualisierung zu binden und damit anders zu fassen: daran zu erinnern, was es einmal hieß und verhieß, und was man heute darunter verstehen kann: Es soll nicht immer so weiter gehen, sondern besser werden.[11] Der Zeitkern der Wahrheit betrifft die Geschichte in der Wahrheit:[12] Es ist die Wahrheit selbst, mit ihrem Geltungsanspruch, die eine materielle Geschichte hat.

Der Mikrologe wie die Revolutionärin stellen sich dem dinglich-objektiven Wind der Weltgeschichte, und zugleich lassen sie sich von einzelnen Dingen bezaubern. Beide bezeugen ein Flair für Mode, deren sinnliche Ebene die theoretische tangiert. Mode lebt von Stoff wie Form, und mit permanentem Wechsel, wesentlicher Substanzlosigkeit und ewig Neuem exponiert sie spezifische Spannungen. Die besondere Beziehung, die Mode und Geschichte in der Moderne unterhalten, ist unübersehbar. So ist es die Mode, die das menschliche Sensorium für die geschichtliche Bewegung affiziert,[13] und umgekehrt ist Geschichte selber das »vertraute Medium der Mode«.[14] Schon bei Hegel ist es die Mode, die »über das Zeitliche das Recht« ausübt, »es immer von neuem wieder zu verändern«,[15] und bis heute überraschen ihre listigen Volten. Dezidiert künstlich, folgt sie weder einem natürlichen noch metaphysischen Zweck; offensiv vergänglich, huldigt sie sowohl dem Neuen wie der Wiederholung, die sie beide nicht verabsolutiert. Bevor etwas doktrinär wird, feiert sie stofflichen Widerspruch, indem sie Vergangenes zitiert und gerade damit aktuell Funken schlägt.

Die Rüsche am Rock der Revolutionärin gibt zu denken. Sie stiftet einen systematischen Zusammenhang zwischen einer Ästhetik von unten, die auf sinnliche Wahrnehmung setzt und das materielle Detail schätzt; einer Epistemologie, die dem Besonderen sein Recht zugesteht und im Individuellsten das Allgemeinste auffindet, ohne sich philosophischer »Zuhältersprache«[16] zu bedienen; einer Geschichtsphilosophie, die Einzelne weder der Weltgeschichte opfert noch aus dieser Zumutung enthebt, weder die blanquistische Minoritätenrevolution von oben favorisiert noch Fronarbeit normativ verklärt. Und ist nicht die Rüsche veritables Sinnbild dafür, wie die Spartakistin[17] und der Gelehrte, mit den ästhetischen Überschüssen des Luxus, Schönheit als bürgerliches Glücksversprechen[18] retten?

Ihre Trägerin jedenfalls liebte die kleinen wie großen Schönheiten des Lebens, analysierte ihre Gegenwart aufs Schärfste, pflegte einen *amor fati* mit Spürsinn für Veränderungen und fiel »dem Weltklavier mit allen zehn Fingern in die Tasten«,[19] bis es nur so dröhnte. Sich vollkommen dessen bewusst, dass die Geschichte nie nach Gerechtigkeit ›abrechnet‹, setzte sie dennoch auf die »tief verborgenen Sprungfedern der Geschichte«.[20]

Anmerkungen

1 Rosa Luxemburg an N.S. Sesjulinski, Friedenau, März 1909, in: dies.: Gesammelte Briefe, Bd. 6, hg. von Annelies Laschitza, Berlin 1993, S. 161.

2 Luxemburg an Luise Kautsky, Wronke 15.4.1917, in: dies.: Gesammelte Briefe, hg. vom Institut für Marxismus-Leninismus, Bd. 5, Berlin 1984, S. 208.

3 Luxemburg an Mathilde Wurm, Wronke 28.12.1916, in: ebd., S. 151.

4 Luxemburg an Sophie Liebknecht, Wronke 18.2.1917, in: ebd., S. 179.

5 Luxemburg an Hans Diefenbach, Wronke 12.5.1917, in: ebd., S. 235.

6 Luxemburg an Franz Mehring, Berlin 31.8.1915, in: ebd., S. 72.

7 Luxemburg an Sophie Liebknecht, Wronke 23.5.1917, in: ebd., S. 244.

8 Walter Benjamin: Das Passagen-Werk [entst. 1927 bis 1940], ‹N 3,2›, in: ders.: Gesammelte Schriften, unter Mitwirkung von Theodor W. Adorno und Gershom Scholem hg. von Rolf Tiedemann und Hermann Schweppenhäuser, Bd. V.1, Frankfurt/Main 1991, S. 578.

9 Ebd.

10 Walter Benjamin: Über den Begriff der Geschichte [ca. 1940], These VII, in: ders.: Gesammelte Schriften, Bd. I.2, Frankfurt/Main 1991, S. 696.

11 Vgl. Benjamin: Das Passagen-Werk, ‹N 13,1›, S. 598 f.

12 Benjamin: Über den Begriff der Geschichte, These V, S. 695.

13 Theodor W. Adorno: Ästhetische Theorie [1970], in: ders.: Gesammelte Schriften, Bd. 7, hg. von Gretel Adorno und Rolf Tiedemann, Frankfurt/Main 1996, S. 265 f.

14 Silvia Bovenschen: Über die Listen der Mode, in: dies. (Hg.): Listen der Mode, Frankfurt/Main 1997, S. 21.

15 G.W.F. Hegel: Vorlesungen über die Ästhetik II, in: ders.: Gesammelte Werke, hg. von Eva Moldenhauer und Karl Markus Michel, Bd. 14, Frankfurt/Main 1986, S. 411.

16 Theodor W. Adorno: Charakteristik Walter Benjamins [1950], in: ders.: Über Walter Benjamin, hg. und mit Anmerkungen versehen von Rolf Tiedemann, Frankfurt/Main 1990, S. 235, 237.

17 Vgl. Benjamin: Über den Begriff der Geschichte, These XII, S. 700.

18 Vgl. »[L]a beauté n'est que la promesse du bonheur« (Stendhal: De l'Amour [1822], in: ders.: Œuvres complètes, Bd. 3, hg. von Victor del Litto und Ernest Abravanel, Genf 1969, S. 74) sowie: »I. Le beau, la mode et le bonheur« (Charles Baudelaire: Le peintre de la vie moderne [1863], in: ders.: Œuvres complètes, Bd. 2, hg. von Claude Pichois, Paris 1976, S. 683).

19 Luxemburg an Luise Kautsky, Wronke i.P. 15.4.1917, in: dies.: Gesammelte Briefe, Bd. 5, S. 208.

20 Luxemburg an Clara Zetkin, Breslau 24.11.1917, in: ebd., S. 328.

Schleppen und Schleifen

Caroline Sauter

> … doch hindern die Schleppen am Tanze.
> (J.W. Goethe: *Totentanz*)

Schleppen und Schleifen sind einander etymologisch ver-
wandt. Seit dem 13. Jahrhundert soll die Ähnlichkeit von
Schleppen und Schleifen bereits in der Deutschordens-
dichtung belegt sein; das Grimm'sche *Wörterbuch* notiert,
dass »die identität von schleppen und schleifen« um 1430
erkannt und erstmals in Wörterbüchern erfasst wurde.[1]
Nun sind Schleppen und Schleifen nicht nur Verben für den
mehr oder weniger identischen Vorgang, etwas unter Mühe
langsam, schwerfällig und mit großem Kraftaufwand am
Boden entlang zu ziehen, sondern auch Pluralformen von
Substantiven. Die Schleppe und die Schleife bezeichnen dabei geradezu das Gegenteil der verbalen Bedeutung: Anders
als die Verben ›schleppen‹ und ›schleifen‹ sind sie nicht mit
Mühe, Last und Erschöpfung konnotiert, sondern stehen
vielmehr für Luxus und Verschwendung – für die unendliche Leichtigkeit des Seins. Schleppen und Schleifen sind modischer Zierrat, erfüllen keinerlei praktische Funktion und
sind rein dekorative, oft verspielte und raffinierte Elemente
an prächtigen Kleidern. Die verschwenderische Fülle ihrer
üppigen Raffungen und Faltenwürfe und der objektiv nicht
notwendige Verschleiß meist wertvoller Stoffe im Schleifen
der Schleppe am Boden weisen sie als Luxusprodukte aus.

Wegen der opulenten Zurschaustellung von Reichtum im
Anlegen voluminöser Schleifen und Schleppen sind diese
in den höfischen Gesellschaften Symbole von Status und
Macht geworden, die sogar in vielen höfischen Regularien
reglementiert werden mussten: Je höher der Adelsrang, desto

länger durfte die Schleppe sein. Im 19. Jahrhundert wurde für die Damen am Hof des Napoléon Bonaparte die sogenannte Courschleppe als Zeremonialkleidung eingeführt, eine Art ablegbare Schleppe aus schweren, reich bestickten Stoffen, die mit Haken, Ösen, Schleifen oder (als *manteau de cour*) mit Ärmeln zum Hineinschlüpfen an den prinzipiell eher leichten Roben der Kaiserzeit befestigt werden konnte und mit ihrem großen Materialaufwand und Pomp den Herrschaftsanspruch der Hofdamen (und ihrer Männer) sinnfällig machte. Selbstverständlich ist die längste Schleppe dabei stets dem Herrscher und/oder der Herrscherin vorbehalten. Noch 2011 war es in deutschen Medien – genauer: in der Rubrik »Kultur« (!) des Magazins *Focus* – eine eigene und nahezu bestürzt anmutende Meldung wert, dass die Schleppe am Brautkleid der englischen Prinzengattin Herzogin Catherine ›nur‹ 2,70 Meter maß, während das möglicherweise berühmteste Brautkleid der Modegeschichte – dasjenige von ›Lady Di‹, der Mutter ihres Ehemannes Prinz William – eine Schleppe mit einer Länge von stolzen 7,62 Metern besessen hatte, die überdies von vielen üppigen Schleifen zusammengehalten wurde.[2] Die Schleppe, schon bei den Grimms als der »schweif oder schwantz am weiberrokke« belegt, wird von Journalisten einschlägiger Boulevardblätter peinlich genau vermessen (»7,62 Meter«!), und als *swenzelîn* (mhd., 12. Jh.) des Brautkleids substituiert sie in der perfiden Rhetorik der Klatschpresse den (symbolischen) Phallus im ›Schleppenvergleich‹.

Die Länge der Schleppe und die Größe der Schleifen an den Gewändern (nicht-)adliger oder (nicht-)royaler Hofdamen und -herren sind, wie wir gesehen haben, eine hochpolitische Angelegenheit. Dabei manifestiert sich in Schleppen und Schleifen eine Ambivalenz von Freiheit und Abhängigkeit: Zum einen sind sie Symbol der verschwenderischen Fülle, des Reichtums und der Üppigkeit, Insignien der Herrschaft und der Königswürde, zum anderen jedoch behindern sie die Bewegungsfreiheit erheblich. Schnell wird schlapp, wer eine Schleppe schleift. Jede Hofdame, die mit Courschleppe auftritt, braucht Assistentinnen, die ihr diesen Auftritt ermöglichen, um Eleganz und Würde zu wahren; jeder König mit Hermelinschleppe benötigt ein die Schleppe schleppendes Gefolge. So ist bereits im Grimm'schen *Wörterbuch* das Lemma »Schleppenträger« (»der einer vornehmen Person die Schleppe nachträgt«[3]) unmittelbar nach dem Eintrag »Schleppe« verzeichnet. Mitnichten ist also die Schleppe ein harmloses Accessoire. Dasselbe gilt für die Schleife: Zum einen ist sie verspielter Schmuck und modische Raffinesse, zum anderen jedoch ist sie von vornherein mit einer geradezu bedrohlichen Konnotation versehen, insofern die Schnur, das Band oder der Riemen, aus dem die Schleife gewunden ist, auch als sich zusammenziehende Schlinge oder gar als Fessel fungieren kann. Noch im frühen 19. Jahrhundert war der Begriff ›Schleife‹ für eine Schlinge »zum fang des wildes, besonders der vögel« gebräuchlich.[4]

Schleppen und Schleifen bergen demnach sogar konkrete physische Gefährdungen für Leib und Leben. Goethe etwa weist mehrfach darauf hin: In der »Kaiserlichen Pfalz« im *Faust II* setzt sich der (schließlich durch Mephistopheles ersetzte) Hofnarr selbst außer Gefecht, indem er, vom Kaiser unbemerkt, auf dessen Schleppe ausrutscht: »Gleich hinter deiner Mantel-Schleppe / Stürzt' er zusammen auf der Treppe«.[5] Auch in der Ballade *Totentanz* behindern die »schleppenden Hemden«, »Tücher« und »Laken« den »Tanze«, so dass er sich schließlich wie ein groteskes Gerangel ausnimmt und im Zerschellen der Gerippe endet.[6] Bei Rückert ist es die Gefahr nicht der Schleppe, sondern der Schleife, wenn sein unheimliches *Wiegenlied* raunt: »Tausend unsichtbare Schleifen / Ziehen deinen freien Fuß«.[7] Die Unfreiheit und Gewalt von Schleppen und Schleifen zeigt sich auch in den verbalen Wortbedeutungen, wenn etwa ›schleppen‹ im Grimm'schen *Wörterbuch* mit *rapere aut trahere violenter* oder *emmener par force* übersetzt wird,[8] oder ›schleifen‹ ebenfalls mit *rapere* (im Sinne etwa des Schleifens vor den Richter).[9] In Kleists *Penthesilea* wird mit der Doppelbedeutung von ›Schleife/schleifen‹ – der Schleife als Schmuckkranz und dem Schleifen als Folter – gespielt, wenn Achilles im 4. Auftritt über Penthesilea sagt, er werde nicht eher ruhen, »[a]ls bis ich sie zu meiner Braut gemacht, / Und sie, die Stirn bekränzt mit Todeswunden, / Kann durch die Straßen häuptlings mit mir schleifen.«[10] Auch die Verschleppung unfreier Menschen – etwa durch Schlepperbanden – ist bereits seit der biblischen Exilerzählung ein trauriger (und leider hochaktueller) Topos.

In einem der biblischen Bücher, die in der Verschleppung spielen, gewinnt die Schleppe, zumindest in den apokryphen griechischen Zusätzen der Septuaginta (LXX), eine wichtige symbolische Funktion. Es handelt sich um das Buch *Esther*. Dieses entstand vermutlich im 4. Jahrhundert v. Chr. und berichtet über eine Intrige am Hof des persischen Königs Ahasveros (Xerxes I., ca. 519–465 v. Chr.) und über die mutige Tat einer jüdischen Frau, die ihr Volk vor der Vernichtung rettet. Die erzählte Situation ist, kurzgefasst, folgende: Die in der persischen Diaspora lebenden Juden werden von Haman, dem höchsten königlichen Beamten und einem eingeschworenen »Judenfeind« (Est 8,1), bedroht, der per königlichem Edikt ein Pogrom anordnet, um »alle Juden, die im ganzen Königreich des Ahasveros waren, zu vertilgen« (Est 3,6). Die Jüdin Esther, »ein schönes und feines Mädchen« (Est 2,7), die

Flämische Schule des 17. Jahrhunderts
[unbekannter Meister], Esther vor Ahasver

wegen ihrer außergewöhnlichen Schönheit und Bescheiden-
heit vom persischen König zur Königin auserwählt worden
ist und in seinem Harem lebt, rettet ihr Volk, indem sie
ihr eigenes Leben aufs Spiel setzt: Obwohl es bei Todes-
strafe verboten ist, sich dem König ohne dessen explizite
Aufforderung zu nähern (Est 4,11), tritt sie mutig vor ihn
und wendet die drohende Massenvernichtung der Juden in
Persien durch ihr Eintreten für ihr Volk vor dem König ab.
Die Schlüsselszene und Klimax des Esther-Buches befindet
sich in Kapitel 5: Esther bereitet sich, begleitet vom Fasten
und Beten »aller Juden, die in Susa sind« (Est 4,16), auf ihre
Tat vor und tritt schließlich vor Ahasveros. Die griechische,
im Gegensatz zur hebräischen ausführlichere Erzählung der
LXX lautet in der deutschen Einheitsübersetzung wie folgt:

> Am dritten Tag legte Ester, als sie ihr Gebet beendet hatte, ihr
> Bußgewand ab und zog ihre Prunkgewänder an. Nachdem sie ihre
> strahlende Schönheit wiedergewonnen hatte, betete sie zu dem
> allsehenden Gott und Retter. Dann nahm sie zwei Dienerinnen mit;
> auf die eine stützte sie sich nach der Art der vornehmen Frauen
> [wie ein zartes, verwöhntes Geschöpf], die andere ging hinter ihr
> und trug ihr die Schleppe. Sie selbst strahlte in blühender Schön-
> heit, ihr Gesicht war bezaubernd und heiter, ihr Herz aber war
> beklommen vor Furcht [krampfte sich vor Angst zusammen]. (Est
> 5,2; Stzues1G, 1a–b)

Die Königin Esther schleppt in diesem Moment die Verantwortung nicht nur für ihr eigenes, sondern auch für das
Leben aller Juden. Indem sie die Schleppe ihres königlichen
Prunkgewandes anlegt, um ihrem Gemahl, dem König von
Persien, zu begegnen und nicht nur um ihr eigenes, sondern
auch um das Leben ihres ganzen Volkes zu flehen, nimmt
sie diese Verantwortung auf sich. Dieses Schleppen ent-
kräftet Esther wortwörtlich, und so bricht sie beim Anblick
des Königs auf seinem Thron ohnmächtig unter der Last
ihrer geschleppten Verantwortung zusammen. Im Fallen
stützt sie sich auf eben jene Hofdame, deren Funktion es
ist, Esthers Schleppe zu tragen, d.h. sie im Schleppen der
niederdrückenden Last zu unterstützen: »Als er [der König]
aufblickte und die Königin in wildem Zorn mit feuerrotem

Gesicht ansah, wurde sie bleich, fiel in Ohnmacht und sank auf die Schulter der Dienerin.« (Stzues 1G, 1d) Anstatt die Schleppe zu tragen, hat die Dienerin nun die Königin selbst im Arm. Die Schleppe steht gewissermaßen metonymisch für ihre Trägerin. Esthers Schleppe ist eine Illustration der Ambivalenz dieses Accessoires: Sie ist einerseits Insignium königlicher Macht und andererseits niederdrückende, beschwerliche Last der Verantwortung dieser Macht.

Anmerkungen

1 Schleppen, in: Deutsches Wörterbuch von Jacob Grimm und Wilhelm Grimm, 16 Bde. in 32 Teilbdn., Leipzig 1854–1961, Bd. 15, Sp. 642–648, hier Sp. 642; zit. nach: http://woerterbuchnetz.de/DWB [abgerufen am 1.12.2014].
2 http://www.focus.de/kultur/leben/monarchie-catherines-schleppe-ist-fast-fuenf-meter-kuerzer-als-dianas_aid_622515.html [abgerufen am 1.12.2014].
3 Schleppenträger, in: Deutsches Wörterbuch, Bd. 15, Sp. 648.
4 Schleife, in: Deutsches Wörterbuch, Bd. 15, Sp. 587–602, hier Sp. 588.
5 Johann Wolfgang Goethe: Faust. Der Tragödie zweiter Teil, in: ders.: Sämtliche Werke. Briefe, Tagebücher und Gespräche, 1. Abt., Bd. 7, hg. von Albrecht Schöne, Frankfurt/Main 1994, V. 4732 f.
6 Johann Wolfgang Goethe: Der Totentanz, in: ders.: Gedichte, München 2007, S. 288.
7 Friedrich Rückert: Wiegenlied, in: ders.: Gedichte. Mit dem Bildnis und Facsimile des Verfassers, Frankfurt/Main 1847, S. 52 f.
8 Schleppen, Sp. 643.
9 Schleifen, in: Deutsches Wörterbuch, Bd. 15, Sp. 590–602, hier Sp. 599.
10 Heinrich von Kleist: Penthesilea. Ein Trauerspiel, in: ders.: Sämtliche Werke und Briefe, Bd. 2, hg. von Ilse-Marie Barth und Hinrich C. Seeba, Frankfurt/Main 1987, V. 613 ff.

Vom »Netzwerk auf der Hinterseite«. Rückansichten des Gestickten

Denise Reimann

Ein schier unüberschaubares Gespinst aus mehrfarbigen, kreuz und quer durcheinanderlaufenden Fäden, keiner starren Logik folgend, verquast, oft disharmonisch und nahezu amorph: Die Rückseite einer Stickerei gilt gemeinhin nicht als vorzeigbar. Ungeachtet ihrer dreidimensionalen Textur ist die »Nadelmalerei«, wie man die Stickkunst schon in der Antike zu nennen pflegte,[1] vielmehr ganz auf die Frontalseite ausgerichtet. In ihrer stark hierarchisierenden Fokussierung der zur Ansicht bestimmten kunstvollen ›Schau-‹ zuungunsten der meist ungestalten, dem Blick entzogenen ›Kehrseite‹ unterscheidet sie sich grundlegend von anderen Textilarten wie gefilzten oder gehäkelten Stoffen, deren Vorder- und Rückseite einander entweder gleichen oder aber symmetrisch sind. Anders als die konventionelle Leinwandmalerei wiederum ist die Stickerei konstitutiv mit ihrer Rückseite verbunden, insofern der stoffverzierende Faden »gleichzeitig zu seiner eigenen Befestigung auf der Unterlage dient.«[2]

Wen wundert es angesichts dieser ebenso ambivalenten wie sinnfälligen Beziehung, welche die Stickerei zu ihrer Rückseite unterhält, dass letztere ihrem wenig glamourösen Schattendasein ab der Mitte des 19. Jahrhunderts entrinnt und zu einem mehrfach aufgerufenen Denkbild der Moderne avanciert? In seinem zwischen 1838 und 1846 entstandenen Roman *Splendeurs et misères des courtisanes* widmet sich Honoré de Balzac den untergründigen Szenen des Pariser Großstadtlebens, der von Prostituierten, zwielichtigen Gestalten und Delinquenten aller Art bevölkerten »monde par son envers, dans ses caves«,[3] die er kurzerhand als »l'envers des tapisseries«[4] bezeichnet, als rückseitige, aber umso aufschlussreichere, da die winzigen Details und Schwächen ihrer Ausführung preisgebende Ansicht der sozialen Großstadtphysiognomie. Interessanterweise geht Balzac noch einen Schritt weiter, insofern er die in diesen vorkracauerschen »Hinterhäusern der Gesellschaft«[5] vor sich gehenden Machenschaften selbst als Stickereien begreift, deren »nicht edierte« Rückseite in Form unzähliger personenbezogener Akten, Notizen und Berichte in den Archiven der Pariser Polizeikommissariate »schlummere« und darauf warte, durch einen Kriminalfall an die Oberfläche des öffentlichen Bewusstseins gekehrt zu werden.[6]

Weniger um die gesellschaftlich-moralische als um die individuell-biografische Dimension der rückseitigen Stickerei ist es Arthur Schopenhauer zu tun, wobei auch er von einem untergründigen, die Vorderseite des Lebens heimlich verantwortenden Gespinst ausgeht. »Man kann«, notiert er 1851, »das Leben mit einem gestickten Stoffe vergleichen, von welchem Jeder, in der ersten Hälfte seiner Zeit, die rechte, in der zweiten aber die Kehrseite zu sehn bekäme: letztere ist nicht so schön, aber lehrreicher; weil sie den Zusammenhang der Fäden erkennen läßt.«[7] Steht die Rückansicht der Stickerei sowohl bei Balzac als auch bei Schopenhauer ganz im Zeichen der Aufklärung eines verborgenen, nur vermeintlich zufälligen Lebensverhängnisses, dessen oberflächliche Textur durch Umwendung entwirrt, ergründet und nachvollzogen werden könne, erhält dasselbe Bild um 1900 eine scheinbar gegenteilige Funktion.

In Selma Lagerlöfs 1891 erschienenem Roman *Gösta Berling* ist es gerade das verunklarende Verwirrspiel von Ober- und Unterseite des auf einen »großen, altmodischen Stickrahmen« gespannten Stoffes, »von der Art, an denen fünf, sechs Personen auf einmal sitzen können«, welche den Reiz der Stickkunst ausmache. Nicht nur wird lachend »gewetteifert, wer am geschwindesten ist und wessen Kehrseite die hübschesten Stiche aufzuweisen hat«.[8] Darüber hinaus bringen männliche Besucher sowohl die Stickerinnen als auch die vom Stickrahmen versinnbildlichte sittliche Ordnung durch-

Lauren DiCioccio, Human Destiny pp 136-7, 2011

einander, »indem sie ihnen den Faden aus der Nadel zogen oder sie verwirrten, so daß sie schiefe Stiche machten […] und die Hände sich unter dem Stickrahmen begegneten«.[9] Als Ort des Privaten und Intimen, an dem Hände und Fäden einander ungesehen berühren und ungestraft Verbindungen eingehen können, wird die Kehrseite der Stickerei hier zur Projektionsfläche der erotischen Durchbrechung bzw. Umgehung vorgeschriebener Verhaltensmuster.

Und auch auf Walter Benjamin übt die Rückseite des Gestickten eine eher der Verwirrung denn der Klärung geschuldete Anziehungskraft aus. In seiner Kindheitserinnerung *Der Nähkasten* entsinnt er sich des »finstern Untergrunds«, den er dazumal in unmittelbarer Nachbarschaft der wohlgeordneten Regionen des mütterlichen Kastens erspähte und in dessen »Wust […] der aufgelöste Knäuel regierte, Reste von Gummibändern, Haken, Ösen und Seidenfetzen«,[10] kurz: ein unabsichtlich produzierter »Ausschuß«, dessen Entstehung Benjamin auch bei seinen eigenen kindlichen Stickarbeiten mitverfolgen konnte: »Und während das Papier mit leisem Knacken der Nadel ihre Bahn freimachte, gab ich hin und wieder der Versuchung nach, mich in das Netzwerk auf der Hinterseite zu vergaffen, das mit jedem Stich, mit dem ich vorn dem Ziele näherkam, verworrener wurde.«[11] In dieser nur ungleichzeitig zu erblickenden Gleichzeitigkeit von Vorder- und Rückseite der Stickerei, von Blumenmuster und Fadenlabyrinth, Sinnstiftung und Verwirrung liegt denn auch ihr epistemologisches Potential. Indem die »Kehrseite« als synchrone, mit dem gerichteten Blick jedoch nicht einzuholende, ihm immer schon vorauseilende Spur der »Schauseite« in Erscheinung tritt, erweist sie die Vorstellung eines umfassend verfügbaren, mit sich selbst identischen Ganzen als trügerisch. »Was der Rücken sichtbar macht, ist die Differenz selbst.«[12]

Wenn ein bestickter Stoff von hinten her gesehen die strukturelle Unmöglichkeit offenbart, ein Gewebe, sei es nun textiler oder textueller Art, ganzheitlich zu durchschauen, d.h. »alle Fäden davon zugleich zu überwachen, […] ohne daran zu rühren, ohne an den ›Gegenstand‹ Hand anzulegen«

und ohne »dem irgend einen neuen Faden hinzuzufügen«,[13] dann öffnet er zugleich den Raum für Imagination und Sinnverschiebung, womit eine weitere Dimension der rückansichtigen Stickerei angesprochen ist. Nicht umsonst wählt Jacques Derrida den Begriff *broder*, was im Französischen sowohl ›sticken‹ als auch ›hinzudichten‹ und ›fabulieren‹ meint, um die dekonstruktive, den »verborgenen« im »gegebenen Faden« erschreibende Lektüre zu kennzeichnen.[14] Wie weit die Vermählung von Lektüre und Schrift, von Deutung und Produktion der jeweils anderen in der gegebenen Seite gehen kann, bezeugt ein Fragment aus dem zwischen 1913 und 1934 entstandenen *Buch der Unruhe* von Fernando Pessoa, in dem der Hilfsbuchhalter Soares während einer Straßenbahnfahrt auf die »feine Stickerei« am Halskragen des Kleides eines ihm unbekannten Mädchens aufmerksam wird und deren soziale Rückseite zu imaginieren beginnt. Er betrachtet

> die Seidenfäden, mit denen man sie anfertigte, und die Arbeit, die diese Stickerei kostete. Und unvermittelt wie in einem Lehrbuch für Volkswirtschaft erstehen vor mir die Fabriken und die Arbeitsleistungen – die Fabrik, in der der Stoff hergestellt wurde; die Fabrik, in der die dunkleren Seidenfäden gewebt wurden, die den Stoff mit kleinen verdrehten Dingen verzieren, wo er den Hals umschließt; und ich sehe die einzelnen Abteilungen der Fabriken, die Maschinen, die Arbeiter, die Näherinnen, mein nach innen gekehrter Blick dringt in die Büros, ich sehe die Geschäftsführer, um Gelassenheit bemüht, und verfolge in den Hauptbüchern die Buchhaltung des Ganzen; doch nicht nur das: Ich habe darüber hinaus das häusliche Leben der Menschen vor Augen, deren soziales Leben sich in den Fabriken und Büros abspielt … Die ganze Welt bietet sich mir dar, nur weil ich vor mir um einen braunen Hals, mit einem mir unbekannten Gesicht auf der anderen Seite, eine regelmäßig unregelmäßige dunkelgrüne Bordüre auf dem Hellgrün eines Kleides wahrgenommen habe. […] Darüber hinaus ahne ich die Lieben, die Sekrete [sic] und Seelen all derer, die dafür gearbeitet haben […]. Mich schwindelt. […] Ich steige erschöpft und wie mechanisch aus. Ich habe soeben das ganze Leben gelebt.[15]

Anmerkungen

1 Marianne Stredal, Ulrike Brommer: Mit Nadel und Faden. Kulturgeschichte der klassischen Handarbeiten, Freiburg/Breisgau 1990, S. 7.

2 Annemarie Seiler-Baldinger: Systematik der textilen Techniken, Basel 1991, S. 114.

3 Honoré de Balzac: Splendeurs et misères des courtisanes, in: Œuvres complètes de H. de Balzac, 20 Bde., Paris 1855, Bd. 18, S. 118.

4 Ebd., S. 5. Damit verschafft Balzac einer im 17. Jahrhundert entstandenen und noch bis heute vereinzelt gebräuchlichen französischen Redewendung literarische Geltung, der zufolge die Rückseite einer Tapisserie bzw. Stickerei zu kennen bedeutet, um die versteckten, mit der oberflächlichen Erscheinung auf nur indirekt wahrnehmbare Weise korrespondierenden Hintergründe einer Sache zu wissen. Vgl. Tapisserie, in: Dictionnaire des expressions et locutions, hg. von Alain Rey und Sophie Chantreau, Paris 1993, S. 745.

5 Siegfried Kracauer: Straßen in Berlin und anderswo, erweiterte Ausgabe mit einem Nachwort von Reimar Klein, Frankfurt/Main 2009, S. 81.

6 Balzac: Splendeurs et misères des courtisanes, Bd. 12, S. 29.

7 Arthur Schopenhauer: Parerga und Paralipomena. Kleine philosophische Schriften, 2 Bde., Berlin 1851, Bd. 2, S. 454.

8 Selma Lagerlöf: Gösta Berling, autorisierte Übers. aus dem Schwedischen von Mathilde Mann, Leipzig o. J., S. 192.

9 Ebd., S. 194.

10 Walter Benjamin: Der Nähkasten, in: ders.: Berliner Kindheit um 1900, Fassung letzter Hand, mit einem Nachwort von Theodor W. Adorno, Frankfurt/Main 1987, S. 71–73, hier S. 72.

11 Ebd., S. 73.

12 Friedrich Weltzien: Der Rücken als Ansichtsseite. Zur ›Ganzheit‹ des geteilten Körpers, in: Claudia Benthien, Christoph Wulf (Hg.): Körperteile. Eine kulturelle Anatomie, Reinbek bei Hamburg 2001, S. 439–460, hier S. 448.

13 Jacques Derrida: Dissemination, übers. von Hans-Dieter Gondek, Wien 1995, S. 71 f.

14 Ebd., S. 72.

15 Fernando Pessoa: Das Buch der Unruhe des Hilfsbuchhalters Bernardo Soares, übers. und rev. von Inés Koebel, Frankfurt/Main 2006, S. 292 f.

Von der nackten Wahrheit zur rätselhaften Wahrheit des Strumpfes. Walter Benjamins Bilddenken

Johannes Steizinger

In seinen *Paradigmen zu einer Metaphorologie* hebt Hans Blumenberg die Bedeutung der Metapher der ›nackten Wahrheit‹ für den »rücksichtslosen Erkenntniswillen«[1] der Neuzeit hervor. Die Rede von der ›nackten Wahrheit‹ weist laut Blumenberg nicht nur auf einen neuen Begriff von Wahrheit hin, sondern verdeutlicht auch einen fundamentalen Vorbehalt gegen Rhetorik und Poesie, ja Sprache überhaupt. Nicht zuletzt ihren Verhüllungen und Verkleidungen müsse die Wahrheit entrissen werden, um dem absoluten Anspruch einer Wissenschaft zu genügen, deren Ideal mathematische Exaktheit darstelle.[2]

Es ist aufschlussreich, dass Blumenberg die »Entdeckung der Geschichte inmitten der Aufklärung und gegen ihren Sinnstrom«[3] als den Beginn der Absetzbewegung von der Metapher der ›nackten Wahrheit‹ und damit auch von deren absolutem Charakter markiert. Mit dem Bezug auf die Geschichte wird im Laufe des 19. Jahrhunderts ein methodisches Paradigma etabliert, unter dessen Perspektive die Wirklichkeit nicht mehr zuvörderst als vernünftige, sondern vor allem als kulturelle rezipiert wird. Diese Aufwertung des Kontingenzraums der Kultur setzt auch metaphorisches Potential zur Revision des Wahrheitsbegriffs frei. Denn – darauf verweist Blumenberg – Kultur und Kleidung sind eng miteinander verschränkt: »Die Wahrheit kann in ihrem Kleid ihre ›Kultur‹ haben, wie der Mensch seine Kulturgeschichte ganz wesentlich als die seiner Kleidung hat, denn er ist das sich bekleidende Wesen, das sich gerade in seiner ›Natürlichkeit‹ nicht offen gibt.«[4]

Vor diesem Hintergrund überrascht es nicht, dass es Autoren wie Walter Benjamin sind, die einen anderen Begriff von Wahrheit entwickeln als den in Neuzeit und Aufklärung dominierenden. Schon in seinem frühen Aufsatz *Sokrates* formuliert Benjamin eine radikale Kritik an einem Willen zum Wissen, der »gewaltsam, ja frech«[5] eine Antwort auf seine Frage erzwingen will. An der Figur des Sokrates kritisiert Benjamin zudem, dass dieser »den Eros zum Diener seiner Zwecke«[6] mache. Benjamin bezieht diese Kritik auch und insbesondere auf die Sprache, die seiner Ansicht nach nicht in ihrer instrumentellen Funktion zum Austausch prädikativ fixierter Inhalte aufgeht. Der Sprache sei eine »symbolische Funktion« ebenso wesentlich wie das Prinzip der Mitteilung, das ihre geschichtliche Gestalt bestimmt: »Es ist nämlich Sprache in jedem Fall nicht allein Mitteilung des Mitteilbaren, sondern zugleich Symbol des Nicht-Mitteilbaren«, erklärt Benjamin im frühen Aufsatz *Über Sprache überhaupt und über die Sprache des Menschen*.[7]

Mit der Unterscheidung zwischen Erkenntnis und Wahrheit findet sich in Benjamins frühen erkenntnistheoretischen Überlegungen eine Entsprechung zu den beiden Seiten der Sprache. Unter ›Erkenntnis‹ versteht er in diesem Zusammenhang durch Begriffe mitteilbare Sachverhalte, welche den Bereich propositionalen Wissens bilden und in der Semantik der Sprache aufgehen. Erkenntnisse können prädikativ erfasst und verbal vermittelt werden. Von der Wahrheit könne es hingegen kein Wissen geben. Da die Wahrheit weder in Begriffen darstellbar noch durch Aussagen mitteilbar ist, ist ihre Darstellung auf die symbolische Seite der Sprache verwiesen. Folgerichtig findet sich für diese Vorstellung von Wahrheit in Benjamins Schriften kein Begriff, sondern ein *Bild*, nämlich das des Strumpfes – vermutlich nicht zufällig. Denn dieser steht als ein Kleidungsstück exemplarisch für den Zusammenhang von Funktion und Symbol in der menschlichen Kultur.

Im Rückblick auf seine Kindheit erscheint Benjamin der spielerische Vorgang der Enthüllung des Strumpfes als methodisches Vorbild: »Er leitete mich an, die Wahrheit so behutsam aus der Dichtung hervorzuziehen wie die Kinderhand den Strumpf aus der ›Tasche‹ holte«,[8] so Benjamin. Im Stück »Schränke« aus der *Berliner Kindheit um 1900* beschreibt er diese »rätselhafte Wahrheit« des Strumpfes ausführlich:

> Nichts ging mir über das Vergnügen, meine Hand so tief wie möglich in ihr [gemeint ist die Tasche; J.S.] Inneres zu versenken. Und nicht nur ihrer wolligen Wärme wegen. Es war ›Das Mitgebrachte‹, das ich immer im eingerollten Innern in der Hand hielt und das mich derart in die Tiefe zog. Wenn ich es mit der Faust umspannt und mich nach Kräften in dem Besitz der weichen, wollenen Masse bestätigt hatte, fing der zweite Teil des Spiels an, der die atemraubende Enthüllung brachte. Denn nun ging ich daran, ›Das Mitgebrachte‹ aus seiner wollenen Tasche auszuwickeln. Ich zog es immer näher an mich heran, bis das Bestürzende vollzogen war: ›Das Mitgebrachte‹ seiner Tasche ganz entwunden, jedoch sie selbst nicht mehr vorhanden war. Nicht oft genug konnte ich so die Probe auf jene rätselhafte Wahrheit machen: daß Form und Inhalt, Hülle und Verhülltes, ›Das Mitgebrachte‹ und die Tasche eines waren. Eines – und zwar ein Drittes: jener Strumpf, in den sie beide sich verwandelt hatten.[9]

Diese Kindheitserinnerung spielt auch in einem anderen Zusammenhang eine wesentliche Rolle, der über den Status des Bildes in Benjamins Denken Aufschluss gibt. Denn in seinem Aufsatz *Zum Bilde Prousts* identifiziert Benjamin das Bild mit dem Strumpf und macht es so zu einem Dritten, das weder der Ordnung der Begriffe noch der Ordnung der Metaphern angehört.[10] *Zwischen* Philosophie und Literatur eröffnet sich für Benjamin jener Bildraum, der sowohl zum Schauplatz seiner eigenen Theoriebildung wird als auch den von ihm anvisierten Gegenstandsbereich darstellt.[11] Im Rundfunkvortrag *Franz Kafka: Beim Bau der Chinesischen Mauer* erklärt Benjamin beispielsweise, dass es ihm um eine »Deutung […] des Dichters aus der Mitte seiner Bildwelt« gehe.[12] Dieses Vorhaben verwirklicht Benjamin wiederum durch ein Erzählen in Bildern: »Allenfalls könnte man von diesem Kafka eine Legende bilden«,[13] behauptet Benjamin,

Franz Kafka als Dreizehnjähriger, in für die Zeit um 1900 typischen Knabenstrümpfen

und macht eben das: Seine Kafka-Arbeiten bilden ein komplexes Netz von Legenden, Geschichten, Motiven, Begriffen und Zitaten, die mit dessen Bildwelt auf eigenartige Weise korrespondieren. Beda Allmann charakterisiert Benjamins theoretische Annäherungen an Kafka deshalb als eine Reihe von »Kafka-Analogien«.[14] Auch für dieses mimetische Verfahren ist die Strumpf-Episode aufschlussreich, insbesondere in der Fassung des Proust-Aufsatzes. Denn dort wird der Strumpf als »Wahrzeichen« der »Traumwelt« bezeichnet, »in der, was vorgeht, nie identisch, sondern ähnlich: sich selber undurchschaubar ähnlich, auftaucht«.[15] In die »Welt im Stand der Ähnlichkeit«[16] führt aber auch die Erinnerung – wie Benjamin an Prousts »passionierte[m] Kultus der Ähnlichkeit«[17] zeigt.

In der Fassung des Proust-Aufsatzes wird zudem deutlich, dass nicht der Gegenstand im Zentrum der Strumpf-Episode steht, sondern das lustvolle Spiel, das »Vergnügen« und »Bestürzung« gleichermaßen hervorruft. »[M]it *einem* Griff« verwandelt »das Kind« dort »Tasche und was drin liegt […] in etwas Drittes«.[18] Es ist also der Vorgang selbst – der *eine* Griff –, der den Zugang zu dieser besonderen Welt eröffnet und damit auch für eine besondere Gestalt des Glücks steht, nämlich die »elegische«: »das ewige Nocheinmal, die ewige Restauration des ursprünglichen ersten Glücks«.[19]

All diese Bestimmungen führen zur *Berliner Kindheit um 1900* und ihrer Poetik der Erinnerung zurück. Eine Passage aus der *Berliner Chronik* – einer Vorarbeit zur *Berliner Kindheit um 1900*, welche aufschlussreiche theoretische Reflexionen zu Benjamins Erinnerungsarbeit enthält – macht den epistemologischen Status der Strumpf-Episode besonders deutlich. Denn über seine Praxis der Erinnerung sagt Benjamin dort: »Mit diesem Glück, das ich erinnere aber verschmilzt ein anderes: dies in der Erinnerung zu besitzen. Ich kann die beiden heute nicht mehr voneinander trennen […].«[20] Eben dieses Zusammenfallen von erinnertem Bild und Bild der Erinnerung wird in der Strumpf-Episode nicht nur vollzogen, sondern auch beschrieben.[21] Mit seiner Gleichzeitigkeit von Form und Inhalt, Hülle und Verhülltem steht das Bild

des Strumpfes exemplarisch für Benjamins Poetik der Erinnerung.

Anmerkungen

1 Hans Blumenberg: Paradigmen zu einer Metaphorologie, Frankfurt/Main
   1998, S. 69.
2 Vgl. ebd. S. 70.
3 Ebd. S. 72.
4 Blumenberg: Paradigmen, S. 62.
5 Walter Benjamin: Sokrates [1916], in: ders.: Gesammelte Schriften, hg. von
   Rolf Tiedemann und Hermann Schweppenhäuser, Bd. I–VII, Frankfurt/Main
   1974 ff., Bd. II.1, S. 126–129, hier S. 131.
6 Ebd. S. 130.
7 Walter Benjamin: Über Sprache überhaupt und über die Sprache des Menschen
   [1916], in: ders.: Gesammelte Schriften, Bd. II.1, S. 140–157, hier S. 156.
8 Walter Benjamin: Der Strumpf, in: ders.: Gesammelte Schriften, Bd. IV.2,
   S. 977 f., hier S. 978.
9 Walter Benjamin: Berliner Kindheit um 1900 [1932–1934], in: ders.: Gesammelte
   Schriften, Bd. IV.1, S. 235–304, hier S. 284
10 Vgl. Walter Benjamin: Zum Bilde Prousts [1929], in: ders.: Gesammelte Schriften, Bd. II.1, S. 310–324, hier S. 314.
11 Sigrid Weigel hat diesen Schauplatz von Benjamins Bilddenken an der Schnittstelle von Wahrnehmung, Erinnerung und Schrift rekonstruiert. Vgl. Sigrid
   Weigel: Entstellte Ähnlichkeit. Walter Benjamins theoretische Schreibweise,
   Frankfurt/Main 1997.
12 Walter Benjamin: Franz Kafka: Beim Bau der chinesischen Mauer, in: ders.:
   Gesammelte Schriften, Bd. II.2, S. 676–683, hier S. 678.
13 Ebd., S. 677.
14 Beda Allemann: Fragen an die judaistische Kafka-Deutung am Beispiel Benjamins, in: Karl Grötzinger, Stéphane Mosès, Hans Dieter Zimmermann (Hg.):
   Franz Kafka und das Judentum, Frankfurt/Main 1987, S. 35–70, hier S. 48; zu
   Benjamins Kafka-Lektüren siehe auch Sigrid Weigel: Walter Benjamin: Die
   Kreatur, das Heilige und die Bilder, Frankfurt/Main 2008, S. 170–209.
15 Benjamin: Zum Bilde Prousts, S. 314.
16 Ebd., S. 320.
17 Ebd., S. 313.
18 Ebd., S. 314.
19 Ebd., S. 313.
20 Walter Benjamin: Berliner Chronik [1932], in: ders.: Gesammelte Schriften,
   Bd. VI, S. 465–519, hier S. 515.
21 Darauf verweist auch Nicolas Pethes: Mnemographie. Poetiken der Erinnerung
   und Destruktion nach Walter Benjamin, Tübingen 1999, S. 265 f.

Blaustrumpf

ESTHER KILCHMANN

Der Blaustrumpf ist ein merkwürdiges Textil, das bereits auf den ersten Blick eher geschriebener denn gestrickter Natur ist. Studieren lassen sich an ihm dennoch die enge Verwobenheit von Kleider- und Geschlechterordnungen ebenso wie verschiedene Übersetzungsvorgänge zwischen vestimentären und anderen kulturellen Codes.

Als *blue-stocking* taucht der Begriff (nicht das Kleidungsstück) Mitte des 18. Jahrhunderts in England auf. Einer verbreiteten etymologischen Legende zufolge soll er auf einen Gelehrten zurückgehen, der statt der zur formellen Kleidung gehörenden schwarzen Seidenstrümpfe auch abends stets informelle blaue Strümpfe trug und so gegen die Kleiderordnung der Londoner Gesellschaft verstieß. Welche Farbe die Socken des betreffenden Mr. Stillingfleet in Wahrheit auch gehabt haben mögen: Belegt ist *blue-stocking* als Spitzname für Besucher der sich eben ausbildenden Salonkultur, in der nun Diskussionen über Literatur, Wissenschaft und Kunst gepflegt werden. Bekanntlich haben dazu auch die sonst aus der akademischen Bildung ausgeschlossenen Frauen Zutritt bzw. richten diese Salons selbst aus. Die Blue Stockings Society, wie die Zirkel um Elizabeth Montagu und Elizabeth Vesey genannt werden, bilden ein Netzwerk des literarisch-wissenschaftlichen Austausches, der Patronage und der Beförderung eigener schriftstellerischer Tätigkeit, nicht zuletzt auch der Erörterung von sozialen und politischen Fragen wie jenen von Frauenrechten und Mädchenbildung.[1] Festzuhalten bleibt allerdings, dass wohl keine und keiner der in der Blue Stockings Society verkehrenden Frauen und Männer aus der obersten Gesellschaftsschicht jemals blaue Strümpfe getragen hat.[2] Anders als beim Orden des blauen Hosenbandes, zu dessen Tracht ein blaues Knieband gehört, verfügt die Gruppenbezeichnung *blue-stocking* also über kein materielles textiles Pendant. Vielmehr ist der Blaustrumpf das Produkt einer Verschiebung, in der die Übertretung der Geschlechterordnung als Übertretung einer Kleiderordnung ins Bild gesetzt wird. Hinzu kommt, dass es sich beim Strumpf um ein Kleid fürs Bein handelt, das zu zeigen in der Frauenmode bis ins 20. Jahrhundert hinein tabu ist. Textile Inszenierungen des Beines sind vielmehr bis 1800 Privileg der Männer und als Zurschaustellung von Potenz lesbar.[3] Der Blaustrumpf markiert also auch deshalb eine massive Grenzüberschreitung, weil er auf der Ebene der Kleidung zutiefst unweiblich ist. Diese Kombination erklärt, warum ›Blaustrumpf‹ im 19. Jahrhundert mit der rigiden Ausformulierung der bürgerlichen Geschlechtertrennung samt ihrer Kleiderordnung zum beliebten misogynen Schimpfwort avancieren kann. Das Bild des *blue-stocking* als zeitenthobene musische Figur, wie es Richard Samuels Gemälde *Nine Living Muses of Great Britain* (1779) zeigt, wird nun vollständig überlagert vom Zerrbild einer sich geschlechtswidrig und ergo lächerlich gebärdenden Frau. 1844 publiziert Honoré Daumier *Bas-bleus*, eine Serie von vierzig Karikaturen, auf denen Frauen jeden Alters mit hässlich verzerrten Gesichtern zu sehen sind, die wahlweise Kleidung, Mann, Kind oder alles zusammen vernachlässigen und dafür manisch schreiben, lesen und affektiert aus ihren Schriften vortragen. An ihrer Seite Männer, die schmutzige Wäsche sortieren, das Kind füttern oder mit anderen als weiblich verstandenen Aufgaben konfrontiert sind. Auffällig oft involvieren diese die Pflege der Kleidung: Wo die Frauen lesen und schreiben, anstatt zu waschen und zu flicken, geraten offenbar sofort die Kleider in Unordnung. Zerrissene und schmutzige Kleider sind das öffentlich sichtbare Zeichen, dass die häusliche Ordnung gestört ist. In einer von Daumiers Lithographien steht ein Mann handlungsunfähig in Unterkleidern herum, weil seine Frau ihm die Hosen, anstatt sie zu flicken, an den Kopf wirft. Die (blauen) Beinkleider fliegen über sein ebenso beschämt wie hilflos wirkendes Gesicht hinweg, ein Sinnbild der aufgekündigten Machtordnung. Insbesondere die weibliche Flick- und Nähtätigkeit als unentbehrliche Komplementärfunktion des *Hosen-Anhabens* wird bei Daumier als kontinuierliches *doing gender* sichtbar, als Aufrechterhaltung des äußeren Erscheinungsbildes, das wiederum die gesellschaftliche Ordnung stützt. Gleichzeitig macht aber gerade die im Blaustrumpf herausgekehrte Verknüpfung von Geschlechterordnung und Kleidung letztere als einen neuralgischen und gut angreifbaren Punkt in der Konstruktion von Machtverhältnissen lesbar.

»In England werden die gelehrten Weiber scherzweise Blaustrümpfe genannt, wahrscheinlich wegen der Vernachlässigung ihrer Toilette«,[4] mutmaßt Ludwig Börne in den *Briefen aus Paris* (1832). Das Zitat ist zugleich der erste Beleg für die Verdeutschung von *blue-stocking*. Im deutschsprachigen Schrifttum des 19. Jahrhunderts ist ein reger, durchgehend äußerst negativer Gebrauch des Kompositums zu verzeichnen. Verunglimpft wird damit die eigenständige weibliche denkerische, künstlerische und wissenschaftliche Tätigkeit, insbesondere aber das Schreiben als offenbar den ›eigentlichen‹, reproduktiven, webenden (und stopfenden) Tätigkeiten der Frau diametral entgegengesetzt. Wilhelm Heinrich Riehl deutet in seinem Buch *Die Familie* (1855) Schriftstellerinnen überhaupt als Symptom politisch-kulturellen Verfalls und verweist darauf, dass weibliche Kunstproduktion ihren rechtmäßigen Ort nicht in der Öffentlichkeit, sondern im Kreise der Familie habe. Als »ächt weiblich« gilt ihm das »Künstlerthum mit der Nähnadel«, das »fast gar keinen Beischmack [sic] von Blaustrumpferei hat«.[5] Ein ironischer Verweis auf die Blaustrumpf-Phobie findet sich in Bertha von Suttners *Marthas Kinder* (1903), wo die Protagonistin ihre intellektuellen Interessen und Fähigkeiten vor ihrem dümmlichen Verlobten verbergen muss, damit dieser an ihr keine »Blaustrumpf-Fexereien«[6] entdecken kann. An diesen Punkt sollte eine junge Frau freilich am besten gar nicht erst gelangen. Vor allem in der Mädchenliteratur wird anhand des Blaustrumpf-Motivs das ausgewogene Verhältnis von höherer Bildung einerseits und den häuslichen weiblichen Tätigkeiten andererseits sinnbildhaft verhandelt. Erfolgsautorinnen wie Emmy von Rhoden (*Der Trotzkopf*, 1885) und Else Ury (*Nesthäkchen*, Serie 1913–25; *Studierte Mädel von heute*, 1929) geben ihren Protagonistinnen deshalb gerne Flickarbeiten in Gestalt von (der Deutlichkeit halber blauen) Socken in die Hand, um zu demonstrieren, dass sie sich trotz angestrebter höherer Bildung nicht vom Ideal der guten

Schreibende Frauen vernachlässigen die Kinder. Honoré Daumier, Les Bas-bleus, 1844

— Monsieur, pardon si je vous gêne un peu … mais vous comprenez en écrivant en ce moment un roman nouveau je dois consulter une foule d'auteurs anciens !
— (Le Monsieur à part) Des auteurs anciens ! … parbleu elle aurait bien dû les consulter de leur nvant, car elle a du être leur contemporaine !

»Entschuldigen Sie mein Herr, wenn ich Sie ein wenig störe …«
Honoré Daumier, Les Bas-bleus, 1846

Ehe- und Hausfrau zu entfernen brauchen. »[N]ähere Bekanntschaft mit Strümpfen kann solchem Blaustrumpf nur
förderlich sein«,[7] kommentiert der Bruder der für ihre Gym-
nasialbildung kämpfenden Protagonistin Hilde, die von der
Mutter aufgefordert wird, ihr lieber beim Stopfen zu helfen,
anstatt so viel Zeit auf ihre Hausaufgaben zu verwenden.

Mit den Umbrüchen in der Geschlechterordnung und dem radikalen Wandel der Damenmode nach dem Ersten Weltkrieg verändert aber unausweichlich auch der Blaustrumpf seine Semantik. Die ›neue Frau‹ macht ihr Streben nach höheren Bildungsabschlüssen und Selbständigkeit nicht zuletzt dadurch sichtbar, dass sie Bein zeigt, was wiederum nicht mehr als abstoßend, sondern als erotisch gewertet wird. Die epochentypisch gestylte junge Frau in Reginald Higgins *The Blue Stocking* von 1923 stellt ihre Bibliophilie ebenso selbstbewusst aus wie die blaubestrumpften Beine. Der Blaustrumpf wird attraktiv und gleichzeitig explizit in die Kleidung zurückbuchstabiert, wo er nicht länger einen Normverstoß markiert. Mithilfe eines Kleidungsstückes zitiert dieses *Girl* aus der verschütteten Geschichte weiblicher Intellektualität und aktualisiert sie mithin auf einem neuen historischen Schauplatz – und sei es ›nur‹ als modisches Versatzstück.

Anmerkungen

1 Vgl. Elizabeth Eger (Hg.): Bluestockings Displayed. Portraiture, Performance and Patronage, Cambridge 2013; Sylvia Harcstark Myers: The Bluestocking Circle. Women, Friendship, and the Life of the Mind in Eighteenth-Century England, Oxford 1990.

2 Für eine umfassende Auseinandersetzung mit der nicht eindeutig nachweisbaren etymologischen Herkunft des Blaustrumpfs vgl. Christiane Wanzeck: Zur Etymologie lexikalisierter Farbwortverbindungen. Untersuchungen anhand der Farben Rot, Gelb, Grün und Blau, Amsterdam 2003, S. 322–339.

3 Barbara Vinken: Angezogen. Das Geheimnis der Mode, Stuttgart 2013.

4 Ludwig Börne: Briefe aus Paris, hg. von Michael Holzinger auf der Textgrundlage der Sämtlichen Schriften, hg. von Inge und Peter Rippmann, Düsseldorf 1964, Berlin 2013, S. 154.

5 Wilhelm Heinrich Riehl: Die Familie, Kapitel 5: Die Emancipierung von den Frauen, Online-Ausgabe Hamburg 2011, http://epub.sub.uni-hamburg.de/epub/volltexte/campus/2013/21419 [diese und die weiteren angegebenen Websites abgerufen am 25.9.2014].

6 Bertha von Suttner: Marthas Kinder [1906], zit. nach: Projekt Gutenberg-DE, http://gutenberg.spiegel.de/buch/marthas-kinder-2591/4.

7 Else Ury: Studierte Mädel von heute [1929], zit. nach: Projekt Gutenberg-DE, http://gutenberg.spiegel.de/buch/studierte-m-7647/4.

Das kleine Schwarze oder: Überleben in unsicheren Zeiten

Katrin Solhdju

Im Jahr 1926 landete Coco Chanel ihre vielleicht folgenreichs-te Kreation (siehe Abb. 1). Nach den Verwüstungen und radikalen politischen Umwälzungen des Ersten Weltkrieges feierte man in den *Roaring Twenties* emphatisch das eigene Überleben. Frauen kleideten sich beim Besuch von Variété-Theatern, Lichtspielen und Bars, lasziv Zigarettenspitzen haltend, jetzt bevorzugt in Schwarz – in Klein und Schwarz.

Abb. 1
Coco Chanel,
Das kleine
Schwarze.
Skizze, 1926

Auch wenn Coco als geniale Erfinderin dieses Outfits gilt, wäre der Erfolg ihrer Innovation ohne die historisch-politischen Umstände vermutlich undenkbar geblieben. Denn schon während des Ersten Weltkrieges waren bezüglich der weiblichen Kleiderordnung zumindest zwei Dinge geschehen, die als notwendige Elemente derjenigen Bühne gelten müssen, auf der das *kleine Schwarze* seinen Auftritt feiern konnte: Erstens waren Frauen in Abwesenheit ihrer kämpfenden Männer zunehmend gezwungen, körperliche Arbeiten zu verrichten. Diese Entwicklung aber musste zwangsläufig mit einem Garderobenwechsel einhergehen, hatten doch die ausladenden Roben der Vorkriegszeit mitsamt der sie grundierenden, einengend in Form schnürenden Unterbekleidung die weibliche Bewegungsfreiheit radikal beschränkt.[1] Zum anderen hatte der Krieg Millionen trauernder junger Frauen hinterlassen, die jedoch nicht über Zeit und Mittel für wohlchoreographierte und ausgedehnte Trauerphasen verfügten oder sich gar in der Lage sahen, den Brauch eines *fashionable mourning* weiterzuentwickeln, wie er im 19. Jahr-

Fashionable Mourning

Correct modes in Tailor-made Suits, Gowns for afternoon and evening, Blouses, Coats, Wraps, Furs, Millinery, House Gowns, Neckwear and every Mourning requisite.

Private Display Rooms.   Mourning Outfits supplied at short notice.

(*Mourning Department, Third Floor*)

B. Altman & Co.

Fifth   Avenue-Madison   Avenue,   New   York
Thirty-fourth Street   Thirty-fifth Street

Abb. 2
Fashionable
Mourning

hundert in betuchten Kreisen kultiviert worden war (siehe Abb. 2). So trug frau zwangsläufig einfachere, funktionalere schwarze Kleider, deren Rocksäume sich, wenn auch zunächst noch dezent, parallel zur Haarlänge zusehends nach oben verschoben.

Karl Lagerfeld ging denn auch so weit, zu behaupten, das kleine Schwarze »*came out* of the mourning look of World War I. Women got used to wearing and seeing simple black dresses. When life changed, the little black dress *became* a flexible fashion item – it could move from chic to sexy«.[2] Aber wie vollzog sich dieses *Auftauchen* bzw. *Werden*? Handelte es sich um einen reinen Nachahmungseffekt, als dessen schlichte Emergenz das kleine Schwarze gelten muss? Hatte Chanel also am Ende mit der Kreation des Modeklassikers gar nichts zu tun? Wenn auch bezüglich anderer Phänomene entwickelt, erweist sich Gabriel Tardes Auseinandersetzung mit dem Verhältnis von Erfindung und Nachahmung hier als aufschlussreich. Ihm zufolge gibt es zwischen den beiden nämlich ebenso wenig eine absolute Trennung wie zwischen willentlicher Nachahmung und unwillkürlicher Gewöhnung. All diese Tätigkeiten gelten ihm vielmehr in unterschiedlichen Graden als Effekte der »Fernwirkung eines Geistes auf den anderen, die in der quasi fotografischen Reproduktion eines zerebralen Negativs durch die fotografische Platte […] besteht«.[3] Das Wirklich-Werden von etwas Neuem ist dann aber vor allem eines: das Zusammentreffen einer ganzen Reihe von »Nachahmungsflüssen und -strahlen, die sich eines Tages in einem mehr oder weniger besonderen Gehirn kreuzen«[4] und von ihm moduliert werden. Welche zu einem gegebenen Zeitpunkt lediglich *möglichen* Wesen – seien sie biologisch, epistemisch, sozial, technologisch oder die Mode betreffend – einmal die Hürde zur *wirklichen* Existenz nehmen werden, hängt ganz davon ab, inwiefern es ihnen gelingt, sich im Kampf ums Dasein gegen all die anderen Möglichkeiten zu behaupten – Tarde imaginiert hier veritable Schlachten jedes je Möglichen gegen alle anderen. Ohne den Bogen zu weit spannen zu müssen, hieße dies bezüglich unseres Gegenstandes wohl, dass die schlichte Tatsache, dass immer mehr Frauen, einander imitierend, einfache schwarze Kleider trugen, zwar als notwendige, keineswegs aber als hinreichende Bedingung für das Wirklich- und Unsterblich-Werden des kleinen Schwarzen als Modeklassiker gelten kann. Erst das Zusammenlaufen all jener Imitations-Strahlen und deren gekonnte Modulation durch Chanel brachten gemeinsam das hervor, was zum *Muss* in jedem Kleiderschrank und bald unsterblich wurde.

Vor dem Krieg hatten schwarze Kleider für junge und verheiratete Frauen in allen Varianten als Unding gegolten, indizierten sie doch nicht nur Witwentum und Unantastbarkeit, sondern immer auch die sexuelle Erfahrenheit einer Frau. In den 1920er Jahren wurde Schwarz dann allerdings nicht nur tragbar, sondern zum Symbol der überlebten Katastrophe sowie der Emanzipation der sogenannten *Flapper*-Frauen. Man kann die kleinen Schwarzen also zum einen als Medien einer aktiv praktizierten Umwendung thanatologischer in erotische[5] Überlebensstrebungen begreifen. Andererseits stehen sie für den neuen Status der Frauen als mündige Bürgerinnen – in den meisten westlichen Ländern wurde ihnen erst in dieser Phase, also erstmals nach 1918, das Wahlrecht zugestanden. Viele Frauen weigerten sich nach dem Krieg, ihre gerade gewonnenen Rollen außerhalb des häuslichen Milieus wieder aufzugeben und an den Herd zurückzukehren – zur Arbeit gesellte sich nun allerdings auch das Vergnügen.

Kleine Schwarze waren entsprechend nicht einfach platt sexy. Keine tiefen Ausschnitte, zumindest nicht vorne, die Taille allenfalls auf Hüfthöhe angedeutet und immer mit eng geschnittenen Ärmeln bis zum Handgelenk, präsentierten sie sich eher als weibliches Pendant zum männlichen Anzug – tragbar zu jeder Gelegenheit, geschäftlich, privat, tagsüber und am Abend. So hatten etwa nachmittägliche kleine Schwarze zurückhaltende U- oder V-Ausschnitte, während die Abendversionen bevorzugt entblößte, mit Perlenketten behangene Rücken zeigten. Ebenfalls »für den Abend gab es auch Décolletés an der Frontseite, nie aber gab es Busen. Er blieb unbetont und dort, wo noch ein Rest einer einst üppigen Büste einer Schlankheitskur widerstanden hatte, musste er mit einer Spezialbinde weggebunden werden […]. Jetzt wurde der Vamp durch die Garçonne ersetzt«,[6] die es mit den Männern aufnahm.

Auch im Zweiten Weltkrieg leisteten die Frauen Dienst an der Heimatfront, doch in den 1950er Jahren trugen Wirtschaftswunder und Baby-Boom ihren Teil dazu bei, dass sich vor allem Frauen der Mittelklasse auf das Lebensmodell einer imaginierten Normalität der Vorkriegszeiten ›zurückbesannen‹.[7] Synchron dazu wurden nicht nur die Haare wieder länger, auch die Kleider waren obenrum wieder eng tailliert – statt Korsett trug man nun allerdings Mieder – und unten von aufgebauschten Petticoats unterfüttert.

Als Reaktion auf diesen Backlash mussten BHs verbrannt werden und Miniröcke her. Auch diesen Befreiungsschlag aber hat das kleine Schwarze, wenn auch transformiert, ausdauernd überstanden und gilt bis heute als eines der Grundelemente der Garderobe beinahe jeder westlichen Frau.

Anmerkungen

1   Zwischen Kriegsbeginn und 1928 reduzierte sich die durchschnittlich für ein Frauenkleid verwendete Stoffmenge von ca. 17 auf 7 Meter.
2   Amy Holman Edelman: The Little Black Dress, London 1998, S. 35 [Hervorhebung K.S.]. Am Rande sei bemerkt, dass Karl Lagerfeld seit 1983 als Designer für das Haus Chanel tätig und Nachfolger sowie geistiger Erbe der legendären Coco war.
3   Gabriel Tarde: Die Gesetze der Nachahmung, Frankfurt/Main 2008, S. 10.
4   Ebd., S. 17 f.
5   Vgl. Sigmund Freud: Jenseits des Lustprinzips, in: ders.: Gesammelte Werke, hg. von Anna Freud u.a., Bd. 13, Frankfurt/Main 1999, S. 1–69.
6   Rudolf Kinzel: Die Modemacher. Die Geschichte der Haute Couture, Wien 1990, S. 166 f.
7   Vgl. Betty Friedan: The Feminine Mystique, New York 1963.

Die Boutonnière.
Der Dandy und seine Blume

Zaal Andronikashvili

»A really well-made Buttonhole is the only link between Art and Nature«, war eine der dekadenten, subversiven und paradoxen Weisheiten, die der Schriftsteller und Dandy Oscar Wilde (1854–1900), der selbst das Haus nie ohne Knopflochblume verließ, 1894 der Jugend auf den Weg gab, als er seine *Phrases and Philosophy for the Use of the Young* für die Zeitschrift *Chameleon* verfasste.[1] Die Belle Époque war die Hochzeit der Boutonnière. Heute lamentieren die Männermodezeitschriften, sie werde nur noch bei der eigenen Hochzeit getragen. Die kulturelle Bedeutung der zum Accessoire verkommenen Blume im Knopfloch des Herrenanzuges geht sehr weit über die Kostümgeschichte hinaus. Sie ist der einzige Link zwischen Kleidung und Philosophie.

Die Boutonnière trat unterschiedliche Erbschaften an. Sie lässt an den Brauch erinnern, Blumen am Kleidungsstück zu tragen, kostümgeschichtlich wurde sie durch die Erfindung des Knopflochs und des Gehrocks ermöglicht, kulturell wurde sie mit der Etablierung der Mode und der Philosophie des Dandyismus bedeutend.

Blumen befestigte man spätestens seit dem alten Ägypten zu unterschiedlichsten Zwecken an der Kleidung: um böse Blicke abzuwehren, unangenehmen Körpergeruch zu verbergen oder im Krieg als ein Angehöriger der richtigen Partei erkannt zu werden.

In Europa kannte man das Knopfloch seit dem 13. Jahrhundert. Die Boutonnière erscheint zuerst im England des 18. Jahrhunderts im Zuge der Gartenmode. Man befestigte sie am *riding coat* (Redingote), der damals nicht zugeknöpft

Oscar Wilde im Alter von ca. dreißig Jahren

getragen wurde. Viele französische Aristokraten, denen, wie Marquis Tour de La Roche, während der Französischen Revolution nichts anderes mehr übrig blieb, als elegant zu sterben, trugen zum Zeichen des Bluts, das sie bald unerschrocken vergießen würden, auf dem Weg zum Schafott eine rote Blume. Später schlossen sich ihnen die Pioniere der Arbeiterbewegung an. Sie trugen rote Nelken oder Rosen – die heutigen Symbole der Sozialistischen Internationale – statt der roten Fahnen, die ihnen Versammlungsverbote und Sozialistengesetze verwehrten. In ihrer heutigen Form, am Revers des Männeranzuges, ist die Boutonnière das Evolutionsresultat des englischen Fracks (*dress coat*) und des Gehrocks (*frock coat*) des frühen 19. Jahrhunderts. Den obersten Knopf des Gehrocks knöpfte man nicht zu, so entstand der Revers mit

Knopfloch, das später auch in den *frac à l'anglaise* und andere Männeranzüge geschnitten wurde.

Bevor der französische Schriftsteller Jules Amédée Barbey d'Aurevilly (1808–1889), der sich in die Tradition des englischen Dandyismus einschrieb, Ende der 1830er Jahre begann, Blumen im Knopfloch zu tragen, waren sie ein Accessoire. Der erste Theoretiker des Dandytums machte die Boutonnière zu dessen Symbol und verlieh ihr eine philosophische Dimension. Sein Vorbild war »der größte Dandy seiner und aller Zeiten«, George Bryan (genannt ›Beau‹) Brummel (1778–1840), *der* Modegesetzgeber im Regency-England. Anders als der schottische Philosoph, Historiker und Schriftsteller Thomas Carlyle (1795–1881), der den Dandy als einen Kostümkünstler beschrieb (*Sartor Resartus*, 1836), war für Barbey d'Aurevilly das Kostüm nur ein Ausdruck des Dandytums. Noch Edward Bulwer-Lytton's Romanprotagonist Russelton, dessen Prototyp ebenfalls Brummel war, urteilte: »Give me the man who makes the tailor, not the tailor who makes the man.«[2] Mit der Romantik fing die Kleidung an, Ausdruck eines Selbst zu werden, statt auf den sozialen Status und den Reichtum einer Person hinzuweisen. Die Kunst, sich selbst zum Ausdruck zu bringen, perfektionierte der Dandy, der für Barbey d'Aurevilly primär ein Gestalter des Selbst, ein Lebenskünstler war, »der durch seine Person so gefällt, wie andere durch ihre Werke«.[3] Der Dandy war ein Extremist der Mode, der die Individualität seines Kostüms und seines Verhaltens auf die Spitze trieb und zu einem nicht abschließbaren Selbstkunstwerk machte. Deswegen gab ein anderer großer Dandy seiner Zeit, Lord Byron, vor, lieber Brummel als Napoleon sein zu wollen:[4] Jener war ein Künstler und Kunstwerk zugleich und dieser «bloß« ein großer Mann. Für d'Aurevilly war der Dandy ein Heros, den Carlyle versäumte, in seine Heldengalerie aufzunehmen. Für seinen Freund, den großen Dichter und Theoretiker des Dandytums Charles Baudelaire (1821–1867) war das Dandytum sogar »der letzte Ausbruch des Heroismus in Niedergangsepochen«.[5] Und das war kein Bonmot.

Sowohl Barbey d'Aurevilly als auch Baudelaire hoben das Anomische des Dandys hervor. Obwohl der Dandy als sein eigener Gesetzgeber auftrat, war er selbst nicht durch Gesetze einzufangen, weder moralisch-gesellschaftlich gesehen noch im Dandytum selbst, innerhalb dessen Erwartungshaltungen bewusst spielerisch unterlaufen wurden. Er personifizierte die Transgression. Die Macht des Dandys war nicht auf Geld oder Beziehungen gegründet, obwohl er der Oberschicht angehörte. Sein Charisma ging nur von ihm selbst aus. Ein Dandy war zwar ein »Modekönig«, aber es ging ihm nicht um den Macht*erhalt*. Barbey d'Aurevilly beschrieb das Dandytum als eine bis ins Extreme geführte und gelebte Freiheit und Selbstbestimmung. Gerade deswegen bescheinigte Baudelaire dem Dandy in *Der Maler des modernen Lebens* einen »oppositionellen und revolutionären Charakter«.[6] 36 Jahre später tauchte die Knopflochblume, das Symbol der dandyistischen Subversion, in einem »revolutionären Traum« von Sigmund Freud auf, den der Begründer der Psychoanalyse in seiner *Traumdeutung* (1899/1900) analysierte. Freud verkannte jedoch den Wink seines Unbewussten und ging in seiner Analyse nicht auf die Knopflochblume ein. Dabei machte sie in seinem Traum seine Traumperson zwar nicht zu einem Dandy, aber immerhin zu einem Revolutionär.

Ungeachtet seiner (scheinbaren) Selbstgenügsamkeit und Oberflächlichkeit sowie seines Egozentrismus war der Dandy intellektuell und politisch. Oscar Wilde war es, der die Verbindung der Tradition des Dandytums mit der Knopflochblume von Barbey d'Aurevilly und Baudelaire aufgriff und nach England zurückführte. Lord Goring, eine von Wildes Dandyfiguren aus seiner geistreichen Komödie *An Ideal Husband* (1893), ist »the first well-dressed philosopher in the history of thought«.[7] Die Knopflochblume distinguiert ihn: »I am the only person of the smallest importance in London at present who wears a buttonhole«.[8] Goring wird dem Wiener Finanzmagnaten Baron Arnheim gegenübergestellt, der seinen Jugendfreund Sir Robert Chiltern mit seiner »schrecklichen« Philosophie der Macht verführt und korrumpiert. Dagegen ist Goring ein Philosoph der Freiheit. Er ist weder ein Christ noch ein Libertin. Er will weder erlösen noch verführen. Wildes Dandy ist, wie schon bei d'Aurevilly und Baudelaire, nicht in der Ökonomie des Begehrens gefangen, er ist außer- und antiökonomisch. Von diesem Antiökonomischen her ist die besondere Affinität des Dandys zu der Knopflochblume zu verstehen. Die Blume, die der Dandy in seinem Knopfloch trägt, ist nämlich nicht nur der letzte Pinselstrich seines Kostüms, der ihm seine unwiederholbare Individualität verleiht. Er entfernt sie aus der Ordnung der Natur, integriert sie in sein Gesamtkunstwerk und erreicht damit den »Gipfel der Kunst«, wo diese »der Natürlichkeit die Hand reicht«.[9] Die beiden haben darüber hinaus den gleichen zeitlichen Index. Der Dandy ist ein performativer Philosoph, er realisiert sich vollkommen im *Jetzt*. Mit der Modernität, mit dem *Jetzt* teilt er »die Hälfte der Kunst«, die für »das Vorübergehende, das Entschwindende, das Zufällige […] steht« und »deren andere Hälfte das Ewige und Unabänderliche ist«.[10]

Beim Dandy wie bei der Blume wird »die Dauer durch die Intensität«[11] ersetzt. Deswegen ist jede Zeit für den Dandy eine *Hochzeit*. Und weil heute keiner mehr die heroische Last der Knopflochblume dauerhaft zu ertragen vermag, trägt man sie, wenn es hoch kommt, einmal im Leben.

Anmerkungen

1 Oscar Wilde: Phrases and Philosophy for the Use of the Young, in: ders.: The Writings of Oscar Wilde, London/New York 1907, S. 141.
2 Edward Bulwer-Lytton: Pelham: or, The Adventures of a Gentleman [1828], Philadelphia 1883, S. 207.
3 Jules Barbey d'Aurevilly: Über das Dandytum [Du Dandysme, 1845], Berlin 2006, S. 59.
4 Ebd., S. 33.
5 Charles Baudelaire: Der Maler des modernen Lebens in: ders.: Der Künstler und das moderne Leben, Leipzig 1990, S. 290–320, hier S. 309.
6 Baudelaire: Der Maler des modernen Lebens, S. 308.
7 Oscar Wilde: An Ideal Husband, London 1893, S. 121.
8 Ebd.
9 Barbey d'Aurevilly: Über das Dandytum, S. 58.
10 Baudelaire: Der Maler des modernen Lebens, S. 301.
11 Barbey d'Aurevilly: Über das Dandytum, S. 64.

Aus dem Leben der Knöpfe

Mona Körte

> Wir wissen kaum, wieviel Knöpfe an dem Rocke sitzen,
> den wir eben jetzt auf dem Leibe tragen.
> (Heinrich Heine: *Die Harzreise*)

Der Knopf ist ein diskretes und zugleich unabdingbares Teilstück textiler Verschlüsse und steht als solches im Zentrum erbitterter Kämpfe und subtiler Gunstbezeigungen: In seiner *Rede an einen Knopf* aus dem Jahr 1915 gesteht Robert Walser einem schon ziemlich abgewetzten Hemdknopf seine Liebe; er dankt ihm für die in der »unauffälligsten Unauffälligkeit« zugebrachten Dienstjahre und seine weitgehend unbeachtete Leistung.[1] In Louis Pergauds Roman *La Guerre des boutons* (1912) hingegen wird eine Fehde zwischen den Heranwachsenden zweier südfranzösischer Dörfer als ein Kampf um Knöpfe ausgetragen, bei dem sich die Protagonisten der befeindeten Lager zwar nicht die Kehlen, wohl aber die Knopflöcher aufschlitzen und die Metallhaken und Knöpfe von Hemd und Hose schneiden. Aufgrund des nun fehlenden Knopfes wird der Mensch vielleicht etwas abrupt in seinen natürlichen Zustand versetzt. Nicht nur erzählt der erbeutete Knopf die Geschichte einer Entblößung, mit ihm verbinden sich Affekthandlungen, die sich als Steigerungsformen der Demütigung durch den Gegner offenbaren: Denn der abgerissene Knopf ist ein beabsichtigtes Resultat hitziger Gefechte, das Abschneiden hingegen eine vergleichsweise kühle Tat, die nach der Gefangennahme und in qualvoller Langsamkeit an Leibchen, Hemd und Hose verübt wird. »Dem anderen die Kleider ordentlich ›herzurichten‹«,[2] heißt das im Jargon, was eine schöne Beschreibung der nun dysfunktionalen Kleidung und eine schöne Bescherung für die bedürftigen Familien dieser nun Knopflosen ist.

Unübersehbar steht der Knopf hier metonymisch für seinen (entmachteten) Träger ein; im Roman selbst wird das gewaltvolle Abschneiden mit einer Kastration verglichen, und die Knopfjagd erscheint im kriegerischen Mikrokosmos des Schriftstellers und Soldaten Pergaud als ein Surrogat der Kopfjagd. Doch nicht nur bei Pergaud steht der kleine runde Gegenstand in einer Ordnung des Militärischen, auch Walsers Ich-Erzähler spricht den »ehrlichen Hemdknopf« aus der Perspektive eines ranghöheren Soldaten an, wenn er ihm für seine lange und geduldige »Dienstzeit« dankt.[3] Das Vokabular beider beschwört jene sprachlichen Wendungen aus der Kriegskunst und der militärischen Erziehung, die der Knopf hier in der zunehmenden Entfernung vom Knopfloch hinter sich herzieht: Wer als zugeknöpft gilt, gibt sich verschlossen und abweisend, sich jemanden vorzuknöpfen bedeutet, sein Gegenüber zu maßregeln, eine Metapher, die sich der handgreiflichen Methode des den Betreffenden An-den-Knöpfen-Fassens und Vor-sich-Hinstellens im 19. Jahrhundert verdankt. Ebenfalls in diese Reihe gehört der aus der Fechtsprache stammende Ausdruck ›Spitz auf Knopf‹ (zu erklären nur über eine weitere – diesmal blutrünstige – Metapher: der des ›auf Messers Schneide stehen‹). Das Vokabular vergegenwärtigt aber auch die Uniform selbst, zu deren optischer Vereinheitlichung der Knopf als Accessoire und Verschlusstechnik wesentlich gehört. Weil der Knopf beweglich ist und schnell entfernt werden kann, ist er zuständig für den Zauber der Montur, ist Ehren- und Hoheitszeichen und entscheidet über Rang und Namen seines Trägers. Doch bewirkt – wie es Swetlana Alexijewitsch in ihrem Buch *Der Krieg hat kein weibliches Gesicht* (1983) am Beispiel alter Militärmäntel beschreibt – ein schneller Austausch der Knöpfe die Auflösung jener Symbolisierungsfunktion, die zwischen einer Kleiderordnung wie der Uniform und ihrem Träger besteht. Eine Art Wahrnehmungsexperiment hierzu unternimmt Joseph Beuys im Jahr 1970 mit der Ausstellung eines

Leather Shank Button

Filzanzugs, der seine irritierende Wirkung dem unpassenden Material und der vollkommenen Knopflosigkeit verdankt. Fehlende Knöpfe kaschieren im Übrigen auch die seit Mitte des 19. Jahrhunderts geltende Differenzierung im Dresscode der Geschlechter, in deren Folge der Knopf an Frauenkleidung links, an Männerkleidung hingegen weiterhin rechts vom Knopfloch zu sitzen hat.

Alexijewitsch und Beuys streifen en passant, was Walser und Pergaud in zeitlicher Nähe, aber aus unterschiedlicher Perspektive nach Art einer literarischen ›Knopfkunde‹ entwickeln, in der sie ihre Auskünfte um den abgewetzten, abgerissenen oder abgeschnittenen Knopf formieren. Erst sein Fehlen macht deutlich, dass es sich bei ihm um einen kleinen, oft verborgenen Gegenstand mit maximaler Wirkung handelt. Erfunden zunächst als Ornament und Zierstück ohne Schließfunktion, wird der Knopf erst im 13. Jahrhundert durch die Entdeckung seines Gegenstücks, des Knopflochs, zur ›Verschlusssache‹ und ergänzt damit Schnürtechniken und Schnalle, Haken und Öse. In dieser Eigenschaft revolutioniert er die Schneider- und Schnittkunst: Kleidung wird schon bald nicht mehr umgehängt, sondern in zunehmender Akzentuierung der Körperlinie angezogen. Seitdem ist mit dem Knopf die Idee des An- und Ablegens, die Lust am Öffnen und Schließen verbunden. Als Vorhut des Leibes werden auf ihn gleichsam Attribute des Körperlichen übertragen: Rund und warm soll er sein und sich geschmeidig durchs Knopfloch schieben lassen. Mit der zunehmenden Aufwertung seiner sensorischen Qualitäten werden misslingende Fertigkeiten rund um das Schließen dem Knopf selbst angelastet und als Detailpeinigungen beschrieben. So in Friedrich Theodor Vischers Roman *Auch Einer* (1879), in dem der Protagonist, dem bereits drei Hemdknöpfe abgesprungen sind, an seinem vierten verzweifelt: »Ich soll Kraft anwenden; denn die Bestie will absolut nicht durchs Knopfloch, und ich soll sie zugleich ebensosehr gar nicht anwenden, sondern ganz fein und leicht mit den Fingerspitzen arbeiten, und indem ich mich placke, schinde, abrackere, foltere, töte, das Widersprechende zu leisten – o lustig! springt die Schmachkanaille erst recht ab!«[4] Die vom Autor selbst annoncierte und alsbald heillos strapazierte Formel von der ›Tücke des Objekts‹ verdeckt in Szenen wie dieser, dass die Technik des Knöpfens tatsächlich auf einem immanenten Widerstand beruht, eingebaut, damit der Knopf nicht nur lose, sondern verlässlich im Knopfloch steckt. Angeblich war es Marco Polo, der neben vielem anderen diese Form der Verschlusstechnik von seinen Reisen mitbrachte.

Wo seine Funktion als Zierrat in den Hintergrund rückt, ist der Knopf dazu angetan, den Zugang zu den verborgenen Partien einer Person zu regeln, das Sichtbare womöglich zu verdecken und das Verborgene zu entdecken. Er steht nun gewissermaßen Wache an der Grenze zwischen Hülle und Körper und ist das wohl wichtigste Utensil einer ›privaten‹ Geschichte des bekleideten Körpers. Weil er den Beginn des Ausziehens oder das Ende des Anziehens markiert und beide Szenarien eine Art *rite de passage* bilden, ist an ihn eine (erotische) Erwartung geknüpft. *Tender Buttons* lautet der Titel einer zeitnah zu Walser und Pergaud entstandenen Prosagedichtsammlung (1914) Gertrude Steins, der, in der ungewohnten Zusammenstellung der Wörter vieldeutig, auf die erogenen Zonen des weiblichen Körpers anspielt und überdies für eine neue Art des Betrachtens vernachlässigter Alltagsdinge einsteht.

Knopfkunde um 1900 erhält ihre Kontur in der fortwährenden Überlagerung einer intimen mit der militärischen Geschichte des Knopfes und bildet mit der Verfügungsgewalt über den verlorengegangenen Knopf eine Praxis der Bloßstellung und Degradierung aus, die eine subversive Seite offenbart. Denn das gute »Zeugnis«, das in Walsers *Rede an einen Knopf* dem »treuherzigen und bescheidenen kleinen Burschen« ausgestellt wird, erweist sich als eine äußerst selektive Fürsorge, die die ebenso unauffälligen Leistungen des (gerade ausgerissenen) Hemdknopflochs übersieht. Dieses war, wie es zu Beginn heißt, »durch starkes Niesen auseinandergesprengt« worden und bleibt vom Lobpreis ausgeschlossen.[5] Und der entscheidende Punkt von Pergauds *Guerre des boutons* liegt darin, dass sich die befeindeten Lager nicht, wie die Metaphorik des ›jemandem etwas abknöpfen‹ intendiert, Münzen oder andere Wertgegenstände abnehmen, sondern buchstäblich die Knöpfe abknöpfen. Hier hat sich der Knopf, durch den die Banden zwar zusammenhalten, ihre Kleider jedoch auseinanderfallen, stillschweigend von seiner ursprünglichen Funktion emanzipiert und sich vom Beutegut über das Sammelobjekt zu einer komplementären Währung gemausert.

Eine semantische Elastizität eignet dem Knopf aber auch aufgrund seiner Ähnlichkeit mit runden oder kugeligen Hervorhebungen aller Art, weshalb er durch die Welt maschineller Produktion mäandert, ganz zu schweigen von seinem Einzug in die digitale Welt: Nicht mehr nur textile Verschlusstechnik, werden mit Beginn der industriellen Revolution verdickte Vorrichtungen zum manuellen Herstellen oder Trennen einer elektrischen Verbindung, später auch Bedienelemente einer grafischen Oberfläche als Knöpfe respektive Buttons bezeichnet. Charles Chaplin macht sich solche Bedeutungsübertragungen in *Modern Times* (1936) zunutze, wenn in einer Filmsequenz knopfähnliche Gebilde ihre Signalwirkung als selbständige Phänomene entfremdeter Arbeit entfalten. In der Halle der Electric Steel Corporation dreht ein Arbeiter mit automatisierten Handgriffen Muttern an einem Werkstück fest, bis er seinen Platz am Fließband wie unter Zwang und mit dem Schraubenschlüssel in der Hand verlässt, um in pathologischer Verwechselung seines Gegenstands an den Nasen der Arbeiter und den auf Gesäß- und Brusthöhe angebrachten Schmuckknöpfen der Frauen zu drehen. Chaplin erzählt hier die Geschichte des Knopfes gleichsam rückwärts, wenn er mit den knopfähnlichen Vorrichtungen von Werkteilen beginnt und beim Ziergegenstand endet.

Hat sich der Knopf einmal von seinem eigentlichen Ort an Hemd und Hose, Militärmantel und Fließband gelöst, so dreht er sich weiter und wird verehrungswürdiges Kleinod, Vehikel der Kriegsführung, Objekt einer Zwangshandlung oder Mittel zur Sabotage.

Anmerkungen

1 Robert Walser: Rede an einen Knopf [1915], in: ders.: Poetenleben, Frankfurt/ Main 1986, S. 108–110, hier S. 109.

2 Louis Pergaud: Der Krieg der Knöpfe [La Guerre des boutons, 1912], Reinbek bei Hamburg 1981, S. 47.

3 Walser: Rede an einen Knopf, S. 108.

4 Friedrich Theodor Fischer: Auch Einer. Eine Reisebekanntschaft [1879], Berlin o. J. (ca. 1933), S. 23.

5 Walser: Rede an einen Knopf, S. 108.

Festonspitze

CORNELIA WILD

In einem der berühmtesten Gedichte der Moderne, Baudelaires *Einer Vorübergehenden*, bringt die Hand der Passantin
durch einen eleganten Balanceakt einen Saum und eine Bor-
düre zum Vorschein: das Detail eines Kleides, das mit Spit-
zenbesatz, Festonspitze, verziert ist. Die dargestellte Szene
gibt kaum etwas anderes preis als diese geraffte Spitze, die für
einen Augenblick das Bein der vorüberschreitenden Passantin entblößt. Dieses dekorative Detail – auf den ersten Blick
nicht mehr und nicht weniger als ein *effet de réel* der Mode
des 19. Jahrhunderts – hat der Baudelaire-Übersetzer Walter
Benjamin in seinem *Passagen-Werk* als einer der Ersten theoretisch bestimmt: Die »Rüsche am Kleid« ist das dialektische
Bild für das Ewige in der Moderne.[1]
    Wie keinem anderen Text wurde diesem Sonett Modernität
attestiert, und es wurde immer wieder zitiert, von Stéphane
Mallarmé, Dichter der Mode und der Spitzen, bis hin zu Marcel Prousts Passantinnen in der *Suche nach der verlorenen Zeit*.
Die Spitze ist ein Detail, das im Gegensatz zur Modernität der
dargestellten Szene steht und die Modernität in ihrer Flüch-
tigkeit mit dem Handwerk, der in vielen Stunden gefertigten
Spitzenarbeit, konfrontiert. Die Festonspitze tritt in Spannung
zum Verlust der Handarbeit im Zeitalter der technischen Reproduzierbarkeit. Benjamin selbst hat in seiner Übersetzung
des Sonetts allerdings die Spitze weggelassen: »Hoch schlank
tiefschwarz, in ungemeinem Leide / schritt eine Frau vorbei,
die Hand am Kleide / Hob majestätisch den gerafften Saum«
[»Longue, mince, en grand deuil, douleur majestueuse / Une
femme passa, d'une main fastueuse / soulevant, balançant le
feston et l'ourlet«].[2] Die Mode ist nicht nur in Hinblick auf

Constantin Guys, Femme en velours, 1860–1864

ihre in die Zukunft gerichtete Visionskraft aufschlussreich, sondern auch im Rückblick auf das von ihr Tradierte. Jede Theorie der Mode muss das Altmodische einbeziehen, das als das Von-Hand-Gefertigte von der modernen Reproduzierbarkeit nicht restlos aufgehoben wird.

Darüber hinaus kann die Spitze auch als poetologische Metapher des Gedichts verstanden werden. Denn die Hand der Passantin balanciert den spitzenbesetzten Saum so, wie die Hand des Dichters die Feder führt. Sind also die Hand der Passantin und die Hand des Dichters durch die Kleiderordnung miteinander verschränkt? Verweist die Festonspitze auf die stets zugleich abwesende und anwesende Geste des Schreibens?

Die Hand der Passantin setzt die imaginäre Hand des impliziten Schreibakts in Szene. Durch das Detail am Kleid, das von einer weiblichen Hand geführt wird, verbinden sich Mode und Text, Geschlecht und Autorschaft. Denn die Hand, die die Spitzenarbeit verrichtet, ist traditionell eine weibliche Hand. Sie erinnert uns an Homers Penelope, die webt und auftrennt, während sie auf die Heimkehr Odysseus' wartet. Wohingegen die Hand des Autors (nicht nur in diesem Beispiel) eine männliche Hand ist. In dem Sonett wird mit dem Detail des Spitzenbesatzes der Gegensatz der Geschlechter und der ihnen zugeschriebenen Ordnung aufgerufen. Die Umkehrung der Zuschreibungen ist mit der imaginären Hand (des Autors) und der inszenierten Hand (der Passantin) potentiell in Aussicht gestellt. Denn die Liebe des Ichs zu seiner Passantin – »o du die mir bestimmt« [»Ô toi que j'eusse aimée«] – und seine Affizierung durch ihren Blick – »Dies Aug' den fahlen Himmel vorm Orkan / Und habe Lust zum Tode dran genossen« [»Dans son œil, ciel livide où germe l'ouragan, / La douceur qui fascine et le plaisir qui tue«][3] – verbindet die Hand mit dem Schreibakt. Baudelaire zitiert damit Dantes Begegnung mit Beatrice, wie dieser sie in seiner *Vita Nuova* inszeniert hatte: als Begegnung mit einer Passantin, die mit dem poetischen Akt korrespondiert. Wie die Passantin bringt die vorübergehende Beatrice durch ihren süßen Gruß den Dichter dazu, zu schreiben. Die

Kunst des Dichtens hing schon hier von dem Augenblick des Vorüberschreitens der Passantin ab. Und schon Dante hatte die Szene auf die Straße verlagert, die bei Baudelaire mit ohrenbetäubendem Lärm im ersten Vers des Sonetts wieder auftaucht.

Bei Baudelaire ist die weibliche Hand, die den Saum balanciert, Metonymie für die Hand des Autors, und durch diese metonymische Ersetzung wird die Schrift zugleich männlich und weiblich bestimmt. Wenn man Baudelaires Inszenierung der »Liebe nicht sowohl auf den ersten als auf den letzten Blick«[4] bis in seine kleinsten modischen Details hin verfolgt, kann man sehen, dass die Modernität seines Sonetts in dieser Geste liegt: Die poetische Funktion der vorüberschreitenden Passantin, die mit ihrer Hand die Festonspitze balanciert, besteht in der Überschreitung der auf den ersten Blick aufgerufenen Opposition von Sprecher und seinem Liebesobjekt. Die Festonspitze geht in dem Sonett in ihrer pragmatischen Funktion, bloßes Dekor des Kleides zu sein, keinesfalls auf. Sie wirft die vielschichtige Frage nach der Art und Weise auf, wie das dargestellte Bild mit seiner Gemachtheit korrespondiert. Die Spitze ist also das Bild einer *texture du texte*: als ein Stoff, der das Gesetz seiner Komposition verbirgt, aber durch die einzelnen Fäden, aus denen er gemacht ist, in seiner Stofflichkeit und d.h. auch in seiner Textlichkeit erkennbar wird.[5]

Die in Szene gesetzte Spitze verbirgt und zeigt aber zugleich auch in doppelter Weise einen Körper, den dargestellten und den tatsächlichen, der durch die Eleganz der Mode gerade nicht zum Verschwinden, sondern zum Vorschein gebracht wird. Die *texture* ist hier also das Mittel, um zu zeigen, dass unterhalb eines Textes ein Körper ist, ohne dass dabei jemals Körper und Text zur Deckung kommen würden. Wie die Mode als Äußerliches, Hinzugefügtes dem Körper gegenüber fremd bleibt, *accessoire*, so auch der Text gegenüber dem Körper des Autors. Der Reiz der Verhüllung aber, auf den die Festonspitze anspielt, ist die unbestreitbare poetische Macht, die durch Text und Spitze der Verführung des Lesers dient.

Anmerkungen

1 Walter Benjamin: Das Passagen-Werk, in: ders.: Gesammelte Schriften, unter
   Mitwirkung von Theodor W. Adorno und Gershom Scholem hg. von Rolf
   Tiedemann und Hermann Schweppenhäuser, Bd. V.1, Frankfurt/Main 1982,
   S. 578.
2 Charles Baudelaire: Tableaux parisiens, übers. und mit einem Vorwort versehen von Walter Benjamin, Frankfurt/Main 1963, S. 56–57 [Œuvres complètes,
   Bd. 1, hg. von Claude Pichois, Paris 1975, S. 92–93].
3 Ebd., S. 57 bzw. S. 93.
4 Walter Benjamin: Über einige Motive bei Baudelaire, in: ders.: Gesammelte
   Schriften, Bd. I.2, Frankfurt/Main 1974, S. 632.
5 Vgl. Jacques Derrida: La dissémination, Paris 1972, S. 81.

Ein schönes Durcheinander.
Zur Revolutionierung der Ordnung der
Kleider in Émile Zolas *Paradies der Damen*

CHRISTIAN LUCKSCHEITER

»›Aber das ist doch blödsinnig!‹ rief Frau Desforges. ›Wir kommen ja nie ans Ziel. Weshalb hat man die Abteilung für Kleider und Kostüme nicht neben den Mantelrayon gelegt? – Das ist ein schönes Durcheinander! […] ›Sie haben recht, in diesem Geschäft herrscht keine Ordnung. Man verläuft sich und macht Dummheiten.‹«[1]

Das 1822 von den Brüdern Deleuze gegründete Pariser Modewarengeschäft »Paradies der Damen« an der Ecke Rue de la Michodière und der Rue Neuve-Saint-Augustin, das bei Zola im Original etwas schlichter »Au Bonheur des Dames« heißt, ist lange Zeit Teil des »altmodischen«[2] Kleinhandels des Viertels Saint-Roch und hebt sich von den Läden in seiner Umgebung nicht ab. Es ist »nicht größer […] als ein Taschentuch« (33) und gilt als »ehrbar und solide«.[3] Doch dann stirbt eines Tages einer der Brüder und nur wenige Jahre später auch dessen Schwiegersohn Hédouin. Caroline Hédouin, geborene Deleuze, ist fortan dazu gezwungen, das Geschäft allein weiterzuführen – ihr Onkel, »der alte Deleuze, der vom Rheumatismus an den Lehnstuhl gefesselt war, kümmerte sich um nichts«;[4] bis sie eines Tages jemanden kennenlernt und heiratet, der das ganze Viertel auf den Kopf stellen, »mit einer Handbewegung […] den Kadaver des alten Handels, dessen verweste und stinkende Überbleibsel den von Sonne überfluteten Straßen von Paris zur Schande gereichten, unter die Erde« befördern, ihn hinwegfegen, »ins Massengrab« (445) werfen, das »Paradies der Damen« zum größten Kaufhaus der Stadt machen und »das Schick-

Félix Vallotton, Le Bon Marché, 1893

sal der französischen Fabrikation in seinen Händen« (397) halten wird: Octave Mouret.

Octave Mouret ist neben seinen Geschwistern Serge und Désirée die einzige Figur im gesamten Rougon-Macquart-Zyklus, in der sich »der legitime Trieb« der Rougon »und der Bastardtrieb« der Macquart kreuzen – mit allen Vor- und Nachteilen, die dieser »Knoten«[5] in der Konstruktion Zolas mit sich bringt: Im Unterschied zu den Deleuzes und Hédouins, die »vom ganzen Viertel« geachtet werden und deren Familienmitglieder »sehr bekannt«[6] sind, unterliegt der beinahe mittellose Emporkömmling aus der Provinz auf der einen Seite rasendem Ehrgeiz, einer, wie es heißt, »tief eingewurzelten Brutalität« und einer »wilden« Verachtung sowohl »für die Frauen«[7] als insbesondere auch »für den alt-modischen Handel«.[8] Auf der anderen Seite verfügt Mouret jedoch auch, wie ihm sein Onkel, Pascal Rougon, attestiert, über die Kühnheit eines Eroberers und, vor allem, über einen klaren Geist.[9] Ein »Schuß Genie« steckt in dem »leidenschaftlichen Provenzalen«, der zudem ein äußerst »einnehmendes, alle bezwingendes Wesen« (41) aufzuweisen hat.

Diese Eigenschaften ermöglichen es ihm, eine »Revolution im Großhandel«[10] herbeizuführen. Innerhalb kurzer Zeit wird das »Paradies« zu einer »mit Hochdruck arbeitenden[n] Maschine« (20), zu einem »gigantische[n] Palast des Handels« (371), der sich die Gebäude und Geschäfte in seiner Nachbarschaft eines nach dem anderen mit unstillbarem Hunger einverleibt und schließlich mehrere Straßenzüge beherrscht. Mit auf seinem Höhepunkt über 3 000 Angestellten, 50 Abteilungen, um die 100 000 Kundinnen pro Tag und einem Jahresumsatz von 100 Millionen Francs zermalmt das »Paradies der Damen« den Kleinhandel des Quartier Saint-Roch, der »mit dem jähen Donnergetöse von Karren, die man auskippt« (446), verendet. Vabre, in dessen feinem Haus Octave zu Beginn seiner Paris-Zeit wohnt, wird ebenso von Mouret und seinem »Paradies« zugrunde gerichtet (23) wie »der gesamte biedere und schlichte Handel der alten Zeit« (20), die Baudus im »Au Vieil Elbeuf«, die Geschwister Bédoré, Bourras, Mademoiselle Tatin, die Gebrüder Vanpouilles, Quinette, Robineau, Piot & Rivoire, Deslignières oder Lacassagne. Alle Geschäfte des Stadtviertels gehen bankrott (441), ein »Gemetzel« (479), das ganze Familien zerstört und zu Tod und Selbstmord führt.

»Aber ein Sturm weht vom Paradiese her«, schreibt Walter Benjamin bekanntlich in seinen geschichtsphilosophischen Thesen, »während der Trümmerhaufen […] zum Himmel wächst. Das, was wir den Fortschritt nennen, ist *dieser* Sturm.«[11] Bei Zola heißt dieser Fortschritts-Sturm »Windstoß des Jahrhunderts, der den bröckligen Bau der alten Zeiten« davonbläst (445). Aus welchen Bestandteilen ist *dieser* Windstoß, der vom »Paradies der Damen« her weht, zusammengesetzt? Anders gefragt: Wie konnte es Octave Mouret gelingen, innerhalb kürzester Zeit ein »millionenreicher Modehändler«,[12] zum »Bahnbrecher des neuen Handelswesens«[13] zu werden?

Genau davon handeln die 513 Seiten des Romans. Würde man einzelne Gründe aufzulisten versuchen, wäre zunächst folgende, pointiert zusammenfassende Antwort aus dem Roman zu zitieren: Der Windstoß erhält seine kreative Zerstörungskraft durch »das fortwährend erneuerte Kapital, das System der Warenanhäufung, die Verlockung durch die niedrigen Preise, die beruhigende Auszeichnung in nichtchiffrierten Zahlen« (94). Mit seinem von außen kommenden, klaren und den Kleinhandel verachtenden Blick hat Mouret den »Mechanismus des neuzeitlichen Modehandels« (90) sofort durchschaut; Baron Hartmann bringt ihn auf eine einfache Formel: »Sie verkaufen billig, um viel zu verkaufen, und verkaufen viel, um billig zu verkaufen« (91). Der Auflistung wären die Reklame, das Rückgaberecht, die gezielten Verkäufe mit Verlust, das System der Gewinnbeteiligung der Arbeitnehmer, Mourets einzigartiger Mut zum Risiko und seine Galanterie hinzuzufügen, und nicht zuletzt auch die (fehlende) Konkurrenz. Die umliegenden Händler machen Mouret den Aufstieg nicht sonderlich schwer, insbesondere weil sie sich, bis es zu spät ist, gar nicht als Konkurrenz verstehen. Baudu, der den für das Viertel typischen ›traditionellen‹ Kleinhandel mit seinem Hang am Gewohnten vertritt, bringt den Unterschied auf den Punkt: »Früher, als es noch einen ehrlichen Handel gab, verstand man unter Modewaren Stoffe, nichts sonst. Heute denken sie nur noch daran, wie sie auf Kosten der Nachbarn aufsteigen und alles an sich bringen können.« (31) Für Baudu liegt die Kunst des Handelns nicht darin, viel, sondern darin, teuer zu verkaufen. Mourets Neuerungen, insbesondere dessen exzessive Werbekampagnen mit Ballons, Plakaten und Anzeigen, hält er für die eitlen Auswüchse eines »gefährliche[n] Wirrkopf[s]« (28). »›Auf Ehre! Ich würde schamrot werden, wenn ich solche Mittel anwendete. Seit fast hundert Jahren ist das ›Vieil Elbeuf‹ bekannt, an seiner Tür bedarf es keiner so groben Fallen. Solange ich lebe, bleibt der Laden so, wie ich ihn übernommen habe, mit seinen vier Musterstücken rechts und links, mehr nicht!‹« (32)

Genau hier, an den »kläglichen Schaufenster[n] mit ihrer vernachlässigten Auslage« (461), macht Mouret die zentrale Schwachstelle des Kleinhandels aus. Er weiß, dass es, um den notwendigen Absatz zu erzielen, vor allem auf die Präsentation der Kleider sowohl in den Schaufenstern als auch im Inneren des Kaufhauses ankommt. Die bisher genannten Gründe für den Erfolg des »Paradieses« sind mithin abhängig von einer spezifischen Kunst, die Mouret wie kein anderer erkennt und beherrscht: die Kunst der »Anordnung« (282) der Kleider. Sie besteht in der Herstellung einer berechneten Unordnung:

Mouret entwirft zum einen in seinen Schaufenstern »komplizierte Arrangements« (7), die ihn zum berühmtesten Dekorateur von Paris machen, zu einem »wahrhaft revolutionäre[n] Dekorateur, der in der Kunst der Schaufensterdekoration die Schule des Brutalen und Kolossalen begründet hatte. Er verlangte scheinbar ungeordnete, wie zufällig aus den geleerten Fächern herausgefallene Massen und wünschte, daß sie in den glühendsten Farben flammten und sich wechselseitig in der Wirkung steigerten.« (60) Zum anderen folgt Mouret in den Kaufhausabteilungen keiner »logischen« Kleideranordnung, indem er etwa die Tücher und Stoffe auf der einen Seite, die Konfektionsware auf der anderen Seite präsentieren würde, sondern er verstreut die Kleidung »nach allen Ecken und Enden« (283) des Kaufhauses; und das ist nur auf den ersten Blick blödsinnig:

> Erstens verstreut das fortgesetzte Hin und Her der Kunden sie ein wenig überallhin, vervielfacht sie scheinbar und macht sie kopflos; zweitens wird ihnen, da man sie von einem Ende der Verkaufsräume zum anderen führen muß, […] durch diese Wanderungen in alle Richtungen das Haus dreimal so groß vorkommen; drittens sind sie genötigt, durch Rayons zu gehen, in die sie sonst nie den Fuß gesetzt hätten, dort werden sie im Vorüberkommen von dieser und jener Verlockung gefesselt und erliegen ihr. (283)

So ist Mourets (Nicht-)Ordnung der Kleider also letztlich der Grund seiner, wie ein anderer Deleuze es in einem Text über Zola nennt, »zwiespältige[n] Macht«,[14] die den Untergang des Kleinhandels und den Aufstieg des »Paradieses« zu einem der größten Kaufhäuser der Welt bewirkt.

Anmerkungen

1 Émile Zola: Paradies der Damen, übers. von Hilda Westphal, Berlin 1988 (= Die Rougon-Macquart. Natur- und Sozialgeschichte einer Familie unter dem Zweiten Kaiserreich, Bd. 11), S. 309. Im Folgenden werden Zitate daraus in Klammern direkt im Haupttext nachgewiesen.

2 Ders.: Ein feines Haus, übers. von Gerhard Krüger, Berlin 1963 (= Die Rougon-Macquart. Natur- und Sozialgeschichte einer Familie unter dem Zweiten Kaiserreich, Bd. 10), S. 213.

3 Ebd., S. 20.

4 Ebd., S. 420.

5 Émile Zola: Doktor Pascal, übers. von Hans Balzer und Elisabeth Eichholtz, Berlin 1974 (Die Rougon-Macquart. Natur- und Sozialgeschichte einer Familie unter dem Zweiten Kaiserreich, Bd. 20), S. 121.

6 Zola: Ein feines Haus, S. 23.

7 Ebd., S. 27.

8 Ebd., S. 213.

9 Vgl. Zola: Doktor Pascal, S. 126.

10 Ebd., S. 127.

11 Walter Benjamin: Über den Begriff der Geschichte; in: ders.: Gesammelte Schriften, unter Mitwirkung von Theodor W. Adorno und Gershom Scholem, hg. von Rolf Tiedemann und Hermann Schweppenhäuser, Bd. I.2, Frankfurt/Main 1991, S. 691–704, hier S. 697 f.

12 Zola: Doktor Pascal, S. 138.

13 Ebd., S. 17.

14 Gilles Deleuze: Zola und der Riß, in: ders.: Logik des Sinns, Frankfurt/Main 1993, S. 385–397, hier S. 387.

Veralten und Veralten-Machen. Die Mode des *Used Look* im historischen Kontext

FALKO SCHMIEDER

Im Bereich der Mode bilden die ›auf alt‹ gemachten, absichtsvoll zerschlissenen, mit Löchern, künstlichen Schmutzspuren oder in ausgewaschenen Farben präsentierten Kleidungsstücke eine besondere Variante, die als *Used Look* bezeichnet wird. Vor dem Hintergrund einer langen Tradition des Schonens, Flickens, Ausbesserns schadhafter Stellen erscheint diese Modeform als historische Exzentrizität und als ein Extrem, von dem her zugleich der Normalfall der Mode kenntlich wird. Zu ihrem Begriff gehört der Aspekt der Kurzlebigkeit und des permanenten Wandels. Er ist gebunden an die moderne Gesellschaft, die sich von den vorbürgerlichen Gesellschaften grundsätzlich durch ihre dynamische Grundstruktur unterscheidet. Ein Schlüsseldokument hierzu ist das *Kommunistische Manifest* (1848), in dem es heißt, »die Bourgeoisie« könne »nicht existieren, ohne […] sämtliche gesellschaftlichen Verhältnisse fortwährend zu revolutionieren. […] Alle festen eingerosteten Verhältnisse […] werden aufgelöst, alle neugebildeten veralten, ehe sie verknöchern können. Alles Ständische und Stehende verdampft, alles Heilige wird entweiht«.[1] Vor diesem Hintergrund erscheint es fragwürdig, von »Moden der Naturvölker«[2] zu sprechen, wie beispielsweise Georg Simmel es tut, denn damit wird ganz offenbar eine dezidiert moderne Kategorie in vormoderne Epochen zurückprojiziert, deren Angehörige das Phänomen und dessen Zeitlichkeit als ganz und gar fremd empfunden, wahrscheinlich gar nicht verstanden hätten.

Verdeutlichen lässt sich das an der Kategorie des ›Veraltens‹. In der zitierten Passage aus dem *Manifest* erscheint sie

Donwan Harrell PRPS Noir Denim Jeans, 2012

bereits in der modernen Bedeutung, die sich historisch erst
während der von Reinhart Koselleck so genannten ›Sattelzeit‹
(1770–1830) herausgebildet hat. Noch in der zweiten Auflage von Johann Christoph Adelungs *Grammatisch-kritischem
Wörterbuch der Hochdeutschen Mundart* aus dem Jahre 1801

findet sich unter dem Stichwort »Veralten« die Bestimmung: »durch Alter unbrauchbar, abgenutzt werden«. Zur Illustration finden sich u.a. folgende, der Bibel entnommene Beispiele: »veralten, wie ein Kleid, Es. 50,9. Ihre Kleider und Schuhe veralteten nicht, Mos. 8,4 Kap. 29,5. Ein veralteter Greis.«[3] Johann Heinrich Campe nimmt in seinem *Wörterbuch der deutschen Sprache* (1811) diese Beispiele auf und orientiert sich auch an der definitorischen Bestimmung Adelungs: »*Veralten:* Durch die Länge der Zeit aufhören das zu sein, was es war, und unbrauchbar werden.«[4] Die Semantik von ›altern‹ und ›veralten‹ überschneidet sich also sehr stark. Die Ausdrücke bezeichnen natürliche Prozesse, denen Lebewesen und menschliche Artefakte wie etwa Kleider und Schuhe gleichermaßen unterworfen sind. Wenn in der Moses-Stelle ausgesagt wird, dass Kleider und Schuhe *nicht* veralteten, dann ist das als untrüglicher Hinweis auf das wundertätige Wirken Gottes zu verstehen, in dessen alleiniger Macht es steht, die natürlichen Gesetze des Werdens und Vergehens *ad libitum* außer Kraft zu setzen.

In den Einträgen zum »Veralten« bei Adelung und Campe taucht auch das Stichwort der Mode auf, deren eigentümliche Wandelhaftigkeit zwar gesehen, aber terminologisch noch unter dem Paradigma der ›natürlichen‹ Zeit gedacht wird. Konzeptuelle Spannungen ergeben sich aber im Vergleich mit anderen Einträgen. Bei Adelung findet sich unter dem Lemma »Verjähren« die Wendung: »eigentlich, wie veralten, nicht bloß alt werden, sondern zu einer gewissen Bestimmung zu alt werden, eigentlich […] ungültig werden«.[5] In ähnlicher Weise gibt Campe vom »Verälteln« die Definition: etwas »zu einem Alterthume machen. ›Die Zeit verältelt Alles. Unsere Nachkommen werden unsere Sitten, Gebräuche […] ebenso als Alterthümer (veraltete, altfränkische Dinge) betrachten, wie wir diejenigen unserer Vorfahren.‹«[6]

Diese Bestimmungen weisen auf den neuen Inhalt voraus, den der Ausdruck ›veralten‹ im Verlaufe des 19. Jahrhunderts annehmen wird, nämlich die Bedeutung *von der Zeit überholt, nicht mehr zeitgemäß sein*. Diese Bestimmung ist uns heute so selbstverständlich geworden, dass wir die alte Bedeutung von ›veralten‹ gar nicht mehr ohne weiteres verstehen. Wir müssen sie übersetzen, weil sie ›aus einer anderen Zeit‹ herrührt und wie aus einer anderen Welt zu stammen scheint, in der der Wandel der Sitten und Bräuche und das Außer-Gebrauch-Kommen von Dingen noch nicht als qualitativ verschieden von natürlichen Alterungsprozessen erfahren worden sind. Die neue Zeit, die Zeit der Moderne, ist eine genuin geschichtliche Zeit, die – wie der um 1800 nach dem Vorbild der politischen Revolution gebildete Begriff der industriellen Revolution zeigt – durch eine permanente Umwälzung der Lebensverhältnisse und Wahrnehmungsweisen charakterisiert ist. »Alles ist jetzt Ultra, alles transzendiert unaufhaltsam, im Denken wie im Tun«,[7] schreibt Goethe in einem Brief vom 6. Juni 1825 an seinen Freund Zelter. Kurz darauf klagt er in einem Brief an Nicolovius vom 25. November 1825 über die neue »Zeit, die nichts reif werden lässt«, und porträtiert sie als teuflische Geschwindigkeit mit dem Kunstwort »veloziferisch«.[8] Altern und Veralten treten beschleunigt auseinander. Während der Begriff des Alterns die natürliche Veränderung konkreter Dinge meint, ist der Bezugspunkt für den Begriff des Veraltens die vergeschichtlichte Zeit. Auf dem Feld der politischen Ökonomie sind es Charles Babbage und Karl Marx, die als Erste auf den qualitativen Unterschied von ›altern‹ (verschleißen, abnutzen) und ›veralten‹ hingewiesen haben. Er tritt krass darin zutage, dass eine Maschine bereits zum Zeitpunkt ihrer Fertigstellung veraltet sein kann, wenn zur selben Zeit bereits eine effektivere produziert worden ist, die sich auf dem Markt als konkurrenzfähiger erweist.

Erst unter diesen modernen Bedingungen konnte das historisch beispiellose Problem einer permanenten Überproduktion von Waren entstehen. Eine kulturelle Wasserscheide bilden die 1920er Jahre, als unter dem Eindruck einer weltweiten Absatzkrise das neue Marketing entstand, das an die Stelle der Produktinformation trat. Die führenden Vertreter stellten fest, dass die am natürlichen Verschleiß der Dinge orientierte Kaufhaltung nicht mehr hinreichte, um den stetig wachsenden Warenberg abzutragen. Ihr Ziel war die Produktion neuer

Bedürfnisse und die Verwandlung des Konsumenten in den Verbraucher. Ein Haupthindernis war die vorherrschende Ethik der Sparsamkeit, die *bargain mentality*, die mit neuen Doktrinen und Slogans (›Buy more things!‹) attackiert und als rückständig, nicht mehr zeitgemäß charakterisiert wurde. Begriffe wie ›schonen‹, ›alt‹ oder ›altmodisch‹ (*old fashioned*) wurden zu Kampf- und Schimpfvokabeln. Wie Christine Frederick in ihrem Klassiker *Selling Mrs. Consumer* (1929) fordert, sollten die Menschen keine Scheu haben, extravagant und verschwenderisch zu sein. Unter der Parole der *progressive obsolescence* wurde eine Haltung des *creative waste* propagiert, zu deren Definition die Bereitschaft gehört, einen Artikel zu verschrotten oder zur Seite zu legen, bevor sein natürliches Leben der Nützlichkeit vollendet ist.

So konnten fundamental neue Einstellungsmuster und gesellschaftliche Dingbeziehungen entstehen. An die Seite der älteren technischen Obsoleszenz, also dem konkurrenzbedingten Veralten von Dingen, traten nun das Phänomen der absichtlichen Verkürzung der Lebenszeit der Produkte (›eingebauter Verschleiß‹, *death dating*) sowie die psychologische Obsoleszenz (›Wegwerfmentalität‹). Der Modesektor ist ein prominentes Feld dieser Obsoleszenzform, aber keineswegs das einzige und wichtigste, denn bereits in den 1920er Jahren waren die Automobilindustrie mit ihrem Konzept des Jahreswagens sowie die Radio- und Möbelindustrie treibende Agenten des Stilwandels. Hannah Arendt und Günther Anders haben in den 1950er Jahren diese neuen Formen der Abkehr vom Prinzip der Haltbarkeit und Dauerhaftigkeit problematisiert (zu denen das seit den 1980er Jahren floskelhaft propagierte Ideal der ›Nachhaltigkeit‹ das genaue Gegenbild bildet). Die vom Bund Gottes mit den Menschen handelnde Bibelstelle »Ihre Kleider und Schuhe veralteten nicht« müssen sie unter den Bedingungen der ›Wegwerfgesellschaft‹ als eine utopische Verheißung gelesen haben. In seinem Buch *Die Antiquiertheit des Menschen* zeichnet Anders das dystopische Bild, dass dort, wo es »nichts mehr gibt, was von gestern stammt, was bleibt oder bleiben soll, [...] Geschichte abgeschafft« ist.[9]

Die modische Innovation der Herstellung zerrissener, alt aussehender Kleidungsstücke lässt sich vor diesem Hintergrund als Simulation von Geschichte und Dauer verstehen, die aber vom Produktionsprinzip zugleich negiert und durchgestrichen werden. Das Neue ist nicht nur die Negation des Alten, sondern, als Praxis des Veralten-Machens, dessen ewige Wiederkehr und erweiterte Reproduktion. In den 1960er Jahren provozierten die abgetragenen und verwaschenen Jeans der ›Gammler‹ und ›Hippies‹ das Establishment – wohl auch deshalb, weil die Jeans ursprünglich Arbeitshosen waren und ihre Adoption zugleich die Erinnerung an das Erbe der unteren Schichten präsent hielt. Die »revolutionären Energien«, die nach Benjamin »im ›Veralteten‹ erscheinen« können,[10] wurden schnell von Designern angezapft und zu einem Treibstoff raffiniert, der die konformistische Rebellion der Mode in Gang hält. Selbst Elemente der Protestkultur des Punk wurden für Designermode umfunktioniert. Eine offene Frage ist, was aus dem *Retro-* oder *Used Look* unter den Bedingungen einer ›Wiederkehr‹ von Armut wird. Die Produktion verschlissener Sachen könnte sich als historisches Luxusphänomen herausstellen, weil mit der Verschärfung der Prekarisierung sicherlich das Bedürfnis einer stärkeren Abgrenzung ›nach unten‹ entsteht. Der *Used Look* würde dann, wie alle Moden, keines natürlichen Todes sterben.

Anmerkungen

1 Karl Marx, Friedrich Engels: Manifest der Kommunistischen Partei, in: dies.: Werke, hg. vom Institut für Marxismus-Leninismus, Bd. 4, Berlin 1971, S. 459–493, hier S. 465.

2 Georg Simmel: Zur Psychologie der Mode. Soziologische Studie, in: ders.: Schriften zur Soziologie. Eine Auswahl, hg. und eingeleitet von Heinz-Jürgen Dahme und Otthein Rammstedt, Frankfurt/Main 1983, S. 131–139, hier S. 134.

3 Veralten, in: Johann Christoph Adelung: Grammatisch-kritisches Wörterbuch der Hochdeutschen Mundart, Leipzig 1801, Vierter Teil, S. 986.

4 Veralten, in: Johann Heinrich Campe: Wörterbuch der deutschen Sprache, Braunschweig 1811, Fünfter Teil, S. 262.

5 Verjähren, in: Adelung: Grammatisch-kritisches Wörterbuch, S. 1255 f.

6 Verälteln, in: Campe: Wörterbuch der deutschen Sprache, S. 262.

7 Johann Wolfgang von Goethe: Sämtliche Werke. Briefe, Tagebücher und Gespräche, Abt. II, Bd. 10, hg. von Horst Fleig, Frankfurt/Main 1993, S. 277.

8 Ebd., S. 333 f.
9 Günther Anders: Die Antiquiertheit des Menschen. Über die Zerstörung des
   Lebens im Zeitalter der dritten industriellen Revolution, München ³2002, S. 282.
10 Walter Benjamin: Der Sürrealismus. Die letzte Momentaufnahme der europäischen Intelligenz, in: ders.: Gesammelte Schriften, unter Mitwirkung von
   Theodor W. Adorno und Gershom Scholem hg. von Rolf Tiedemann und
   Hermann Schweppenhäuser, Bd. II.1, Frankfurt/Main 1977, S. 299.

Lumpen-Recycling

Benjamin Bühler

Wenn Kleider abgetragen, brüchig, löcherig oder zerschlissen sind, werden sie zu Hadern, worunter laut dem Grimm'schen *Wörterbuch* abgerissene oder abgeschnittene Stücke Zeug, Fetzen, Lumpen oder Kleidungsstücke, die »vor Alter in stücken zerfallen«, zu verstehen sind.[1] Für die Papierhersteller war dieser Abfall allerdings bis zum Ende des 19. Jahrhunderts ein unersetzbarer Rohstoff, womit sie das Prinzip der Wiederverwendung unnütz gewordener Dinge, also des Recycling, schon lange vor dem Zeitalter der Ökologie zur Grundlage ihres Handwerks gemacht hatten.

Wie der Papierhistoriker Peter Tschudin ausführt, trat das Papier erst spät in die Geschichte ein, hatte man in Materialien wie Stein, Ton, Holz, Haut oder Leder doch einfach zur Verfügung stehende Schriftträger.[2] Zwar nicht der Erfinder des Papiers, aber doch derjenige, der um 105 n.u.Z. bekannte Techniken der Papierherstellung verbesserte, indem er neue Rohstoffe heranzog, war der chinesische Beamte Ts'ai Lun: Hatte man bislang Papier vor allem aus Rindenbast des Maulbeerbaums hergestellt, nutzte Ts'ai Lun Textilabfälle und Reste von Seilen und Fischnetzen, womit sich die Produktion des Papiers steigern ließ.[3] Auf der Stoffbasis war damit der entscheidende Schritt vollzogen, in den folgenden Jahrhunderten verbesserte man dann vor allem die Herstellungsverfahren durch den Einsatz von Maschinen. Im Zuge der frühneuzeitlichen Mechanisierung und insbesondere der Industrialisierung im 19. Jahrhundert mussten Hadern zu einer knappen Ressource werden. Schon im späten 15. Jahrhundert stellte man die Ausfuhr von Hadern unter Strafe, Grenzkontrollen sollten Schmuggel verhindern, Papiermühlen benötigten eine Konzession für das Sammeln von Lumpen, und Preußen zwang im Jahr 1756 die Lumpensammler zum Mitführen eines Lumpenpasses. Dagegen wollte der deutsche Jurist Justus Claproth die Ressourcen-Knappheit beenden, indem er den Gedanken des Recycling radikalisierte.[4] Claproth trat nämlich für die Wiederverwendung des bedruckten Papiers ein, das man bisher nur für die Herstellung von Pappe verwendet hatte. Folgerichtig war seine Abhandlung *Eine Erfindung aus gedrucktem Papier wiederum neues Papier zu machen, und die Druckerfarbe völlig heraus zu waschen* (1774) auf recyceltem Papier gedruckt. Mit dieser Erfindung konnten nach Claproth unbrauchbare bzw. ungebrauchte Bücher nicht nur den Mangel an Lumpen ersetzen, sie erhielten als Ausschussware auch noch einen ökonomischen Wert.

Auch für die Literatur musste die Frage nach der Herkunft des Papiers von zentraler Bedeutung sein, und so findet sich einer der wohl denkwürdigsten Auftritte eines Papiers in der »Continuatio« von Grimmelshausens *Simplicius Simplicissimus*. Als Simplicius nämlich einen »Octav von einem Bogen Pappier« auf seinem Toilettengang verwenden möchte, setzt das Papier zu einer längeren Klagerede an, in der es seine Lebensgeschichte wiedergibt.[5] Diese reicht von den Vorahnen, die als wilde Hanfgewächse in menschliche Dienste gezwungen wurden, über Verarbeitungen zu Seil, feinem Garn, Holländischer Leinwand, die zerteilt wurden in Lunten, grobes Garn und Tuch, aus dem dann das Hemd einer Magd wurde, welche daraus Windeln schnitt, die sie schließlich als alte Lumpen wegwarf. Ein Lumpensammler nahm das Stück Stoff, brachte es in eine Papiermühle, wo es zerrissen, zerstoßen, eingebeizt, aufgelöst und zu einem feinen Bogen Schreibpapier verarbeitet wurde, um als Teil eines Rechnungsbuches zu enden. Wenn Simplicius den Bogen Papier trotz der wortmächtigen Rede seinem von Anfang an zugedachten Gebrauch zuführt, dann mit der Begründung, das Papier kehre damit doch zu seinem Ursprung zurück. Doch das gelte auch für ihn selbst: So wie er mit dem Papier verfahre, werde auch der Tod mit ihm umgehen, wenn er Simplicius wieder zu Erde mache.

Der Papyrer.

Ich brauch Hadern zu meiner Mül
Dran treibt mirs Rad deß waſſers viel/
Daß mir die zſchnitn Hadern nelt/
Das zeug wirt in waſſer einquelt/
Drauß mach ich Pogn/auff dẽ filtz bring/
Durch preß das waſſer darauß zwing.
Denn henck ichs auff/laß drucken wern/
Schneweiß vnd glatt/ſo hat mans gern.
F ij   Der

Hans Sachs, Der Papyrer, 1568

Diese Episode ist nicht nur von Interesse, weil Grimmelshausen die Geschichte eines Dings und seiner Gebrauchsfor-
men wiedergibt, sondern auch, weil er damit auf die materiellen Grundlagen seines eigenen Schreibens rekurriert. Wie das
Papier Resultat einer komplexen Verarbeitungsgeschichte
ist und dabei aus einer Vielzahl unterschiedlicher Rohstoffe
besteht, so auch sein eigener Roman. Denn die Geschichte
des Papiers ist selbst eine Montage aus unterschiedlichen

Werken, die Grimmelshausen verarbeitet;[6] unter anderem rekurriert er auf das Kapitel »Vom Flachs und Hanffbereitern« aus Thomas Garzonis Werk *Piazza universale* (1659) und auf die Schrift *Erbärmliche Klage der lieben Frau Gerste und ihres brudern herrn Flachs* (1609).

Wie Grimmelshausens Dialog vorführt, weist die Geburt des Papiers aus Stoffresten somit eine stoffgeschichtliche und eine metaphorische Dimension auf. Wie kaum ein anderer hat Walter Benjamin diesen doppelten Bezug reflektiert. So lautet eine Notiz in seinem *Passagen-Werk*: »Methode dieser Arbeit: literarische Montage. Ich habe nichts zu sagen. Nur zu zeigen. Ich werde nichts Wertvolles entwenden und mir keine geistvollen Formulierungen aneignen. Aber die Lumpen, den Abfall: die will ich nicht inventarisieren, sondern sie auf die einzig mögliche Weise zu ihrem Rechte kommen lassen: sie verwenden.«[7] Daher ist für ihn der Lumpensammler eine zentrale Figur der Moderne: Siegfried Kracauer erschien ihm als ein Lumpensammler, der »mit seinem Stock die Redelumpen und Sprachfetzen aufsticht, um sie murrend und störrisch, ein wenig versoffen, in seinen Karren zu werfen«.[8] Vor allem aber Charles Baudelaire habe neben der Rolle des Flaneurs, Dandys oder Apachen auch die des Lumpensammlers angenommen. Wenn Baudelaire den Lumpensammler als einen Mann vorstellt, der die Abfälle des vergangenen Tages in der Hauptstadt aufsammle, alles, was sie verlor, zertrat, verachtete, die Dinge sonderte und sie wie ein Geizhals seinen Schatz behandle, dann beschreibt er zugleich, so Benjamin, das »Verfahren des Dichters nach dem Herzen von Baudelaire«.[9] Denn der Abhub gehe beide an, Lumpensammler und Poet gingen einsam ihrem Gewerbe zu Stunden nach, in denen »die Bürger dem Schlafe frönen«.[10] Der Lumpensammler erscheint bei Benjamin aber auch als eine soziale Figur, wie seine Analyse von Baudelaires Gedicht *Le Vin des Chiffonniers* zeigt. Denn der Lumpensammler ist für Benjamin ein Produkt der industriellen Verfahren, durch die der Abfall einen gewissen Wert bekommen habe. An ihm untersuchten, so Benjamin, die ersten Erforscher des Pauperismus die Frage, wo die Grenze des menschlichen Elends erreicht sei. Zugleich hätten die Angehörigen der Bohème, vom Literaten bis zum Berufsverschwörer, im Lumpensammler ein Stück von sich selbst finden können, habe doch jeder von ihnen in »mehr oder minder dumpfem Aufbegehren gegen die Gesellschaft, vor einem mehr oder minder prekären Morgen« gestanden,[11] was bereits in Édouard Manets Gemälde *Le Buveur d'absinthe* (1859) seine Darstellung fand. Nicht nur, weil er wie der Poet den Abfall sammelt, sondern auch, weil er wie der Poet am Rande der Gesellschaft steht, ist der Lumpensammler die Verkörperung des Dichters. Hinzuzufügen wäre diesem Vergleich aber noch eine metonymische Relation: Denn ohne den Lumpensammler hätten die Papierfabriken keine Rohstoffe, aus denen sie Papier herstellen, auf das Dichter schreiben.

Anmerkungen

1 Hader, in: Deutsches Wörterbuch von Jacob Grimm und Wilhelm Grimm, 16 Bde. in 32 Teilbdn., Leipzig 1854–1961, Bd. 10, Sp. 109–114, hier Sp. 112.
2 Peter F. Tschudin: Grundzüge der Papiergeschichte, Stuttgart 2002, S. 54–72.
3 Ebd., S. 74.
4 Vgl. Stefan Rieger: Papier, in: Benjamin Bühler, Stefan Rieger: Kultur. Ein Machinarium des Wissens, Frankfurt/Main 2014, S. 162–178.
5 Hans Jacob Christoffel von Grimmelshausen: Simplicissimus Teutsch, hg. von Dieter Breuer, Frankfurt/Main 2005, S. 612–622.
6 Zu den Quellen siehe den Kommentar von Dieter Breuer in: ebd., S. 1020 f.
7 Walter Benjamin: Das Passagen-Werk, in: ders.: Gesammelte Schriften, unter Mitwirkung von Theodor W. Adorno und Gershom Scholem hg. von Rolf Tiedemann und Hermann Schweppenhäuser, Bd. V.1, Frankfurt/Main 1982, S. 574.
8 Walter Benjamin: Ein Außenseiter macht sich bemerkbar. Zu S. Kracauer, »Die Angestellten«, in: ders.: Gesammelte Schriften, Bd. III, Frankfurt/Main 1972, S. 219–225, hier: S. 225.
9 Walter Benjamin: Charles Baudelaire. Ein Lyriker im Zeitalter des Hochkapitalismus, in: ders.: Gesammelte Schriften, Bd. I.2, Frankfurt/Main 1974, S. 509–653, hier: S. 583.
10 Ebd.
11 Ebd., S. 522.

Das Suppenkleid

Judith Elisabeth Weiss

Zuerst sollte die Suppe gelöffelt werden, dann kam das Kleid. Für einen Dollar plus die Coupons zweier beliebiger Suppenkonserven von Campbell wurde es im braunen Umschlag nach Hause geschickt, das *Souper Dress*, dessen Vorteile man dem eingenähten Label entnehmen konnte: »No Cleaning. No Washing. It's carefree, fire resistant unless washed or cleaned. To refreshen, press lightly with a warm iron.« Dieses pflegeleichte Kleid, in der von Yves Saint Laurent erfundenen elegant-praktischen Trapez-Form geschneidert und mit Campbells Suppendosen großzügig motivisch bestückt, taucht heute vereinzelt in Auktionen auf – in exorbitanter Wertsteigerung als dezidierte Antithese zum Konzept der Erschwinglichkeit. Als Andy Warhols ›Suppenkleid‹ hat es Eingang in nur wenige Sammlungen gefunden und kann hier in seiner musealen Transformation vom Gebrauchsgegenstand zum unantastbaren Kunstwerk bestaunt werden. Bereits 1962 hatte Warhol den Suppenhersteller mit seiner ersten Kunstausstellung in Los Angeles nobilitiert, in der er seine berühmten *Campbell's Soup Cans* präsentierte: 32 gleichformatige Siebdrucke mit den Abbildungen von identischen Konservendosen. Allein ihre in Handarbeit ergänzten Aufschriften variieren und dokumentieren das Sortiment des Konzerns von der »Sämigen Muschelsuppe« (*Clam Chowder*) über den »Hühnereintopf« (*Chicken Gumbo*) bis hin zur »Truthahnbrühe mit Nudeln« (*Turkey Noodle Soup*). Der Warenauslage in einem Supermarkt vergleichbar, wurden die Leinwände in der Ausstellung der Ferus Gallery auf Regalen arrangiert und entsprachen in ihrer Serialität und standardisierten Aufmachung der Idee

The Souper Dress, 1966

der industrialisierten Massenproduktion von Waren. Die Pop-Art war geboren, und mit ihr *Campbell's* als Modell für die Schwellenerkundungen von Kunst und Alltag. In unzähligen Spielarten von der hundertfachen Wiederholung der Suppendosen in einem einzigen Bild bis hin zur *Soup Pyramid* (1964) aus realen Konservenbüchsen feierte die Kunst fortan die »Zelebration des Banalen« als »Quelle neuer Schönheiten und Wunder«.[1] Selbst in der professoralen Runde der deutschen Forschergruppe Poetik und Hermeneutik wurde die Pop-Art und das Modell *Campbell's* 1966 diskutiert. Die »ohne Vermittlung brutal« hingestellten Dinge sollten den Beschauer, so die Diagnose von Hans Blumenberg, Max Imdahl, Wolfgang Iser und anderen Teilnehmern, paradigmatisch auf die Frage konzentrieren, was die »Dinge der Dingwelt« eigentlich seien und worin die Differenz zwischen dem praktischen Zweck und der neuen Zwecklosigkeit des präsentierten Alltagsgegenstands bestehe.[2] Das war das eigentliche Thema, das sich am Beispiel der transformierten Suppendose so eingängig zeigen ließ: wie Ästhetisierung als Loslösung von praktischen Zwecken funktionierte.

Das aparte Zellulose-Kleid indes entstammte nicht direkt Warhols Produktion, sondern war das Resultat seiner Zusammenarbeit mit der Marketingabteilung von Campbell, die den Spieß umdrehte und sich findig der Kunst bediente. Die Ausrufung der Pop-Art als »absolutes Produkt ihrer Zeit«[3] und der zunehmende Erfolg von Warhol, der durch den Kunstgriff des scheinbaren Einverständnisses mit Massenware und Konsum geradewegs das kapitalistische Zentrum der bürgerlichen Gesellschaft adressierte, war dem Suppenhersteller nicht verborgen geblieben. Warhols künstlerische Adaption von Campbell fand ihre Überschreitung in Campbells Aneignung seiner Kunst. Das raffinierte Wortspiel *Souper Dress* suggeriert einerseits eine klare Referenz auf die Suppe als zu vermarktendes Produkt, andererseits kommen die für die Pop-Art charakteristischen Verkehrungen und Verquickungen einer Kultur des *high* und *low* buchstäblich zum Tragen. Das Kleid aus bescheidenem Material sollte die Dame der Swinging Sixties beim abendlichen Soupieren kleiden (frz. *souper*, ›zu Abend essen‹, meist nach einer Veranstaltung; ursprüngl. ›eine Suppe zu sich nehmen‹) und gab sich im werbestrategischen Sprachduktus des Superlativen zugleich als ›Super-Dress‹ zu erkennen. In einer Werbung des Konzerns sieht man eine junge Frau im *Souper Dress* gutgelaunt auf bunten Kissen gebettet, sie lacht, dem Betrachter frontal zugewendet, vergnügt in einen Telefonhörer; natürlich steht ein Teller Suppe neben ihr. »Campbell's *Souper Dress*! On you it'll look … M'm! M'm! Good!« Die Verknüpfung von Essen, Kleiden und Kunst hat hier ihren Grund: Warhols Definition seiner Kunst als »liking things« spiegelt sich in diesem Lachen wider, das sich lakonisch im Akt der steten Wiederholung erschöpft und damit der reproduzierten Wirklichkeit ihren Ernst nimmt, denn diese ist bereits eine Wiederholung der Wiederholung und damit eine Multiplizierung des Standardisierten. Warhols Factory ist wie Campbell eine Maschine, die Wiedererkennbarkeit und Wiedererkennung produziert und die deshalb Objekte des großen Hungers und des schnellen Verzehrs hervorbringt. Im *Souper Dress* fallen Einverleibung und Verkörperung zusammen. Nicht nur ist alles zu haben und kann alles konsumiert und verdaut werden, sondern alles kann dafür eingesetzt werden, dem Wertlosen eine Aura des Anziehenden zu verleihen und das Nichtige in Begehren zu verwandeln.[4] Das Kleid aus Papier folgte der Logik der Wohlstandsgesellschaft: Es war für die einmalige Garderobe zum anschließenden Wegwerfen gedacht und speiste den steten Kreislauf von Angebot und Nachfrage. Als Phänomen der Masse und der damit verbundenen Manifestation des Subjekts im Zustand seines Überholtseins ist das *Souper Dress* jedoch gerade nicht Ausdruck einer beklagenswerten Unterwerfung unter eine Diktatur der Konsumption. Es kokettiert mit der Absage an eine Sprache der Negativität und gibt ein Versprechen von Unendlichkeit, denn jedes industriell gefertigte Produkt kann prinzipiell endlos durch ein identisches ersetzt werden. Es feiert die Aufhebung von Demarkationslinien und ist ein prägnantes Beispiel für die Konvergenz von Mode, Kunst, Werbung und Industrie. Kurzum, das Suppenkleid ist ein Emblem des Massenkonsums, das in seiner doppelten Brechung von Kunst und Nicht-Kunst die Bedeutung der Bedeutungslosigkeit feiert.

Zugleich vermag es jedoch ironische Effekte hervorzubringen, und zwar in jenem Moment, in dem es als Exponat seine eigene Zeitlichkeit dokumentiert. Die ersehnte Wiederkehr des Gleichen im seriellen Massenprodukt kann nämlich nicht die Zeit und damit die Drohung von Vergehen und Verlust stillstellen. Die Ausstellung des Kleidungsstücks wirft die Frage nach seinem Träger auf und weist als Andeutung und Imagination auf die Spuren eines einst präsenten Körpers. Spätestens hier wird deutlich, dass das Kleid in seiner heiteren Unschuld durchsetzt ist von der Signatur der Endlichkeit, ebenso wie die Kunst Warhols verwoben ist mit Zeichen des Todes.[5] Die wenig später, ab Ende der 1960er Jahre, als kritisches Gegenkonzept zur Pop-Art exponierten Kleidungsstücke von Künstlern wie Christian Boltanski, Bas Jan Ader, Niki de Saint-Phalle oder Annette Messager zeugen von diesem Symbol des leeren Kleides als Hinterlassenschaft und Stellvertreter eines absenten Menschen. Auch wenn sie der Krise des Subjekts verpflichtet bleiben und nicht Garant für eine klare Identität sind oder in der eindeutigen Bestimmbarkeit des Körpers aufgehen, so bleiben sie assoziativ an den Menschen gebunden. Das Kleid als Hülle, der leere Stuhl, das geräumte Zimmer, all diese vom konkreten Subjekt entblößten und ausgestellten Motive in der Kunst zeigen die unfüllbare Lücke auf, die mit der Abwesenheit dieser einen und unverwechselbaren Person zum Reservoir der Erinnerung wird. Das Museum gibt sich hier als »Raum der traurigen Abschiede, die wir nicht vergessen wollen«, zu erkennen.[6] Es verweist auf die Leerstelle, die fehlende Gestalt des Menschen – die Stille, die eintritt, wenn die Suppe ausgelöffelt ist.

Anmerkungen

1 Dorothy Herzka: Pop Art One, New York 1965, S. 5 [übers. von J.E.W.].
2 Vgl. Jürgen Wissmann: Pop Art oder die Realität als Kunstwerk, in: Hans Robert Jauß (Hg.): Poetik und Hermeneutik 3: Die nicht mehr schönen Künste, München 1968, S. 507–530, sowie ebd.: Zehnte Diskussion: ›Op‹, ›Pop‹ oder Die immer zu Ende gehende Geschichte der Kunst, S. 691–706.
3 Alan R. Solomon: The New Art, in: Art International VII/7 (1963), S. 38 [übers. von J.E.W.].
4 Vgl. hierzu auch die Analyse von Dieter Mersch: Art & Pop – kein Thema mehr?, in: Ästhetik und Kommunikation 101/29 (1998), S. 37–46.
5 Vgl. Stephen Koch: The Once-Whirling Other World of Andy Warhol [1973], in: Alan R. Pratt (Hg.): The Critical Response to Andy Warhol, Westport, London, 1997, S. 94–102, hier S. 98.
6 Vgl. Hartmut Böhme: Fetischismus und Kultur. Eine andere Theorie der Moderne, Hamburg 2006, S. 371 f.

Die Barbourjacke ein Dingsymbol?
Über Christian Krachts *Faserland*

Kai Bremer

Als Christian Krachts Roman *Faserland* 2013 in Niedersachsen Abiturstoff werden sollte, fand Heike Schmoll diesen Umstand geradezu skandalös. Neben der ostentativen Oberflächlichkeit der Hauptfigur kritisierte sie in der *FAZ* den mangelhaften Realismus des Romans: »Wie unglaubwürdig die Erzählung in sich ist, zeigt sich daran, wenn er seine Barbour-Jacke im Flughafengebäude entzündet, ohne dass irgendjemand davon Notiz zu nehmen scheint.«[1]

In *Faserland* wird jedoch keineswegs so realistisch erzählt, wie es die Journalistin annimmt. Vielmehr blendet Schmolls Feststellung aus, was schon im Deutschunterricht im Hinblick auf realistisches Erzählen geschult wird: nämlich die Frage, ob die Dinge, von denen erzählt wird, eine Bedeutung jenseits des Realistischen transportieren – man denke nur an Effis Schaukel in Hohen-Cremmen. Dies bedenkend, stellt sich freilich die Frage, ob die Barbourjacke, die der namenlose Ich-Erzähler in *Faserland* verbrennt, im Roman die Funktion solch eines Dingsymbols einnimmt.

Vertraut sind die Leser von Krachts Debutroman von 1995 mit der Jacke von Beginn an:

> Also, ich stehe da bei Gosch und trinke ein Jever. Weil es ein bißchen kalt ist und Westwind weht, trage ich eine Barbourjacke mit Innenfutter. Ich esse inzwischen die zweite Portion Scampis mit Knoblauchsoße, obwohl mir nach der ersten schon schlecht war. Der Himmel ist blau. Ab und zu schiebt sich eine dicke Wolke vor die Sonne. Vorhin habe ich Karin wiedergetroffen. Wir kennen uns noch aus Salem, obwohl wir damals nicht miteinander geredet haben, und ich hab sie ein paar Mal im Traxx in Hamburg gesehen und im P1 in München. […] Sie trägt auch eine Barbourjacke,

allerdings eine blaue. Eben, als wir über Barbourjacken sprachen, hat sie gesagt, sie wolle sich keine grüne kaufen, weil die blauen schöner aussehen, wenn sie abgewetzt sind. Das glaube ich aber nicht. Meine grüne Barbour gefällt mir besser.[2]

Im ersten Drittel des Romans wird die Jacke als zentrales Requisit des Helden aufgebaut. Wenn dieser dann nach verschiedenen irritierenden Erfahrungen seine Barbourjacke in Brand steckt, generiert Kracht eine Szene, die dem Leser die Vermutung nahelegt, dass sie Symbolcharakter hat und dass mit der Zerstörung ein Wechsel im Lebenswandel des Ich-Erzählers einhergeht. Kracht lässt nun aber eben diese Erwartung in die Leere laufen, indem er seinen Helden nur wenige Seiten später auf geradezu pikareske Weise erneut mit einer Barbourjacke ausstattet:

> Ich zahle meinen Äbbelwoi an der Bar und laufe zu dem Tisch, an dem Alexanders Jacke hängt. Ich denke gar nicht lange nach, sondern nehme die Barbourjacke von der Stuhllehne und ziehe sie an. Keiner sieht mir zu, ich merke aber, wie meine Ohren trotzdem rot und heiß werden. Ich klappe den braunen Cordkragen hoch, obwohl ich das normalerweise nie mache und laufe aus dem Eckstein raus. Keiner kommt mir nach, keiner ruft mir hinterher. Die Barbourjacke ist schön warm, auch wenn kein Futter drinnen ist, und ich stecke die Hände in die Außentasche und laufe auf dem Kopfsteinpflaster.[3]

Die Barbourjacke versinnbildlicht im Romanverlauf also gerade nicht einen Wandel, sondern das Gegenteil: wie wenig sich das Ich verändert, wie statisch seine Egozentrik ist. Doch steht die Jacke nur dafür? Was repräsentiert sie generell im popkulturellen Diskurs?

Diese Frage stellt sich nicht zuletzt deswegen, weil es die Barbourjacke seit den 1990er Jahren zu einem modischen Dauerbrenner gebracht hat. J. Barbour & Sons ist der weltweit bekannteste Hersteller von Wachsjacken und zudem Hoflieferant des britischen Königshauses, wie ein Wappen im Innenfutter anzeigt. Entwickelt wurde die Jacke ursprünglich für die Jagd; sie gilt als widerstandsfähig und hält durch das einknüpfbare Innenfutter auch bei Temperaturen bis zur Frostgrenze warm. Zugleich lud sie während ihres ersten

Inszenierung von »Faserland« durch das Schauspiel Hannover 2012

modischen Booms Mitte der 1990er Jahre zu modischen Debatten ein. Deswegen betont der Erzähler, dass er eine grüne Jacke trägt und dass er Karins blaue Jacke ablehnt.

Auch signalisiert die Barbourjacke einen gewissen Wohlstand: Barbourjacken sind nicht günstig; funktionale Ergänzungen wie das Innenfutter müssen hinzuerworben werden. Doch unser Held signalisiert mit der Jacke nicht nur seinen Wohlstand. Er befindet sich zu Beginn des Romans an einem Ort, der denkbar ungünstig für eine Barbourjacke ist: Westwind auf Sylt bedeutet Sand in der Luft, und der schadet der Jacke in ästhetischer wie funktionaler Hinsicht. Unter dem Sand leidet das Wachs, das ihr ihre Patina verleiht und das Tuch und Nähte schützt. Man kann die Eröffnungsszene also nicht nur als Ausdruck eines ästhetischen Konservatismus interpretieren, sondern zugleich als Ausdruck von Dekadenz, was zumal dadurch betont wird, dass der Erzähler mehr Scampi bestellt, als er verträgt, so dass er vermutlich einen Teil von ihnen wegwerfen wird. Dass er Karin zudem in Hamburg und München in Nobel-Diskotheken gesehen hat, unterstreicht diesen Gesamteindruck.

Im Symbol der Barbourjacke kreuzen sich also mehrere erzählerische Momente – ästhetische, weltanschauliche und individuelle. So hält der Erzähler nach der Abreise von Sylt auf seiner nächsten Station fest: »Außerdem ist das Licht schön in Hamburg, wenn man die Elbchaussee langfährt, im Sommer. […] In Hamburg ist alles, man kann es nicht anders sagen, Barbourgrün.«[4] Diese Mischung aus latenter Dekadenz, Egozentrik und ästhetischem Konservatismus vereint die Barbourjacke als Dingsymbol in *Faserland* dermaßen in sich, dass das Magazin *Focus* sogar anlässlich der Uraufführung von *Faserland* im Schauspiel Hannover von der »Generation Barbourjacke«[5] gesprochen hat.

Die literarische Leistung Christian Krachts besteht freilich darin, jenseits all dessen der Jacke am Ende des Romans eine zweite Funktion zu geben, die sich zum zuvor Ausgeführten eigentümlich disparat verhält und den Kult um die Jacke ambivalent bricht: Nachdem der Ich-Erzähler auf dem Kilchberger Friedhof das Grab von Thomas Mann nicht finden kann, geht er zum Ufer des Zürichsees. Dort lässt er sich von einem Mann, der im Gegensatz zur sonstigen Erzählstrategie des Romans in keiner Weise äußerlich beschrieben wird und von dem wir nur erfahren, dass er im Dunkel des Abends raucht, hinausrudern. Vereinbart wird, dass der Mann den Erzähler für 200 Franken auf die andere Seite fährt. Ob er dort ankommt, bleibt offen: »Ich steige ins Boot und setze mich auf die Holzplanke, und der Mann schiebt die Ruder durch diese Metalldinger und rudert los. Bald sind wir in der Mitte des Sees. Schon bald.«[6]

Oliver Jahraus hat dieses Ende überzeugend als intertextuelles Spiel mit Werken von C.F. Meyer, F.G. Klopstock und mit Goethes Gedicht *Ein Gleiches (Wandrers Nachtlied II)* gedeutet.[7] Interpretiert man die Schlussszene in diesem Sinne als Übergangsszene in den Tod, so ist hier ein Detail bemerkenswert: Der Ich-Erzähler trägt seine Barbourjacke nicht, er hat sie im Hotel vergessen. Das fällt ihm auf, als ihm gegen Abend kalt wird und er gerade über den Straßennamen ›Mythenquai‹ nachdenkt.[8]

Wenn man die Barbourjacke in *Faserland* als Dingsymbol des Romans begreift, kann diese Szene nur derart gedeutet werden, dass das Ich in jenem Moment verletzlich wird, in dem es die Barbourjacke ablegt. Der Ich-Erzähler, der durch die gesamte Erzählung hindurch vielfältig gefühlskalt auftrat und sich zugleich gegen die Kälte – im eigentlichen wie im übertragenen Sinne – durch seine Jacke abzuschotten wusste, erfährt nun die Kälte der Natur, wodurch er schutzlos wird, vielleicht sogar angreifbar. *Faserland* entwickelt also keinen Realismus, der davon handelt, dass dekadente Schnösel in coolen Clubs und am Strand von Sylt Barbourjacken tragen, obwohl die Jacken dort an sich gar nichts verloren haben. Es geht in dem Roman darum, dass der Erzähler ohne die Jacke gar nicht ist, was er zu sein vorgibt. Sie symbolisiert nicht seinen Habitus. Die Barbourjacke macht aus dem Ich-Erzähler erst die Figur, an der sich seit dem Erscheinen des Romans zahlreiche Kritiker mächtig gerieben haben. Sie ist nicht das Dingsymbol eines postmodernen Realismus, sondern das eines magischen Realismus.

Anmerkungen

1 Heike Schmoll: Abschreckend, in: Frankfurter Allgemeine Zeitung (2.8.2013), S. 7.
2 Christian Kracht: Faserland, München 2002, S. 13 f.
3 Ebd., S. 81.
4 Ebd., S. 29.
5 http://www.focus.de/kultur/kunst/theater-packende-reise-durch-christian-krachts-faserland_aid_737742.html [abgerufen am 7.11.2014].
6 Kracht: Faserland, S. 158.
7 Vgl. Oliver Jahraus: Ästhetischer Fundamentalismus. Christian Krachts radikale Erzählexperimente, in: Johannes Birgfeld, Claude D. Conter (Hg.): Christian Kracht. Zu Leben und Werk, Köln 2009, S. 13–23, bes. S. 18.
8 Vgl. Kracht: Faserland, S. 155.

»Einerseits die passende Hose / andererseits Richard den Dritten im Kopf«. Theater und Mode(rne) bei Thomas Bernhard und Elfriede Jelinek

Alexander Schwieren

Die passende Hose und die Dramatik Shakespeares, diese Konstellation ist – einerseits – ein Witz Thomas Bernhards, der Stoff und Sujet, Schnitt und Stil in seinem Dramolett *Claus Peymann kauft sich eine Hose und geht mit mir essen* (1986) in eins denkt und damit die Theaterversessenheit des Regisseurs Claus Peymann in Szene setzt. Die Verbindung von Hosenkauf und Dramatik eröffnet aber – andererseits – auch eine sehr plastische Auseinandersetzung des Autors mit der eigenen Beziehung zum Theater. Diese Auseinandersetzung verrät nicht nur einiges über Thomas Bernhard und das Theater, über das Burgtheater und das ›Theater Österreich‹. Sie verrät auch einiges über die Moden und Modernisierungen des Theaters in der ›Postmoderne‹.

Dass Thomas Bernhard nicht in erster Linie ein Dramatiker war, dass er die Dramatik vielmehr als kurzweilige Selbstinszenierungs- und Diffamierungsmöglichkeit, aber auch als wichtige Einnahmequelle begriffen hat, ist auch vor dem Dramolett kein Geheimnis gewesen. Das Ich des Dramoletts erscheint folgerichtig zuallererst als Bestätigungsinstanz des Regisseurs, dem gesagt wird, was er hören will: »Die Hose paßt ausgezeichnet« und »Sie sind eine Figur für den italienischen Schnitt Peymann«.[1] Diese Haltung kommt auch im wiederholten Angebot zur Sprache, dem Regisseur die alte Hose, die dieser gleich nach dem Einkauf einer neuen nicht mehr anziehen will, (nach)zutragen: »[S]oll ich Ihnen die

Thomas Bernhard, 1971

alte Hose abnehmen« (S. 32, vgl. auch S. 38, S. 46). Anders gesagt: Der Dramatiker inszeniert nicht neue Stoffe, er trägt dem Regisseur (dessen) alte Stoffe hinterher, während dieser ununterbrochen damit beschäftigt ist, Neues vorzuführen. Was dabei als neues Stück Bernhards nur herauskommen kann, steht Peymann, bei Bernhard, ganz klar vor Augen: »ein richtiges Burgtheatertheater«. Der Auftrag des Burgtheaterintendanten bringt dessen Selbstverständnis auf den Punkt: »[S]chreiben Sie einen richtigen Welthammer / Bernhard« (S. 45 f.).

Diese Ambivalenz von Tradition und Innovation führt auch die Peymann'sche Hosenwahl, und mehr noch die Hosenauswahl, die dieser Hosenwahl vorausgegangen ist, vor Augen: »sechs leichte Sommerhosen der Firma Zegna« (S. 29) hat der Regisseur probiert, bevor er eine ausgewählt und sogleich auch angezogen hat. Das spricht nicht für eine besonders große Offenheit in modischen Fragen: Nur eine, bereits zu Beginn des 20. Jahrhunderts gegründete Marke wird beachtet, die der Autor zudem noch mit dem ›italienischen Schnitt‹ verbindet – die neue Hose steht in einer immensen Modetradition. Dazu passt der erinnerte Modenwandel bei Peymann, der zu Beginn seiner Laufbahn noch ein »Cocacolaleibchen« getragen hatte, ab und mit einer Inszenierung der *Iphigenie*, also nach der Wandlung zu einem ›klassischen Regisseur‹, aber »auf einmal sehr elegant gekleidet« war (S. 31). Schon bei der *Iphigenie*, aber besonders jetzt, beim Kauf der neuen Hose, geht es demnach kaum um eine ›neue Mode‹ – und dennoch: »Zu einem neuen Burgtheaterdirektor / gehört auch eine neue Hose« (S. 47).

Das Burgtheater ist an dieser Stelle nicht austauschbar. Ob zu einem neuen Volksbühnen- oder zu einem neuen Thalia-Direktor ebenfalls eine neue Hose gehört, wird hier nicht geklärt – es ist aber eher unwahrscheinlich, denn die neue Hose geht nicht auf einen (beliebigen) Theaterwechsel, sondern auf Wien zurück: »Diese Stadt verführt zum Hosenkauf« (S. 30). Als sanfter Stilwechsel bei gleichbleibend klassischen Stoffen und davon ungerührt größenwahnsinnigen Selbstinszenierungen ist der Hosenkauf, das legen Peymann und Bernhard im Dramolett zumindest nahe, mehr als eine Theatermode. Der Hosenkauf ist ein Charakterzug Wiens und, mehr noch, ganz Österreichs, das seine modernisierungsfeindliche Rückständigkeit (»lauter Nazis«) inszeniert und zelebriert: »Österreich ist das beste Theater der Welt« (S. 50, S. 43).

Diese Diskussion der Mode im Hinblick auf das Wesen des Theaters (in) Österreich ist naheliegend, nicht so sehr aufgrund der Hosenliebe Bernhards oder Peymanns, sondern aufgrund der Situation des Theaters, in der der Dresscode der bürgerlichen Gesellschaft eine seiner letzten Bastionen gefunden hat(te). Sich von klassischen Stücken, die »im Grunde erledigt« sind, unterhalten zu lassen und sich auch noch »herrlich anziehen dazu« – diese Tradition des Theaters hatte Bernhard an anderer Stelle als »großen Schmarrn« verdammt.[2] Dabei ging es aber weniger um die Mode der Zuschauer als vielmehr um die Mode des Theaters, die ihm gestrig erschien, oder (mit dem Dramolett über Peymanns Hose) genauer: als Kaschierung, die eine Tradition als Innovation zu verkaufen sucht. Mit anderen Worten: Bernhard verachtete die fehlende Modernität des Theaters.

Die Idee, dass mit der Mode auch eine Neuerung bzw. Modernisierung des Theaters verbunden sein könnte, hat Bernhard nur angedeutet, als er die Hosenprobe für den Regisseur als gesundheitsgefährdende Belastung (»eine Theaterprobe ist nichts dagegen«), für den Autor aber als denkbare Quelle der Inspiration ins Spiel gebracht hatte: »Während einer solchen Hosenprobe / habe ich einmal die Idee für einen Roman gehabt« (S. 34 f.). Eine intensivere Auseinandersetzung findet sich aber bei Elfriede Jelinek, die in Österreich nicht nur als meistgespielte lebende Dramatikerin an Bernhards Stelle getreten ist. Jelinek teilt in einem programmatischen Text unter dem Titel *Ich möchte seicht sein* (1983) Bernhards Abscheu gegenüber einem Theaterbetrieb, dessen einziger Sinn darin besteht, »ohne Inhalt zu sein, aber die Macht der Spielleiter vorzuführen, die die Maschine in Gang halten«.[3] Und sie teilt auch Bernhards Idee, diese Inszenierungsmaschine mit dem Begriff der Mode zu beschreiben: Der Regisseur, der letztlich immer nur Gegebenes und damit Vergangenes zu beleben vorgibt, »verleugnet das Vergangene und zensiert gleichzeitig (Mode!) das Zukünftige, das sich nun für die nächsten Saisonen nach ihm zu richten haben wird«.

Jelinek greift die Mode als Gegenstand des Theaters aber noch auf eine andere Art auf: »Ich will kein Theater. […] Vielleicht eine Modenschau, bei der die Frauen in ihren Kleidern Sätze sprechen.« Das klingt zunächst nach Bernhards Dramolett, Teil 2, jetzt mit Frauen. Es geht Jelinek, bei aller (mit Bernhard geteilten) Komik, aber um wesentlich mehr: um eine Kritik an den Figuren des Theaters, an der Verfassung des Schauspielers auf gegenwärtigen, klassischen Bühnen und um eine Befreiung der Personen auf der Bühne vom Anspruch, Menschen darzustellen: »Modeschau deswegen, weil man die Kleider auch allein vorschicken könnte. Weg mit den Menschen, die eine systematische Beziehung zu einer ersonnenen Figur herstellen könnten!« Bei Bernhard war die Mode noch die Maske, hinter der sich das klassische Theater unhinterfragt in Szene und damit fortsetzte. Jelinek reflektiert Kleider im Theater als Möglichkeit, die, gerade aufgrund ihrer Formlosigkeit (Kleidung »muß um den Menschen gegossen werden, der ihre Form IST«), die traditionelle dramatische Form und die mit dieser Form verbundene Fiktion des Menschen überschreiten könnte. Anstelle eines dramatischen Lebens, das sich selbst bedeutet, tritt bei Jelinek die Mode als bloße Hülle, als inhalts- und sinnloser Stil auf die Bühne. Die Selbstreferenz der Schauspieler tritt ab – und mit der Mode treten »wir« auf: »Wir sind unsere eigenen Darsteller.« Wie dieses »wir« nach Jelinek auf der Bühne vorzustellen ist, davon mag ihr späteres Textflächen-Theater, die absatzlose Reihung von Zitaten und deren Lösung von individuellen Sprechern und Adressaten, eine Vorstellung geben. Kleider eröffnen an dieser Stelle in erster Linie die Möglichkeit, die Austauschbarkeit ihrer Träger und damit die Abwesenheit von ›klassischen‹ Subjekten vorzuführen.

Denkbar ist sicher, dass dieses Theater ohne Schauspieler auskommt. Undenkbar scheint aber, dass es ohne Regisseur auskommt. Der Regisseur lässt sich vom Theater kaum ausschließen, er lässt sich aber auf die Bühne stellen. In *Claus Peymann kauft sich eine Hose und geht mit mir essen* hat sich Thomas Bernhard gleich auch noch dazugestellt und parodiert in diesem Sinn nicht nur den Regisseur Peymann, sondern auch den Autor Bernhard, dessen unbedingten Setzungsanspruch und seine – voraussetzungsreiche – Verdammung der Geschichte. Würde Jelinek dieses Stück inszenieren, vielleicht würde sie dem Bernhard-Schauspieler auf der Bühne gestatten, die alte Hose dem Regisseur nicht nur nachzutragen, sondern sie auch anzuziehen, und vielleicht wäre auch die alte Hose eine Zegna-Hose. Zweifellos gilt jedenfalls: »Zegna macht die besten Hosen« (S. 31).

Anmerkungen

1 Thomas Bernhard: Claus Peymann kauft sich eine Hose und geht mit mir essen, Frankfurt/Main 1993, S. 31. Weitere Zitate sind im Folgenden mit Seitenzahl im Text angegeben.
2 Thomas Bernhard im Interview, zit. nach Krista Fleischmann: Das war Thomas Bernhard: Fernsehdokumente 1967–1988, Wien: ORF 1994, Min. 25:25–26:00.
3 Diese und alle weiteren Zitate Jelineks finden sich im genannten Text von Elfriede Jelinek: Ich möchte seicht sein, in: Theater heute, Jahrbuch 1983, S. 102.

Chanel – metaphysisch

Uwe Wirth

In einem Beitrag über Mode für die *Süddeutsche Zeitung* aus dem Jahr 2000 schreibt Elfriede Jelinek: »Von wenig Dingen verstehe ich so viel wie von Kleidern. Ich weiß wenig von mir, interessiere mich auch nicht sehr für mich, aber mir kommt vor, daß meine Leidenschaft für Mode mir mich selbst ersetzen kann.«[1] Jelinek argumentiert hier ganz ähnlich wie die Protagonistin ihres Theatermonologs *Jackie,* wenn diese sagt: »Ich bin meine Kleidung, und meine Kleidung ist ich«;[2] eine Feststellung, die aus einer keineswegs geerdeten Position erfolgt, denn Jackie spricht als Tote, die vom Jenseits aus ihr Leben Revue passieren lässt. Offenbar muss sich Jelineks Protagonistin auch im Jenseits noch modebewusst zeigen, denn die Stückeschreiberin fordert im ersten Satz ihrer Regieanweisung: »Jackie sollte in einem Chanel-Kostüm auftreten, denke ich.« Kurz darauf adressiert sie dann direkt jene allmächtige Instanz, die sie in ihrem Theater-Essay *Ich möchte seicht sein* als »Herrn Regisseur«[3] tituliert: eine Instanz, mit der die Stückeschreiberin *am Rahmen* ihres Dramentextes und *im Rahmen* ihrer Regieanweisung ein kursiviertes Zwiegespräch beginnt, das weniger den Charakter eines direktiven Sprechakts, denn vielmehr den einer Verhandlung mit einem einflussreichen Gegenüber hat, der am Ende womöglich doch macht, was *er* will. Ein Zwiegespräch aber auch, das Jelinek – und hier zeigt sich eine weitere Parallele zu der Protagonistin ihres Stücks – aus einer quasi jenseitigen Position heraus beginnt: Wissend, dass sie als im Dramentext abwesende Autorin nur eine Randexistenz führen kann und somit im Abseits steht.

Aber warum fordert die Stückeschreiberin, dass Jackie in einem Chanel-Kostüm auftreten solle? Warum Chanel?

Hinter dem Satz, in dem der Markenname fällt, steht in Klammern: »*(da müssen Sie aber schon sehr gute Gründe haben, wenn Sie das anders machen!)*«.[4] Bemerkenswerterweise bietet Jelinek im nächsten Satz gleich selbst eine Alternative an: »Man könnte«, so heißt es da, »als Vorbild auch dieses letzte Foto im Central Park (mit Maurice Tempelsman), das auf der Bank nehmen. Trenchcoat, Perücke (da Haare durch Chemo ausgegangen), Sonnenbrille und Hermès-Kopftuch.«[5] So würde es also wohl auch gehen – obwohl …

»Sie sollte«, so lesen wir weiter,

> sie sollte in jedem Fall schwer arbeiten. Ich stelle mir vor, daß sie ihre ganzen Toten, die Kinder, na, der Embryo und die beiden toten Babies sind nicht so schwer, aber dafür die toten Männer, Jack, Bobby, Telis (»Ari«), das ergibt ein ganz hübsches Gewicht, was?!, also, wie soll ich sagen, diese Toten soll sie hinter sich herschleifen wie beim Tauziehen. Oder ein Wolgaschiffer sein Schiff. Das kann ich Ihnen nicht erleichtern. Wenigstens das Blut auf dem rosa Kostüm wiegt nicht allzu schwer, und von Jacks Schädel fehlt sowieso ein ganzes Stück.[6]

Also doch nicht der Trenchcoat und das Hermès-Kopftuch, sondern das rosa Kostüm mit den Blutflecken drauf: *Das* Kostüm, das Jackie Kennedy am 22. November 1963, dem Tag der Ermordung ihres Mannes in Dallas, getragen hat. Es ist ein rosa Chanel-Kostüm, das durch das Kennedy-Attentat Weltruhm erlangt hat und insofern bedeutsam geworden ist. Ein Kostüm von Gewicht, wie man in Anspielung auf Butler und Barthes sagen könnte.

Da Roland Barthes in den Regieanweisungen zu *Jackie* von Jelinek explizit als »Mitarbeiter«[7] genannt wird, scheint ein kurzer Blick in sein Buch über die *Sprache der Mode* geboten zu sein – ein Buch, das Barthes 1963 fertigstellte: in dem Jahr also, in dem Jackie Kennedys Chanel-Kostüm Blutflecke bekam. Für Barthes bedeutet Kleidung etwas im System der Sprache der Mode. Sie ist ein Ereignis, in dem eine Struktur verkörpert wird. Eben dadurch erhält Kleidung ihr semantisches Gewicht.

Zugleich hat Kleidung aber auch ein materiales Gewicht. »Die Techniker der Mode wissen sehr genau«, so Barthes in

Jackie Kennedy im rosa Chanel-Kostüm, Love Field Airport, Dallas,
22. November 1963

Die Sprache der Mode, »daß nichts einen Stoff besser definiert
als sein Gewicht«.[8] Diese Feststellung mündet kurz darauf
in eine Überlegung, die man auch als Leitmotiv von Jelineks ›Philosophie der Mode‹ deuten könnte. Nach Barthes
trägt »die Realität der Kleidung« nämlich »poetische Züge«:
»Als Substitut des Körpers hat sie durch ihr Gewicht an den
grundlegenden Menschheitsträumen teil: am Himmel und

an der Hölle, an der Erhebung des Geistes ins Sublime und am Versinken in den Schlaf. Durch ihr Gewicht wird die Kleidung Flügel oder Leichentuch.«[9] Vielleicht ist dies auch ein Hinweis darauf, was es bedeutet, wenn Jackie in Jelineks Theaterstück sagt: »Ich bin meine Kleidung, und meine Kleidung ist ich«: Dies könnte als existentielles Statement aus einer metaphysischen Perspektive gedeutet werden: Die intellektuelle Seinsgewissheit des *cogito ergo sum* wird in ein textiles Lob der Oberfläche verwandelt. *Ich kleide mich, also bin ich – meine Kleidung ist ich.*

Zugleich verkörpert Jelineks *Jackie* damit aber auch jenes metaphysische Prinzip ›Mode‹, das Walter Benjamin im *Passagen-Werk* beschreibt: Die Mode als »dialektischer Umschlagplatz« zwischen »Lust und Leiche«, wobei der Tod als »flegelhafter Kommis« der Mode auftritt, während die Mode selbst »Provokation des Todes durch das Weib« ist.[10] Jackie wäre so besehen eine Allegorie im Doppelpack: eine Verkörperung nicht nur des Prinzips Mode, sondern auch der Provokation des flegelhaften Kommis durch die Mode.

Memento Mori und *Memento Mode* in einer *persona*.

Anmerkungen

1 Elfriede Jelinek: Mode, in: Magazin der Süddeutschen Zeitung (24.3.2000).
2 Elfriede Jelinek: Jackie, in: dies.: Der Tod und das Mädchen I–V. Prinzessinnendramen, Berlin 2003, S. 63–100, hier S. 82.
3 Elfriede Jelinek: Ich möchte seicht sein, in: Gegen den schönen Schein. Texte zu Elfriede Jelinek, hg. von Christa Gürtler, Frankfurt/Main 1990, S.157–161, hier S. 159.
4 Jelinek: Jackie, S. 65.
5 Ebd.
6 Ebd.
7 Ebd.
8 Ebd., S. 131.
9 Ebd.
10 Walter Benjamin: Das Passagen-Werk, in: ders.: Gesammelte Schriften, unter Mitwirkung von Theodor W. Adorno und Gershom Scholem hg. von Rolf Tiedemann und Hermann Schweppenhäuser, Bd. V.1, Frankfurt/Main 1982, S. 111.

Garderobenzwang. Bemerkungen zur Kleiderordnung im Theater

Stefan Willer

›Garderobenzwang‹ nennt man die Konvention, in den Eingangsbereichen kultureller Institutionen die Straßenkleidung abzugeben, etwa in Museen, damit unter Mänteln und in Rucksäcken kein zerstörerisches Werkzeug herein- und keine Ausstellungsstücke hinaustransportiert werden können. Auch in fast allen Theaterfoyers gibt es Garderoben, allerdings mit weit weniger strikt geregelter Benutzungspflicht. Doch auch wenn es nicht verboten ist, Jacken und sogar größere Taschen mit in den Zuschauerraum zu nehmen, hinter sich auf den Sitz zu klemmen, unter diesen zu stopfen oder vor den Füßen aufzubewahren, gilt das Umgehen des Garderobenzwangs im Theater vielfach als verpönt, zumindest hierzulande; in anderen Theaterkulturen spielt diese Konvention eine deutlich geringere Rolle.

Die unterschiedliche Wahrung und Einforderung des Garderobenzwangs kann als publikumssoziologisch weitgehend unerforscht gelten. Unsystematische Beobachtungen des Verfassers ergeben, dass die Garderoben in kleineren und mittelgroßen Städten mehr genutzt werden als in Metropolen, in der Oper mehr als im Schauspiel, im Staatstheater mehr als in Off-Bühnen und, vor allem, vom älteren Publikum mehr als vom jüngeren. Daraus könnte man die Regel ableiten, dass die meisten Zuschauer mit zunehmendem Lebensalter den Garderobenzwang nach und nach ernster nehmen, dass er also im Zuge des demografischen Wandels wieder an Bedeutung gewinnen wird – und mit ihm die Kulturtechniken der Garderobenbenutzung, etwa die Differenz zwischen dem disziplinierten Schlangestehen bei Abgabe der Jacken und den sich vorschiebenden Besuchertrauben bei ihrer Entgegennahme, oder die Gewohnheit älterer Herrschaften, bei gerade erst begonnenem Schlussapplaus eilig aufzubrechen, um eben jenem Gedränge zuvorzukommen.

Allerdings gehört zum demografischen Wandel auch die Verlängerung habitueller Jugendlichkeit, mit der ja nicht zuletzt eine betonte Zwanglosigkeit in Kleidungsfragen einhergeht. Diese Zwanglosigkeit steht im Widerspruch zum theatralen Garderobenzwang. Das betrifft nicht nur die verpflichtende Abgabe der Überbekleidung, sondern auch die Förmlichkeit dessen, was darunter zum Vorschein kommt: die Theatergarderobe im metonymischen Sinn. Da es immer unwichtiger wird, bestimmte Lebenssituationen durch die Wahl der Kleidung zu markieren, entfällt für mehr und mehr

Garderobe im Theater Wolfsburg

Theaterbesucher die Notwendigkeit, sich aus diesem Anlass erkennbar umzukleiden, ›in Schale zu werfen‹, wie es so schön heißt. Vor diesem Hintergrund will es fast nur noch als Kuriosität erscheinen, dass die Boulevardnachrichten jedes Jahr aufs Neue vermelden, welche Abendkleider die Bundeskanzlerin für ihre Besuche bei den Bayreuther oder Salzburger Festspielen ausgewählt hat.

Doch was das Publikum trägt, ist dem Theater in der Tat nicht äußerlich, sondern gehört zu seinen Bedingungen als einem soziokulturellen Raum. Schon immer gab es Wechselverhältnisse zwischen den Kleiderordnungen des Publikums und denen auf der Bühne. Für das kultische Theater der Antike und des Mittelalters steht zumindest zu vermuten, dass die typisiert-stilisierten Kostüme der Akteure mit einer rituellen Kleidung der Zuschauer korrespondierten. In der Frühen Neuzeit trugen die Schauspieler »generell zeitgenössische Kleidung, meist in besonders üppiger und kostspieliger Ausführung«;[1] die ohnehin teils extravagante Mode wurde also im Bühnenkostüm nochmals übertrieben, so dass sich das Publikum gleichsam selbst kleidungsmäßig gesteigert auf der Bühne sehen konnte. Für das moderne Illusionstheater mit seiner lange Zeit vorherrschenden Leitidee des historisch getreuen Kostüms ist eine solche mimetische Beziehung nicht mehr zu veranschlagen. Doch gerade das Konzept von Ausstattung als integralem Teil einer eigenständigen Inszenierungs- und Interpretationsleistung erwies sich als elementar für das Theater als einen Ort bürgerlicher Selbstrepräsentation, an dem sich zugleich der säkular-festliche Dresscode des Publikums herausbildete.

Und heute? Es drängt sich die These auf, dass die Kleidung der Zuschauer im Verlauf der letzten Jahrzehnte genau in dem Maß weniger als festlich markiert wurde, wie die Bühnenkostüme weniger opulent, weniger historisierend, weniger spezifisch-charakterisierend geworden sind. Man kann gänzlich alltäglich gekleidet ins Theater kommen, so wie man auch gänzlich alltäglich gekleidet den Hamlet spielen kann; die niedrigschwelligen Kleidungsregeln bestätigen sich gegenseitig. Dabei bleibt allerdings eine entscheidende

Differenz: Die Alltagskleidung des Hamletdarstellers ist eine Darstellung alltäglicher Kleidung, bleibt also selbst unter den extremen Bedingungen des ›armen Theaters‹ ein Kostüm; im Zuschauerraum sitzt man hingegen einfach in der Alltagskleidung da, hat sich also bloß nicht umgezogen. Aber vielleicht ist auch das noch zu simpel gedacht. Vielleicht *performt* der alltäglich gekleidete Theaterzuschauer seine Alltagskleidung, und zwar auch ohne bewusste Entscheidung für eine Performance – einfach deswegen, weil er sich im Theater immer schon in einem performativ gesteigerten Raum befindet.

Bei allen historischen Variationen scheint es also immer eine Art von Spiegelverhältnis zwischen den Kleiderordnungen der Schauspieler und der Zuschauer zu geben. Dafür spricht nicht zuletzt der Umstand, dass der theatrale Übergangsraum der Garderobe prinzipiell *doppelt* vorhanden ist: Er befindet sich nicht nur vor, sondern auch hinter dem Theater, als Schauspielergarderobe. Diese ist der dem Publikum unzugängliche Ort, an dem sich der Schauspieler verwandelt, seine *persona* anlegt, zu der das Kostüm entscheidend beiträgt. Ein nachgerade klassischer Verfremdungseffekt besteht darin, diesen verborgenen Ort sichtbar zu machen, auf die Bühne zu holen und so die Maskierung und Umkleidung des Schauspielers theatral auszustellen. Mit einer nochmaligen Umkehrung dieses Effekts experimentiert Botho Strauß in seinem Stück *Besucher* (1988), das die aus dem barocken und romantischen Theater bekannte Form des Spiels im Spiel aufgreift und auf fiktive Proben- und Aufführungssituationen überträgt. Im zweiten Akt schiebt sich laut Bühnenanweisung plötzlich die Besuchergarderobe vor die Szene. Im Hintergrund ist »eine Tür zum Theatersaal« zu sehen, aus der die Hauptfigur, der Schauspieler Max Steinberg, »in der Maske des Zuschauers« tritt und einen Dialog mit der Garderobenfrau beginnt. Der Vorgang wiederholt sich im dritten Akt: Erneut ist die Garderobe zu sehen, die Garderobiere steht »mit dem Mantel des Zuschauers zu seinem Empfang bereit«, doch statt diesen entgegenzunehmen, wirft Max »Perücke, Brille und Verkleidung des Zuschauers von sich«.[2]

Während man sich nicht recht vorzustellen vermag, wie eine solche »Verkleidung des Zuschauers« kostümbildnerisch zu gestalten wäre, ist der an der Besuchergarderobe bereitgehaltene Mantel ein eindeutiges vestimentäres Signal – das der fiktive Schauspieler Max verweigert, damit er als Schauspieler erkennbar bleiben kann. Strauß' metafiktionales Stück thematisiert mit dem Erscheinen der Garderobe auf offener Szene den prinzipiellen Umstand, dass das Publikum schon mit dem Betreten des Foyers Teil des Theaters und seiner Repräsentationslogik wird. So gesehen gibt es überhaupt kein Theater ohne Garderobenzwang. Das Ablegen der Straßenkleidung ist eine theatrale Handlung, die dem Kleidungswechsel in der Schauspielergarderobe funktionell, zumindest aber dem Gestus nach entspricht. Umso weniger wird man als Zuschauer darauf verzichten wollen.

Anmerkungen

1 Erika Fischer-Lichte: Geschichte des Dramas. Epochen der Identität auf dem Theater von der Antike bis zur Gegenwart, 2 Bde., Tübingen 1990, Bd. 1, S. 240.
2 Botho Strauß: Besucher. Komödie, in: ders.: Theaterstücke II, München 1993, S. 297 f. und 317.

Kleiderumordnungen

D.M. Nagu

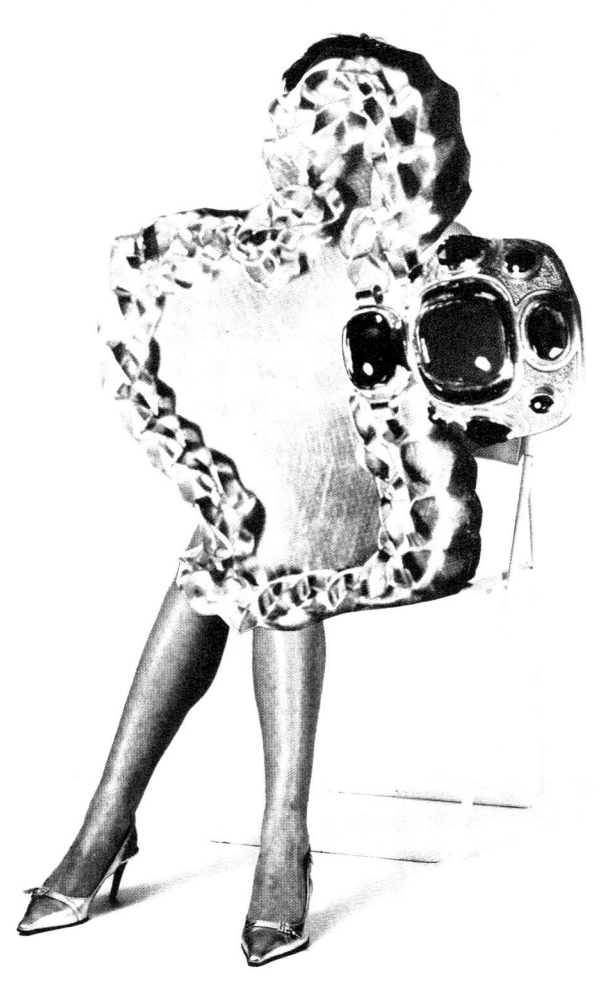

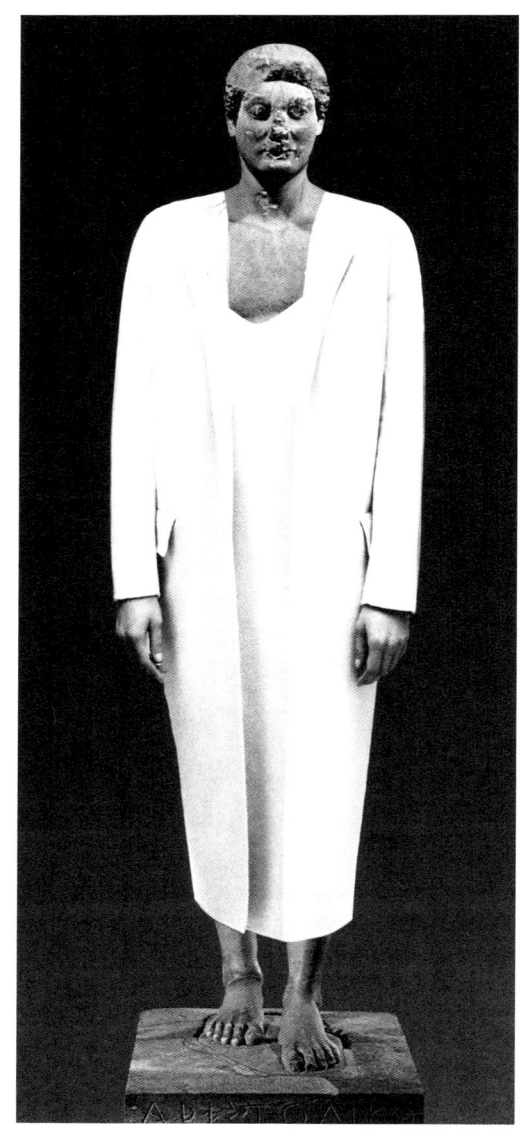

172

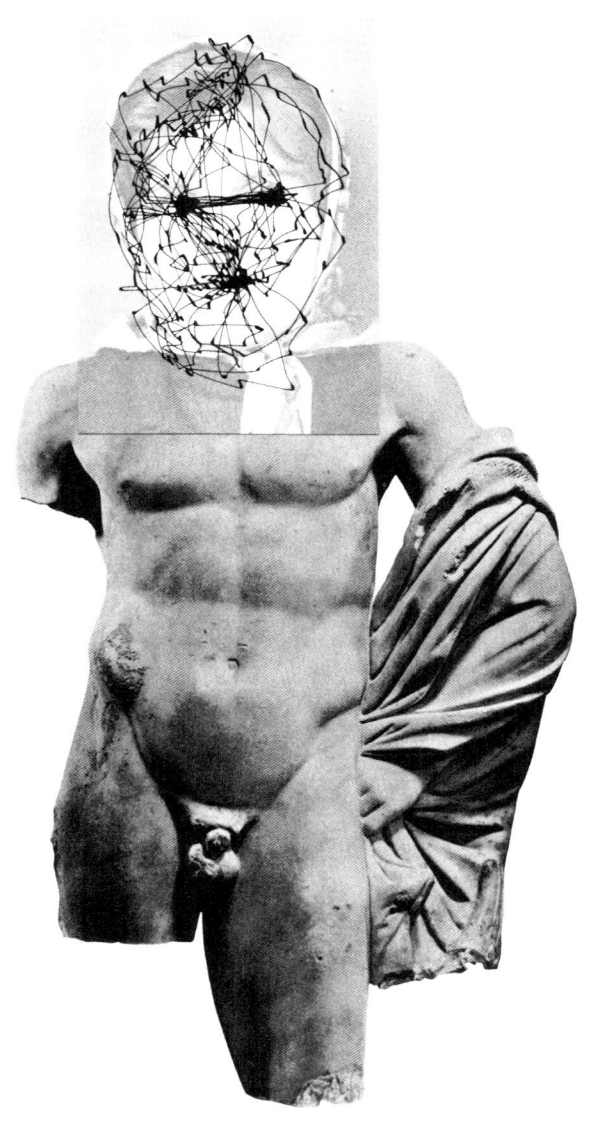

(Ver-)Kleidung und Identität. Das Aschenputtel und der Hauptmann von Köpenick

Jutta Müller

Aber sie sprach: »Es hilft dir alles nichts: du kommst nicht mit, denn du hast keine Kleider und du kannst nicht tanzen: wir müssten uns deiner schämen.«

Als nun niemand mehr daheim war, ging Aschenputtel zu seiner Mutter Grab unter den Haselbaum und rief:

»Bäumchen, rüttel dich und schüttel dich, wirf Gold und Silber über mich.«

Da warf ihm der Vogel ein golden und ein silbern Kleid herunter und mit Seide und Silber ausgestickte Pantoffeln. In aller Eile zog es das Kleid an und ging zur Hochzeit. Seine Schwestern aber und die Stiefmutter kannten es nicht und meinten, es müßte eine fremde Königstochter sein, so schön sah es in dem goldenen Kleide aus. An Aschenputtel dachten sie gar nicht und dachten, es säße daheim im Schmutz und suchte die Linsen aus der Asche.[1]

Wenn es den Menschen schlecht ging, hatten sie schon immer den Wunsch, eine andere Identität anzunehmen, um ihr Schicksal zu verbessern. Das spiegeln besonders deutlich und sehr zugespitzt die Volksmärchen wider. Hier spielt Kleidung eine große Rolle. Dabei schließt der Begriff ›Kleidung‹ im üblichen Sinn alle Gegenstände ein, die der Mensch zum Schutz gegen äußere Einflüsse trägt. Was erzählen uns Märchen über Kleidung? Die Funktion von Kleidung ist einzig auf das Handlungsgeschehen ausgerichtet und unterstützt das prägnant gezeichnete Bild vom Held oder der Heldin und ihren Gegenspielern. Die Kleidung dient als Erkennungszeichen.[2]

Der Sieg des Aschenputtels, bei dessen Anblick alle im Festsaal Anwesenden vor Verwunderung über seine Schönheit zurückgewichen waren, bedeutet den Sieg guter Werte und Charaktereigenschaften, wie Hans-Jörg Uther feststellte.[3] Auch die Schönheit spielt im Märchen prinzipiell eine besondere Rolle. Äußerliche Schönheit tritt meistens zusammen mit innerer Schönheit auf: Die guten Heldinnen sind immer auch schön, die bösen, faulen, eitlen meistens hässlich. Katalin Horn schreibt dazu: »Gerade weil die schönen Kleider nicht nur die äußere Schönheit der Heldin erhöhen, sondern auch ihre verkannten Werte zeigen, ist es möglich, daß diese in dem wunderbaren Gewand von ihrer nächsten Umgebung nicht erkannt wird.«[4] Das Kleid als Symbol der Schönheit und des Edelmuts spielt in dem Märchen vom »Aschenputtel« eine zentrale Rolle. Aschenputtel ist ein außergewöhnliches junges Mädchen, das einen Prinzgemahl verdient hat. Ihre familiäre Umgebung unterdrückt diesen ›inneren und äußeren Adel‹, und so ist es möglich, dass Stiefmutter und -schwestern das Mädchen in seinen glänzenden Kleidern nicht erkennen. Am Ende des Märchens erkennt jedoch der Prinz Aschenputtel, obwohl es in schmutzigen Kleidern erscheint; er erkennt es am Gesicht (Aschenputtel hatte sich das Gesicht gewaschen) und daran, dass der Schuh passt.

Das Märchen behandelt Kleidung höchst selten von ihrer realen Funktion her. So erfährt man wenig über Berufsbekleidung und Kleiderordnungen. Kleidung verweist hier vielmehr auf bestimmte Eigenschaften der Protagonisten. Innere und äußere Schönheit stimmen überein.[5] Die entsprechende Kleidung bewirkt, dass im Märchen auch immer das Gute, der/die edelmütige Held/in siegt. Es zeigt aber auch, dass nur die ›Guten‹ die ihnen zustehenden schönen Kleidungsstücke verdienen. Oft ist es so, dass die Helden zu Beginn des Märchens als von der Umwelt verachtete, in armseligen Kleidern und auf der niedrigsten sozialen Stufe stehende Figuren beschrieben werden.[6] Held und Heldin machen ihr Glück, was stets auch mit einem sozialen Aufstieg verbunden ist. Das Märchen spiegelt also eine schöne heile Welt, in der alles Schlechte verliert und aufgehoben wird, das Gute und Edle gewinnt. Es wäre schön, wenn es in der wirklichen Welt auch so zuginge wie im Märchen.

Aschenputtel. Buchcover von Die Kinder- und Hausmärchen der Brüder Grimm, 1960

Aber auch die Realität zeigt, dass Menschen oft den Wunsch hatten und noch haben, eine andere Identität anzunehmen, um ihre Lebenssituation bzw. ihre Lebensumstände zu verbessern. Als wichtiges Medium solch eines Identitätswandels dient die Kleidung. Ein prägnantes Beispiel dafür ist die Lebensgeschichte des Friedrich Wilhelm Voigt, eines aus Ostpreußen stammenden Schuhmachers. Er wurde am 13. Februar 1849 in Tilsit (heute: Sowetsk) geboren und verstarb am 3. Januar 1922 in Luxemburg. Bekannt geworden ist er als der ›Hauptmann von Köpenick‹ durch seine Besetzung des Rathauses der Stadt Cöpenick[7] bei Berlin am 16. Oktober 1906. Als Hauptmann verkleidet, drang er mit einem Trupp gutgläubiger Soldaten in das Rathaus ein, verhaftete den Bürgermeister und raubte die Stadtkasse. Dieses Ereignis ging als ›Köpenickiade‹ in die deutsche Sprache ein. Im *Cöpenicker Dampfboot* wurde noch am Tag der Besetzung Folgendes berichtet:

Cöpenick, den 16. Oktober 1906.
Seit 4 Uhr nachmittags befindet sich unsere Bürgerschaft in größter Aufregung. Mit dem Vorortzuge 2.46 Uhr traf von Berlin eine 20 Mann starke Abteilung Soldaten unter Führung eines Hauptmanns auf dem Cöpenicker Bahnhof ein, marschierte nach der Stadt und besetzte das Rathaus. Vor dem Hauptportal nahm ein Doppelposten mit aufgepflanztem Bajonett Aufstellung, während die beiden anderen Eingänge – in der Böttcherstraße und am Rathauskeller – mit einfachen Posten besetzt wurden. Jeder Verkehr nach innen und außen wurde sofort unterbrochen, die Beamten erhielten Anweisung, sich in ihren Bureaus aufzuhalten und auch der Rathauskeller wurde für den Verkehr gesperrt; einige Gäste wurden dort sogar zurückgehalten. Selbst den Mitgliedern der städtischen Behörden verweigerten die Soldaten den Zutritt zum Rathause mit der Erklärung: »Auf Befehl Sr. Majestät ist das Rathaus besetzt.«
    Inzwischen hatte sich, da die Sensationsnachricht sich mit Windeseile in der Stadt verbreitete, vor dem Rathause eine nach Hunderten zählende Menschenmenge angesammelt, die von Minute zu Minute anschwoll, so daß einige hinzugezogene Gendarmen den Straßenverkehr regeln mußten. Das Publikum erging sich natürlich in den mannigfachsten Vermutungen über die Ursache dieses ungeheures Aufsehen erregenden militärischen Einschreitens, und fand hierzu umso mehr Grund, als aus dem Rathause selbst keinerlei Kunde darüber verlautete. Die Aufregung stieg natürlich aufs

höchste, als plötzlich die Herren Bürgermeister Dr. Langerhans und Hauptkassenrendant v. Wiltberg als Arrestanten abgeführt und in Droschken nach Berlin geschafft wurden.

Außer den Genannten war auch Herr Oberstadtsekretär Rosenkreuz für verhaftet erklärt, von seiner Fortschaffung aber schließlich Abstand genommen worden.

Soweit wir uns über den Verlauf der Sache informieren konnten, hat der Hauptmann erklärt, daß er in höherem Auftrage das Rathaus und die Kasse zu besetzen habe. Er ließ sich dann die Kasse aufzählen – rund 4 000 Mark – und verließ mit dem Auftrage, nach einer halben Stunde die Wachen einzuziehen und nach Berlin zurückzukehren, mit dem Gelde das Rathaus.

Dies der Sachverhalt. Unseres Erachtens kann es sich hier wohl nur um die Tat eines Wahnsinnigen oder Betrügers handeln, da die Soldaten erklärt haben sollen, daß der ihnen unbekannte Hauptmann sie auf dem Marsche getroffen und sie zur Ausführung eines höheren Befehls mit nach Cöpenick genommen habe. Der Magistrat hat durch telegraphische Anfrage beim Landrat sofortige Aufklärung erbeten, die bis zu dieser Minute noch aussteht. Man ist bis jetzt also lediglich auf Vermutungen angewiesen.

Nachschrift: Um 7 Uhr lief vom Landratsamt die telephonische Nachricht ein, daß man dort keine Ahnung von der Sache habe und Gründe für den rätselhaften Vorgang nicht angeben könne.[8]

Dieses Ereignis stieß auf großes öffentliches Interesse und rief allerorts viel Gelächter hervor. Wie war es möglich, dass ein einfacher Schuhmacher als Hauptmann ein Rathaus besetzen konnte? Wilhelm Voigt trug eine Hauptmannsuniform. Liest man in *Meyers Lexikon*, dann ist die Uniform »eine nach einheitlichen Richtlinien hergestellte (Dienst)kleidung [sic], die die Zugehörigkeit einer Person zu einer bestimmten Institution (Militär, Polizei, Post, Eisenbahn, Feuerwehr usw. sowie Verbände, Vereine) äußerlich kennzeichnet«.[9]

Die Uniform galt in der damaligen Zeit – also zu Lebzeiten von Wilhelm Voigt – als ›vornehmstes Kleid‹: »Wer die Uniform trägt«, kommentiert das *Berliner Tageblatt*, »der siegt nicht, weil er besser oder klüger oder vorsichtiger wäre als die andern, sondern weil er uniformiert ist.«[10] Die militärische Uniform des 20. Jahrhunderts stand für Macht und Autorität des Staates. »Ohne die Uniform schrumpft die Person zu einem zivilen Nichts.«[11] Wer eine Uniform trug und auch mit seiner Sprache entsprechend militärisch, d.h. im Militärjargon sprechend, wirkte, dem wurde blind vertraut. Nur darum gelang es Wilhelm Voigt, seinen Streich erfolgreich durchzuführen.

Der Dramatiker Carl Zuckmayer belebte das Husaren-stück neu. Sein »deutsches Märchen« vom *Hauptmann von Köpenick* wurde am 5. März 1931 in Berlin uraufgeführt. Zuckmayer hatte den Stoff nicht von ungefähr gewählt. In seiner Autobiographie *Als wär's ein Stück von mir* schreibt er: »[W]enn auch die Geschichte mehr als zwanzig Jahre zurücklag, so war sie gerade in diesem Augenblick, im Jah-re 1930, in dem die Nationalsozialisten als zweitstärkste Partei in den Reichstag einzogen und die Nation in einen neuen Uniform-Taumel versetzten, wieder ein Spiegelbild, ein Eulenspiegel-Bild des Unfugs und der Gefahren, die in Deutschland heranwuchsen.«[12]

Derartige Versuche, Identitäten unter Zuhilfenahme ent-sprechender Kleidung zu ändern, gibt es bis heute. So schrieb die *Berliner Zeitung* beispielsweise am 22. September 2014:

> Als Konsul aus dem ›Fürstentum Lichtenberg‹ und König von ›Ashanti Ghana‹ hat sich ein 74-Jähriger bei einer Verkehrskon-trolle ausgegeben. Im niederbayerischen Kirschroth überreichte der Autofahrer den erstaunten Beamten einen Diplomatenpass aus dem fiktiven Fürstentum und zeigte ihnen ein Foto von sich – in herr-schaftlicher afrikanischer Kleidung. Wie die Polizei am Wochen-ende mitteilte, entlarvte die Überprüfung des Diplomatenpasses direkt bei der Kontrolle diesen jedoch als Fantasiedokument. Nun droht dem Mann ein Strafverfahren wegen Urkundenfälschung und Missbrauch von Titeln.[13]

Dieser Spaß ist also nicht gelungen; der Mann wurde nicht als Diplomat, dem üblicherweise Narrenfreiheit zugestanden wird, anerkannt.

Anmerkungen

1 Die Kinder- und Hausmärchen der Brüder Grimm, Bd. 3, Auswahl und Bearbeitung Anneliese Kocialek, Berlin 1960, S. 73.

2 Vgl. Hans-Jörg Uther: Machen Kleider Leute? Zur Wertigkeit von Kleidung, zu Schein und Sein in Märchen, Schwänken und anderen populären Erzählungen, in: Wolfgang Kuhlmann, Lutz Röhrich (Hg.): Witz, Humor und Komik im Volksmärchen, Regensburg 1993, S. 89–111.

3 Vgl. ebd., S. 97.

4 Katalin Horn: Das Kleid als Ausdruck der Persönlichkeit: ein Beitrag zum Identitätsproblem im Volksmärchen, in: Fabula 18 (1977), S. 92 f.

5 Vgl. Hans-Jörg Uther: Machen Kleider Leute?, S. 97 f.

6 Vgl. ebd.

7 Seit 1. Januar 1931: Köpenick.

8 Extrablatt des Cöpenicker Dampfboots, 16. Oktober 1906.

9 Meyers Neues Lexikon in zehn Bdn., hg. und bearb. von Meyers Lexikonredaktion, Bd. 10, Mannheim, Leipzig, Wien, Zürich 1993, S. 97.

10 Berliner Tageblatt vom 17.10.1906, S. 1.

11 Vgl. Gabriele Mentges: Die Angst vor der Uniformität, in: dies., Birgit Richard (Hg.): Schönheit der Uniformität. Körper, Kleidung, Medien, Frankfurt/Main, New York 2005, S. 31 f.

12 Carl Zuckmayer: Als wär's ein Stück von mir. Horen der Freundschaft, Hamburg 1966, S. 491.

13 Berliner Zeitung, 22.09.2014.

Der beireisische Farbenrock. Versuch und Geschichte einer Rekonstruktion

Thorsten Palzhoff

Am 17. Juni 1811, knapp zwei Jahre nach seinem Tod, wurde in einer mehrtägigen Auktion der berüchtigte Nachlass des Helmstedter Arztes und Polyhistors Gottfried Christoph Beireis versteigert. Wenngleich man dem Verstorbenen nachsagte, dass Scharlatanerie und Begabung selten in einer Person so glücklich zusammengefunden hätten, weckte der Auktionskatalog (der so umfangreich war wie sein barocker Titel[1]) in der wissenschaftlichen und schöngeistigen Welt Begehrlichkeiten.[2] Allein die Gemäldesammlung nahm 58 Katalogseiten ein, und die Bibliothek des umstrittenen Gelehrten umfasste zwölftausend Bände. Ferner sollten Tausende fast durchweg echter Gold- und Silbermünzen aus Antike und Neuzeit veräußert werden sowie rund dreihundert anatomische Präparate aus dem Nachlass des Johann Nathaniel Lieberkühn, eine reiche Kristall- und Mineraliensammlung (der in etwas unordentlicher Verwandtschaft ein bewehrter Riesenmagnet beigegeben war) nebst bedeutenden wissenschaftlichen Präzisionsinstrumenten und Apparaturen aus historischer und gegenwärtiger Zeit. Man hätte Beireisens Barockuhren sowie eine komplizierte Rechenmaschine als Wunderwerke der Feinmechanik bestaunen müssen, wenn sie nicht von Vaucansons in ganz Europa berühmten Automaten in den Schatten gestellt worden wären (wenngleich der Katalog nicht verschwieg, dass sich der Flötenspieler, der Tambour und die mechanische Ente in verwahrlostem Zustand befanden).

Wie man weiß, waren sämtliche Gasthäuser von Helmstedt und Umgebung für die Dauer der Auktion ausgebucht.

Aus den Polizeiakten des Bezirks geht hervor, dass angesichts des Auftriebs und der zu veräußernden Fabelbesitztümer besondere Vorkehrungen zur Wachsamkeit getroffen wurden. Von der Versteigerung selbst sind nur wenige Eindrücke überliefert; so schreibt ein Hannoveraner Kunsthändler namens Johann Nepomuk Goll in einem an seine in Marienbad weilende Frau Elisabeth (»Betty«) gerichteten Brief (der uns nicht vorliegt, da er schon im folgenden Jahr einem Hausbrand zum Opfer fiel), dass der schiere Umfang der Gemäldesammlung die Laien, der Mangel an Originalen hingegen die Kenner erstaune. Als Kuriosum berichtet er von zwei alten Käuzen, die zur Versteigerung in schwarzen Trauerkleidern erschienen seien, so als wäre die Veräußerung von Beireisens Gütern dessen eigentliches Begräbnis. Die beiden Greise, so Goll, interessierten sich vor allem für Gegenstände, die man vergeblich im Auktionskatalog suchte. Da sie neben ihm gesessen hätten, habe er ihren Spekulationen über den Verbleib eines Riesendiamanten folgen können, der, Augenzeugen zufolge, von der Größe eines Gänseeis sein solle und nach Auskunft des Verstorbenen wertvoller als ganz Europa. Nach langer Beratung, so Goll, seien die beiden Alten zu dem Schluss gekommen, dass ein solcher Diamant bei einer öffentlichen Auktion nicht gezeigt werden könne, zumal er ohnehin keinen Käufer finden würde. Dagegen hätten sie aber doch zu gern wenigstens Beireisens Farbenrock wiedergesehen. Bei dem Rock, so erfuhr Goll, handelte es sich um eine Jugenderinnerung der beiden Greise, die sie ins Jahr 1757 und an den Beginn ihrer Bekanntschaft mit dem Toten zurückführte. Auf seine Nachfrage hätten sie ihm von einem Konzert am Hofe des Herzogs von Braunschweig erzählt, bei dem eine so prächtige Musik zur Aufführung gebracht worden sei, dass man noch beim Lustwandel und anschließend an der fürstlichen Tafel von ihrem göttlichen Glanz gesprochen habe. Zu jenem Empfang habe sich auch der junge Beireis eingefunden, um dem Herzog seine Aufwartung zu machen. Erschienen sei er in einem nachtblauen Rock von gutem, wenn auch nicht ungewöhnlichem Tuche – ein trügerischer Eindruck, da während des Hauptganges eine bedeutende Veränderung an Beireisens Garderobe vor sich gegangen sei. Während der Genannte seelenruhig eine (uns nicht überlieferte) Speise verzehrte, bleichte, so als würden binnen einer Viertelstunde ganze Jahre verstreichen, sein Rock vom Dunkel- ins Hellblaue aus. Beim Dessert schließlich konnte die Tischgesellschaft schwerlich Ausrufe des Erstaunens unterdrücken, da Beireisens Garderobe nun gar jenen scharlachroten Ton annahm, der damals ganz *à la mode* gewesen sei.[3] Diese höchst erstaunliche, sich vor aller Augen vollziehende Veränderung des beireisischen Rockes (von der allein dessen Träger selbst keine Notiz zu nehmen schien) machte an der fürstlichen Tafel einen solchen Effekt, dass vom Konzert keine Rede mehr war. Erstaunlich, so die beiden Trauergreise, dass die Kunst von sämtlichen Teilnehmern der fürstlichen Tafel sofort vergessen war, während ihnen dieser Rock, der die Wechsellaunen der Mode an sich selbst veranschaulicht habe, bis heute im Gedächtnis geblieben sei. Und erst aus einem Abstand von einem halben Jahrhundert komme ihnen in den Sinn, dass Beireis seit jenem wundersamen Auftritt nie wieder in solch schillerndem Staat zu sehen gewesen sei, so als hätte sich seine Wandlungsfähigkeit innerhalb eines einzigen Festmahls verausgabt. Fortan habe er bis zu seinem Tode nie anders als in hechtblauem Rock, mit Perücke, Haarbeutel und schwarzen Seidenstrümpfen das Haus verlassen,[4] so als hätte die in Mode und Wissenschaft voranschreitende Welt ihn, den aus der Zeit gefallenen Polyhistor, als Ankerpunkt gebraucht, um ihren Fortgang an ihm zu bemessen.

Unwichtig, so bemerkte der Kunsthändler Goll, dass die beiden Sonderlinge auch den Ammenmärchen Glauben schenkten, nach denen Beireis, der bei den Helmstedtern im Ruf eines Magiers stand, durch Geheimwissen und die Herstellung von Gold zu seinem erheblichen Reichtum gelangt sei. Unwichtig (so hätte Goll vermutlich gemutmaßt, wäre uns der Brief an seine Frau Betty erhalten geblieben), ob der beireisische Farbenrock nicht gar nur eine marktschreierische Demonstration eines begabten Chemikers gewesen sei, der sich nach der Alchemie gesehnt habe. Goll redete den beiden Alten nicht drein, da er ihre Spekulationslust als Entschädigung für die Reise nahm, die er für die Versteigerung drittklassiger Kopien berühmter Gemälde auf sich genommen hatte. Wie gern wäre er ihren Vermutungen gefolgt, dass es eine geheime Beziehung gebe zwischen dem plötzlichen Reichtum des Toten und seiner Entsagung des Farbenrocks. Nachdem er mit diesem auch alle Wechselfälle der Mode abgelegt habe, sei, so die beiden Alten, für Beireis in seiner ewigen hechtblauen altfränkischen Tracht die Zeit zum Stillstand gekommen. Im Grunde sei die Anhäufung all dieser Habseligkeiten, die nur deshalb einen so dicken Katalog füllten, weil der Verstorbene mit ihnen eine ins Stocken geratene Welt habe abbilden wollen, nichts als ein Ausdruck des Beharrenwollens gegen den sturen Fortlauf der Zeit. Und weil dem so sei, wollten sie nun zum Haus des Toten pilgern, um sich von ihm und seinen Schatzkammern zu verabschieden.

Und so könnte man, würde das Quellenmaterial es erlauben, die beiden Trauergreise gemeinsam mit dem Hannoveraner Kunsthändler Johann Nepomuk Goll aufbrechen lassen, der von der Versteigerung wenngleich keine Kunstwerke, so doch immerhin eine Geschichte mitnehmen wollte. Man könnte mit dem Finger auf der historischen Landkarte ihrem Weg durch ein Gassengewirr folgen, das der überschaubaren Größe des Ortes Hohn zu sprechen schien und Goll, je länger er lief, glauben machte, die Stadt sei wie ein Bogen Papier mehrfach zusammengefalzt und im Innern weitaus größer, als es von außen den Anschein hatte. Am Zusammenschluss dreier enger, von mageren Katzen bevölkerter Gassen blieben sie vor einem Haus stehen, dessen Außenwände, so Goll, sowohl in der Höhe als auch in der Breite nicht einen einzigen geraden Winkel aufwiesen. Sämtliche Fenster waren von innen bunt bemalt, so dass man nicht hineinsehen konnte.[5] Die beiden in Schwarz gekleideten Greise waren angesichts der Fenstergemälde in ein bewunderndes Murmeln verfallen, aber Johann Nepomuk Goll achtete nicht darauf; er war ganz in die Vorstellung versunken, wie im Innern die Wände der beireisischen Schatzkammern von der tiefstehenden und durch das bemalte Glas scheinenden Abendsonne in allen Farben zum Leuchten gebracht würden.

Anmerkungen

1 *Verzeichniß einer ansehnlichen Sammlung von mannigfaltigen großentheils kostbaren und auserlesenen Seltenheiten aus allen Reichen der Natur und Kunst in einem Zeitraume von sechzig Jahren sorgfältig zusammengebracht durch Christoph Gottfried Beireis der Arzneigelahrheit und Weltweisheit Doctor, Herzogl Braunschw. Leibarzt und Hofrath, der theoretischen und practischen Medicin, Physik, Chemie, gesammten Naturgeschichte etc. öffentlicher ordentlicher Lehrer auf der ehemaligen Julius-Carls-Universität zu Helmstedt etc. welche am 17ten Juny 1811 und folgenden Tagen öffentlich versteigert werden sollen.*

2 So schrieb beispielsweise Karl Ludwig von Knebel am 12.4.1811 an Goethe: »Indeß ist mir doch eine Erscheinung gekommen, die mehr etwas Seltsames, Vortreffliches anzeigt, als es schon giebt und dieses ist der Katalogus von des verstorbenen Beireis Wundersachen. Ohne Zweifel wirst Du ihn schon erhalten haben. Ich kann kaum hineinsehen ohne meine Seele zu kränken, daß ich nicht so manches davon besitze. Das sind Sachen, die allen Glanz der geprägten Reichthümer weit übertreffen – wenn man solche nicht nur nöthig hätte, sie zu erhalten. Ich bitte Dich auf Mittel zu denken, wie wir wenigstens eines guten Theiles derselben habhaft werden können.«

3 Der hier wiedergegebene Bericht wurde außerdem bezeugt in Johann Carl Sybel: Biographische Nachrichten über den zu Helmstädt verstorbenen Hofrath und Doktor Gottfried Christoph Beireis, Berlin 1811, sowie in Anton August Heinrich Lichtenstein: Der Hofrat Beireis in Helmstedt, Raumers historisches Taschenbuch auf 1847 (hier bes. S. 267). Die Anekdote wird nicht zuletzt auch von E.T.A. Hoffmann bestätigt; in seiner Erzählung *Der Magnetiseur* (1813) heißt es: »Ich habe nur gepaßt, ob er nicht wie Swedenborg vor unsern Augen in der Luft verdampfen oder wenigstens wie Beireis mit dem urplötzlich aus Schwarz in Rot umgefärbten Frack zum Saal hinausschreiten würde.«

4 Eine ähnliche Beschreibung der beireisischen Garderobe findet sich in der autobiografischen *Lebensgeschichte des Baron de la Motte Fouqué* (1840), in welcher Fouqué Beireis als »einen kleinen, hagren, todtbleichen Mann mit scharfen, bedeutsamen Gesichtszügen« beschreibt, »die Augen wie dunkle Funken leuchtend, seine galonirte Sammetkleidung nach altfränkischer Hofsitte, den Galantriedegen an der Seite, das hochauffrisirte Haar stark gepudert und in einen Haarbeutel auf dem Rücken zusammengefaßt.«

5 Achim von Arnim gibt im neunten Kapitel der dritten Abteilung seines Romans *Armut, Reichtum, Schuld und Buße der Gräfin Dolores* (1810) seinem Romanhelden, dem Grafen Karl, authentische Eindrücke seines eigenen Besuches bei Beireis mit auf den Weg: »Er musste durch viele Gassen gehen; endlich traf er am Zusammenstoßen von dreien auf ein schiefwinklig gebautes Haus, worin jedes Fenster aus einer einzigen Scheibe bestand, die aber alle von innen durch Malerei undurchsichtig gemacht waren.«

Orientalismus im Spiegel.
Der Swami und sein Turban

Stefanie Burkhardt

»Up, India, and conquer the world with your spirituality!«[1]
So forderte Swami Vivekananda sein indisches Publikum
bei einer Rede in Madras emphatisch auf, mit einem neuen
religiösen Selbstbewusstsein in die westliche Welt zu gehen,
um dort deren imperialistischen Ansprüchen die behauptete
eigene Überlegenheit entgegenzusetzen. Dieser Ausruf des
neohinduistischen Mönchs, der in Europa und Nordamerika
durch seine Erscheinung und seine Reden auf dem Weltparlament der Religionen in Chicago 1893 große Bekanntheit als
der Vertreter indischer Religiosität gewann, kann daher als
programmatisch für dessen Umgang mit westlicher Kultur
in einem vom Kolonialismus geprägten Kontext gelten.

Das Weltparlament der Religionen ist Schauplatz vieler
Begegnungen, die zu außerordentlich wirkmächtigen Schleifen und Knoten im europäischen und nordamerikanischen
Kontext, aber auch in vielen asiatischen Ländern beigetragen
haben. Es sei an dieser Stelle nur exemplarisch an Anagarika
Dharmapala (Ceylon) und Soyen Shaku (Japan) erinnert, die
als buddhistische Repräsentanten auf dem Weltparlament
vertreten waren und in der Folge westliche Vorstellungen von
Buddhismus entscheidend geprägt haben. Swami Vivekananda gehörte eindeutig zu den auffälligsten und populärs-
ten, zu den prägendsten Repräsentanten nicht-christlicher
Religionen in Chicago. War es das offiziell propagierte Ziel
und Ethos der Veranstaltung, die Vielfalt und Tiefe religiöser
Wahrheiten der gesamten Menschheit zu präsentieren und
gleichberechtigt miteinander ins Gespräch zu bringen, so
stellte Vivekananda das Spektakel retrospektiv kritisch so

Swami Vivekananda im Turban, 1893

dar: »The Parliament of Religion was organized with the intention of proving the superiority of the Christian religion over other forms of faith […] [and] was intended for a ›heathen show‹ before the world.«[2]

Wie es jedoch in kolonialen Diskursen an vielen Phänomenen variantenreich zu beobachten ist, so finden wir auch bei einem genaueren Blick auf Vivekananda nicht nur eindeutige Kritik oder Anerkennung solcher Hierarchisierungen, sondern allerlei Hybrides sowie vor allem eine Art gegenimperialistische Strategie der Rückspiegelung westlicher Stereotype zu ganz eigenen Zwecken. Sie verdichtet sich in seinem Auftreten, seinem Stil und ganz besonders in seiner Kleidung. In sämtlichen Zeitzeugenberichten, wie auch in späteren biografischen Schriften, wird Vivekanandas Erscheinung in Amerika nie ohne Hinweis auf seine Kleidung und deren außerordentliche Wirkung beschrieben. So heißt es beispielsweise in dessen offizieller Biografie geradezu schwärmerisch (worin sie keineswegs eine Ausnahme darstellt) zur Eröffnungssitzung des Weltparlaments:

> With them [the other representatives, S.B.] sat Swami Vivekananda, who represented no particular sect, but the Universal Religion of the Vedas, and who spoke, as will presently be seen, for the religious aspiration of all humanity. His gorgeous robe, large yellow turban, bronze complexion, and fine features stood out prominently on the platform and drew everybody's notice.[3]

Mönchsrobe und Turban wählte sich der Swami als seine Markenzeichen im Westen. In der Farbwahl – gelb, orange, bisweilen gar pink – und ihrer Materialität – feinste, glänzende Seide – waren sie nicht nur äußerst auffällig, sie gehörten darüber hinaus auch keineswegs zur üblichen Kleidung eines Mönchs oder generell eines Mannes in der bengalischen Gesellschaft am Ende des 19. Jahrhunderts. Dementsprechend war Vivekananda gerade kein ›authentischer‹ Repräsentant, er wurde aber durchaus als solcher wahrgenommen. Es erscheint daher nicht abwegig, hinter seiner Einkleidung eine gewisse Strategie zu vermuten. Der Swami war auf diese Weise nicht nur kaum zu übersehen, er bediente auch zuverlässig ein ganz bestimmtes, seit langem geprägtes westliches Bild von Indien.

Im Anschluss an das von Johann Gottfried Herder in seinen *Ideen zur Philosophie der Geschichte der Menschheit* entworfene idealisierte Indienbild imaginierten auch die Frühromantiker um Novalis und die Brüder Schlegel eine dort beheimatete Kultur, die bei ihnen vor allem durch eine überlegene Mythologie und Poesie geprägt war. Es entstand das Stereotyp des sanften, leidenschaftslos freudigen Inders, eines Weisen aus dem Morgenland, der Mythisches und Magisches in vollkommener Harmonie mit dem Natürlichen vereinigt. Der allgemeine europäische Orientalismus und Exotismus tat sein Übriges zu einer verallgemeinernden Sicht auf den ›Orient‹ als geschichtslosen Ort ohne Fortschritt und Aufklärung, aber voller Märchen und voll ursprünglicher Religiosität. Der Turban nun, wie ihn auch Swami Vivekananda seinerzeit in Chicago trug, fungiert als hervorragendes textiles Symbol solcher Fantasien. Er weckt Assoziationen an den Sultan aus *Tausendundeiner Nacht* und an die als archaisch empfundene Würde und den Reichtum der indischen Maharadschas. Er repräsentiert die romantisch verklärte Seite des westlichen Orientbildes und evoziert eine Aura von Authentizität und Autorität. Vivekanandas Mönchsrobe fügt dem die spezifisch indische Konnotation des sanftmütigen Heiligen hinzu.

An der großen Aufmerksamkeit, die Vivekananda auf dem Weltparlament der Religionen zuteilwurde, und an den verzückten Reaktionen und schwärmerischen Beschreibungen seiner Person lässt sich ablesen, wie passgenau dessen Erscheinungsbild zu den Hoffnungen und Erwartungen seines amerikanischen Publikums passte. In einem Zeitungsbericht im *Boston Evening Transcript* vom 30. September 1893 heißt es beispielsweise:

The most striking figure one meets in this anteroom is Swami Vivekananda, the Brahmin monk.[4] He is a large, well-built man, with the superb carriage of the Hindustanis, his face clean shaven, squarely moulded regular features, white teeth, and with well-chiselled lips that are usually parted in a benevolent smile while he is conversing. His finely poised head is crowned with either a lemon colored or a red turban, and his cassock (not the technical name for this garment), belted in at the waist and falling below the knees, alternates in a bright orange and rich crimson. […] It is quite apparent, however, from the deportment, the general appearance of Mr. Vivekananda that he was born among high castes — years of voluntary poverty and homeless wanderings have not robbed him of his birthright of gentleman; even his family name is unknown; he took that of Vivekananda in embracing a religious career, and »Swami« is merely the title of reverend accorded to him. He cannot be far along in the thirties, and looks as if made for this life and its fruition, as well as for meditation on the life beyond. One cannot help wondering what could have been the turning point with him.[5]

Vivekananda bediente jedoch nicht einfach naiv die westlichen Klischees. Vielmehr passte die Rolle, die ihm in dieser »heathen show« gegeben wurde, ausgezeichnet zu der Mission, für die er überhaupt nach Amerika gereist war. Wie andere Protagonisten des sogenannten Neo-Hinduismus des 19. und 20. Jahrhunderts hatte auch Swami Vivekananda ambivalente Beziehungen zu den europäischen Ansichten, mit denen er vor allem durch seine Schul- und Hochschulbildung in christlichen Einrichtungen Britisch-Indiens in engen Kontakt und Austausch zu treten gezwungen war. Das Ergebnis – eine von ihm ausgerufene Universalreligion auf den Grundlagen der Lehre seines Gurus Ramakrishna und des (vor allem von der europäischen indologischen Forschung favorisierten) Advaita Vedanta – war ein prototypisches Produkt von Mechanismen der kolonialen *contact zone*. Viele der Klischees des sanften, mythischen, weisen Indiens hatte Vivekananda übernommen und wendete sie nun gegen den Westen selbst. Indien sei in seiner religiös begründeten Toleranz und der das Christentum weit in den Schatten stellenden Weisheit und tiefen Wahrheit der Veden dem Westen weit überlegen.[6] Entsprechend tadelte er auch in Chicago die Arroganz der christlichen Missionare in Indien und deren Blindheit für die eigentliche Not des Volkes. Indien fehle es nicht an Religion, sondern an menschenwürdigen Lebensbedingungen: Nahrung, Kleidung, Obdach und Strukturen, in denen die Armen des Landes dauerhaft für ihr eigenes Auskommen sorgen könnten.[7] In einer Figur, die Auto-Orientalismus und Okzidentalismus in sich vereint, predigte er den Menschen in Amerika, das spirituelle Indien biete seine geistigen Gaben an im Tausch gegen Hilfe aus dem materialistischen Westen. Von der Qualität seines Einsatzes in diesem angestrebten Warenverkehr zwischen ›Orient‹ und ›Okzident‹ hätte er seine Geschäftspartner wohl kaum besser überzeugen können als eingehüllt in Mönchsrobe und Turban, textile Symbole für den weisen Heiligen aus dem fernen Indien.

Anmerkungen

1 Swami Vivekananda: The Work Before Us, in: ders.: The Complete Works of Swami Vivekananda, Kalkutta 2006, Bd. 3, S. 277.

2 Swami Vivekananda: The Abroad and the Problems at Home. The Hindu, Madras, February 1897, in: ders.: The Complete Works, Bd. 5, S. 211.

3 Swami Nikhilananda: Vivekananda. A Biography, Kalkutta ²⁴2010, S. 132.

4 Vivekanda war kein Brahmane, sondern Kshatria. Dieser und andere Titel wie ›priest‹ oder ›Rajah‹ wurden Vivekananda immer wieder zugeschrieben.

5 Hindus at the Fair. Boston Evening Transcript, 30. September 1893, in: Vivekananda: The Complete Works, Bd. 3, S. 471.

6 Vgl. Vivekananda: The Work Before Us, S. 269–284, insbesondere S. 274 f.: »To my mind that is the argument why our religion is truer than any other religion, because it never conquered, because it never shed blood, because its mouth always shed on all, words of blessing, of peace, words of love and sympathy. […] Ours is the religion of which Buddhism with all its greatness is a rebel child, and of which Christianity is a very patchy imitation.«

7 Vgl. Swami Vivekananda: Religion not the Crying Need of India. 20th September, 1893, in: ders.: The Complete Works, Bd. 1, S. 20: »You erect churches all through India, but the crying evil in the East is not religion – they have religion enough – but it is bread that the suffering millions of burning India cry out for with parched throats. […] I came here to seek aid for my impoverished people […].«

»Diese Kopfbedeckung nennt man Hut«. Die männliche Kopfbedeckung als Objekt staatlicher Politik in der Türkei

Sebastian Cwiklinski

In der letzten Augustwoche des Jahres 1925 besuchte der türkische Staatspräsident Mustafa Kemal Atatürk erstmals die Schwarzmeerprovinz Kastamonu, wo er an verschiedenen Orten Ansprachen hielt. In der Kleinstadt İnebolu sprach er am 28. August davon, dass die türkische Nation ihre Zivilisiertheit im Familienleben und in ihrer Lebensweise, zugleich aber auch durch ihr äußeres Erscheinungsbild demonstrieren müsse. Mit zwei rhetorischen Fragen wandte er sich an sein Publikum: »Ist unsere Kleidung national? Ist unsere Kleidung zivilisiert und international?«[1]

Die jetzige Kleidung könne man weder national noch international nennen. Sei es denn sinnvoll, einen Edelstein mit Schlamm zu bedecken und ihn dann den Blicken der Weltöffentlichkeit auszusetzen? Um ihn angemessen zeigen zu können, müsse man den Schlamm lösen und eine Fassung aus Gold oder Platin anfertigen, um das Schmuckstück zu schützen. Schließlich wurde Mustafa Kemal konkreter:

> Meine Freunde, es gibt keine Möglichkeit, die turanische Kleidung zu erforschen und wiederzubeleben.[2] Die zivilisierte und internationale Kleidung ist für uns sehr wertvoll und unserer Nation würdig. Wir werden sie tragen: an den Füßen Halbschuhe oder Halbstiefel, an den Beinen europäische Hosen (*pantalon*), außerdem Westen, Hemden, Krawatten, Hemdkragen, ein Jackett und als Vollendung von allem auf dem Kopf eine Kopfbedeckung mit Krempe, und ich möchte klar sagen: Diese Kopfbedeckung nennt man Hut.[3]

Zwei Tage später setzte Atatürk während seines abschließenden Besuchs der Provinzhauptstadt Kastamonu die in der

Rede aufgestellten Forderungen dann auch symbolträchtig in die Tat um, indem er zu einem leichten Sommeranzug einen hellen Panamahut trug.

Es mag überraschen, dass sich ein Staatschef derart eingehend mit der Kopfbedeckung seines Volkes beschäftigt, aber die Kastamonu-Reise stellte den Auftakt für eine umfangreiche Kleidungsreform dar, die wiederum einen wichtigen Bestandteil der teilweise in äußerst autoritärem Geiste durchgeführten Reformen bildete, mit denen Atatürk die Türkei modernisieren wollte. Kern der Atatürk'schen Reformen war die These, dass nur ein radikaler Bruch mit der osmanischen Vergangenheit die Türkei auf ein »zivilisiertes« Niveau heben könne. Die Neuerungen sorgten für radikale Veränderungen etwa im Bildungswesen (Vereinheitlichung des Schulwesens) und in der Sprache (Wechsel vom arabischen zum lateinischen Alphabet sowie Ersetzen des arabischen und persischen Wortschatzes durch »rein türkische« Neuschöpfungen), aber eben auch im äußeren Erscheinungsbild. Typisch für die Reformen war, dass sie oft durch symbolische, sorgfältig inszenierte Ereignisse begleitet wurden, bei denen Atatürk die Hauptrolle spielte und die den Auftakt für begleitende Maßnahmen darstellten. So brachte Atatürk etwa im Rahmen der Alphabetsreform Schulkindern eigenhändig die lateinischen Buchstaben bei, um die Einfachheit des neu eingeführten Alphabets zu demonstrieren.

In diesem Zusammenhang ist Atatürks Kastamonu-Reise zu sehen, die den Beginn der Hutreform markiert. Ihre Fortsetzung fand die Reform in dem im November 1925 verabschiedeten Hutgesetz, das die Parlamentsabgeordneten und alle Beamten verpflichtete, den »von der türkischen Nation als Kleidungsstück angenommenen« Hut zu tragen. Darüber hinaus bekräftigte das Gesetz, dass der Hut »die allgemeine Kopfbedeckung des Volkes der Türkei« sei und die Regierung die notwendigen Schritte unternehmen werde, um dem Tragen des Hutes »zuwiderlaufenden Bestrebungen entgegenzutreten«.[4]

Die Ironie der Geschichte wollte es, dass sich Atatürk in eine Tradition stellte, die er eigentlich zu bekämpfen beabsichtigte: Der Fes, den der türkische Staatspräsident als überkommen ansah und abschaffen wollte, war erst in den 1820er Jahren im Rahmen der Reformen unter Sultan Mahmut II. als obligatorische Kopfbedeckung für das Militär und die Staatsbeamten eingeführt worden und hatte sich dann im Laufe des 19. Jahrhunderts als »typisch osmanisches« Kleidungsstück eingebürgert. Atatürks Hutreform war also innerhalb von hundert Jahren der zweite Versuch, durch eine Verordnung die Wahl der Kopfbedeckung zu regulieren. Bereits in der Jungtürkischen Revolution von 1908 war der Fes zu einem verhassten Symbol geworden: Da diese Kopfbedeckung fast ausschließlich in Österreich-Ungarn produziert wurde, erklärten Nationalisten ihn zu einem Symbol der ausländischen Dominanz und propagierten stattdessen als »genuin einheimische Kopfbedeckung« die Filzmütze Kalpak, die aber über keinerlei Tradition verfügte.[5]

Schon Jahre vor dem entsprechenden Gesetz hatte Mustafa Kemal in Pressegesprächen angekündigt, dass er den Hut als Zeichen der Modernisierung einführen wolle.[6] In der gleichen Zeit gab es jedoch auch konservativ-islamische Stimmen, die den Hut als Zeichen einer beginnenden Religionslosigkeit werteten und ablehnten. Das prominenteste Beispiel war der Religionsgelehrte und Medreseninspektor İskilipli Atıf Hoca, der 1924 in seiner kleinen Denkschrift *Die Imitation der Europäer und der Hut* feststellte, dass es Muslimen verboten sei, sich durch Kleidung anderen Gruppierungen anzugleichen, und den Hut als Beispiel für diese Nachahmung ansah.[7]

Das Hutgesetz sollte die türkische Gesellschaft spalten: Während Mustafa Kemal bei vielen seiner Auftritte Hüte trug, um so die neue Modernität zu propagieren (neben Panamahüten und Borsalinos präsentierte er auch Zylinder), und an vielen Orten öffentliche Kundgebungen zum Niederlegen und Herunterreißen des Fes stattfanden, gab es vor allem im östlichen Anatolien Proteste konservativ-islamischer Kreise gegen das Gesetz, auf die die kemalistische Führung schnell und brutal reagierte: Die neu eingerichteten Unabhängigkeitsgerichte verurteilten viele Demonstranten

Atatürk mit Kalpak, ca. 1923

Atatürk mit
Panamahut, 1925

Atatürk im
Zylinder am
29. Oktober 1925

zum Tode, darunter auch Atıf Hoca, obwohl dessen Denkschrift vor Inkrafttreten des Gesetzes erschienen war und kein Haftbefehl gegen ihn vorgelegen hatte.

Während der 1926 hingerichtete Atıf Hoca in der Folgezeit für Islamisten zum Märtyrer wurde, blieb das Hutgesetz bis in die jüngste Zeit hinein eines der wichtigen Symbole für die Atatürk'schen Reformen, auch wenn es seit vielen Jahren nicht mehr angewendet wurde. Die Abschaffung des entsprechenden Strafgesetzparagrafen im März 2014 sollte dann das nur noch symbolische Ende einer Epoche darstellen, in der die Frage der richtigen Kopfbedeckung von Männern Gegenstand nationalistischer, theologischer und juristischer Debatten war.

Aus kulturwissenschaftlicher Sicht ist es aufschlussreich, dass gerade der männlichen Kopfbedeckung im Laufe von zwei Jahrhunderten im Osmanischen Reich und in der Türkei von Vertretern der unterschiedlichsten Weltanschauungen eine herausragende Rolle zugeschrieben wurde und sich hier Islamisten und Kemalisten ausnahmsweise einmal einig waren.

Anmerkungen

1 Mustafa Kemal Atatürk: Rede in İnebolu vom 28.08.1925, in: Atatürk'ün Söylev ve Demeçleri (1906–1938) (Türk İnkılâp Tarihi Enstitüsü Yayınları 1) Bd. 2, Ankara 1997, S. 218–222, hier S. 220 [übers. von S.C.].

2 Hier bezieht sich Atatürk auf die Versuche der Kemalisten, die Ursprünge einer ›genuin türkischen‹ Kultur in Turan zu finden, der mythologisch verklärten Urheimat der Türken, die aus der iranischen Mythologie entlehnt wurde.

3 Mustafa Kemal Atatürk: Rede in İnebolu vom 28.08.1925, S. 220 f.

4 Şapka İktisası Hakkında Kanun [Gesetz über das Tragen des Hutes], Gesetz Nr. 671, Resmî Ceride Nr. 230 vom 28.11.1925, S. 691 [übers. von S.C.].

5 Vgl. Orhan Koloğlu: İslamda başlık, Ankara 1978, S. 79 f.

6 Y. Doğan Çetinkaya: 1908 Osmanlı Boykotu. Bir Toplumsal Hareketin Analizi, İstanbul 2003, S. 146–152.

7 Atif Efendi: Frenk Mukallitliği ve şapka, İstanbul 1340 (1924). Vgl. auch Martin Strohmeier: İskilipli Âtıf Hoca. Osmanischer ʿālim und ›Märtyrer‹ der islamistischen Bewegung in der Türkei, in: Sabine Prätor, Christoph K. Neumann (Hg.): Frauen, Bilder und Gelehrte. Studien zu Gesellschaft und Künsten im Osmanischen Reich, Festschrift Hans Georg Majer, Bd. 2, Istanbul 2002, S. 629–650.

Der Männerhut der Marguerite Donnadieu

BIRGIT GRIESECKE

Süd-Vietnam zur Zeit, als es von den französischen Kolonisten *Cochinchine* genannt wurde, genauer gesagt, im Jahr 1930. Gerade ist im Norden des Landes der Aufstand von Yên Bái gegen die Repressalien der Fremdherrschaft blutig niedergeschlagen worden. Immer neue Rebellionen und Sanktionen erschüttern das ganze Land.

An der Reling einer Fähre, die einen Nebenarm des Mekong überquert, lehnt eine Fünfzehneinhalbjährige und schaut in den Strom. Sie macht diesen Weg oft, denn sie pendelt zwischen einem französischen Pensionat und Gymnasium in Sài Gòn und einem vietnamesischen Schulhaus in Sa Đéc, in dem ihre Mutter unterrichtet und wohnt. Sie ist aus dem überfüllten Bus gestiegen, denn jedes Mal überfällt sie die Angst, die Seile der Fähre könnten reißen und sie würde mitgerissen werden in dieser gewaltigen Strömung, ins Meer, das nicht mehr weit ist. Im Blick auf den wilden Fluss, der sich durch das endlos flache Land zieht, durch die »Ebene der Vögel«, will sie des letzten Augenblicks ihres Lebens gewahr werden; immer wieder.

Sie ist klein, sie ist weiß. Sie ist eine »kleine Weiße« in mehrfachem Sinn: Schmal und schmächtig von Statur, das ist das eine. Aber auch ihre Herkunft macht sie zu einer der »petits blancs«, jener Franzosen, die in der Kolonie in nicht-privilegierten Ämtern arbeiten und somit weder zur begüterten bürgerlichen Schicht gehören noch zu den ›Annamiten‹, den Einheimischen. Die Armut ihrer Familie lässt sich leicht erkennen. Nicht nur daran, dass die Halbwüchsige mit dem ›Eingeborenen-Bus‹ reist, sondern auch daran, dass das helle Kleid aus Rohseide verblichen und verschlissen ist.

Nicht weniger die hochhackigen Abendschuhe aus Goldlamé, die sie eigenwilligerweise auf ihrem Weg zurück ins Gymnasium Chasseloup-Laubat trägt. Aber nicht die Schuhe sind das Ungewöhnliche, das Unerhörte an der Aufmachung der Kleinen an diesem Tag. Das, was an diesem Tag zählt, ist, dass die Kleine einen Männerhut mit flacher Krempe auf dem Kopf trägt, einen weichen rosenholzfarbenen Hut mit breitem schwarzem Band.

Das Entscheidende, die Zweideutigkeit des Bilds, liegt in diesem Hut.

> Wie er in meinen Besitz gelangt ist, habe ich vergessen. Ich weiß niemanden, der ihn mir hätte geben können. Ich glaube, meine Mutter hat ihn mir gekauft, auf meinen Wunsch. Einzige Gewißheit, es war ein billiger Ladenhüter. Wie der Kauf zu erklären ist? Keine Frau, kein junges Mädchen trägt zu dieser Zeit in dieser Kolonie einen Männerhut. Auch Eingeborene nicht. Es muß sich folgendermaßen zugetragen haben, ich werde den Hut einfach so zum Spaß aufprobiert, mich im Spiegel beim Händler betrachtet und dabei festgestellt haben: unter dem Männerhut ist die unangenehme Winzigkeit meiner Gestalt, dieser Makel der Kindheit, zu etwas anderem geworden. Sie hat aufgehört, eine brutale, fatale Gegebenheit der Natur zu sein. Sie ist, ganz im Gegenteil, zu etwas der Natur Widersprechendem geworden, zu einer Wahl des Geistes, plötzlich, gewollt. Plötzlich sehe ich mich, wie eine andere, wie eine andere gesehen würde, von außen, die allen zur Verfügung steht, allen Blicken zur Verfügung, dem Kreislauf der Städte, der Straßen, des Begehrens anheimgegeben. Ich nehme den Hut, ich trenne mich nicht mehr von ihm, ich habe ihn nun, diesen Hut, der allein meine ganze Erscheinung ausmacht, ich lasse nicht mehr von ihm.[1]

Dieser Hut hier ist nicht das auftrumpfende Utensil einer Garçonne in Indochina; nicht die fröhliche Kopie einer Kiki de Montparnasse am Delta des Mekong. Unter dem Hut trägt die »kleine Weiße« keinen Kurzhaarschnitt, sondern die langen geflochtenen Zöpfe der Kindheit. Auch ist dieser Herrenhut kein Ausdruck persönlicher Verbundenheit – etwa so, wie später Anna Freud den Mantel ihres verstorbenen Vaters tragen wird. Im Gegenteil. Diese Reisende mit Hut, schon jetzt eine Halbwaise, wird sogar den Namen ihres Vaters ablegen.

Jane March und Tony Leung in *Der Liebhaber (L'amant)*, 1992

Tatsächlich ist dieser weiche rosenholzfarbene Filzhut vor allem eines: zweideutig. Auf dem Kopf des ärmlich gekleideten mageren Mädchens wird er, angestaubter Import einer bürgerlich-europäischen Kultur und ihrer ausgreifenden Macht, unterminiert und in eine erotische Herausforderung uminterpretiert. Das Symbol eines in die Jahre gekommenen kolonialen Konzepts, das alle Anzeichen des Verfalls aufweist, wird zum Requisit eines extravaganten *coming of age*.

Die »kleine Weiße«, Figur einer autobiografisch-poetischen Komposition, rebelliert nicht, etwa indem sie sich den kegelförmigen Strohhut, *nón lá*, der Vietnamesen aufsetzen würde. Zwar ist sie, geboren in Gia Định bei Sài Gòn und an wechselnden Orten der Mekong-Ebene mehr vietnamesisch als französisch groß geworden, in der ungeheuren Freiheit, die eine in ihrem eigenen Unglück kreisende Mutter ihr und den beiden Brüdern ließ (tagelang sind sie barfuß unterwegs, im Wald und auf den Flüssen, spielen und sprechen mit den einheimischen Kindern in deren Sprache, essen mit ihnen eine karge einheimische Kost, so dass ihre Mägen untauglich werden für französische Gerichte), aber ein *going native* durch die Wahl eines indigenen Kegelhutes, ein politisches Zeichen, liegt ihr nicht nahe. Stattdessen sucht sie ihren Weg hinaus aus der gesellschaftlich festgefügten Welt, die sie umgibt, auf der Spur des Begehrens, der Lust.

Auf dieser Fähre, während dieser Überfahrt, gewinnt »die Kleine« einen Liebhaber. Einen reichen, einen sehr reichen Mann. Er ist europäisch gekleidet, jedoch ist er Chinese. Huynh Thoai Lê steigt aus seiner Limousine und stellt sich neben sie an die Reling. Seine Hand zittert, als er ihr eine Zigarette anbietet – wissend, dass das Geld aus Immobiliengeschäften die Schwelle zwischen einem Asiaten und einer Europäerin nicht einebnet. Ihr Hut, sagt er, stehe ihr gut. Er sei originell. Ob er sie vom Fähranleger aus nach Sài Gòn bringen dürfe. Er darf.

Dieser Hut stellt die koloniale Ordnung auf den Kopf. Nicht ein Europäer nimmt sich eine asiatische Geliebte und hält sie aus. Nein, eine nahezu mittellose Weiße, halb noch ein Kind, tritt rückhaltlos entschlossen in das Spiel der Geschlechter ein, beginnt ein Verhältnis mit einem doppelt so alten asiatischen Mann, der die Familie Donnadieu finanziell unterstützen wird. Das Geld wird angenommen, das Verhältnis wird verleugnet und abgestritten. Ein Chinese – *ça non!*

Der chinesische Liebhaber ist von Anfang an ein Liebender. Die, die er liebt, will von Anfang an die Beziehung auf eine von Individualität entlastete Gemeinschaft von Lust und Leidenschaft festlegen – und spürt, dass dies nicht gelingen wird. Nicht konventionell und nicht kapriziös, nicht romantisch und nicht banal, nicht vulgär und nicht raffiniert, nimmt hier eine seltsame, eine seltsam innige Liebesgeschichte ihren Lauf – eine, die nirgendwo hingehört, die in der Schwebe bleibt, ihrer eigenen Anstößigkeit enthoben.

Die Liaison findet anderthalb Jahre später ihr Ende, als Marguerite Donnadieu nach Europa eingeschifft wird, um sie in Paris Mathematik studieren zu lassen. Huynh Thoai Lê wird mit einer Chinesin verheiratet. Gesellschaftlich sanktionierte Erwartungen und Erwartbarkeiten haben das Regime wieder übernommen.

Irgendwann während oder nach der Schiffspassage wird Marguerite Donnadieu ihren Männerhut vom Mekong beiseitegelegt haben. Vielleicht, als sie spürte, dass sie sich das, was der Hut ihr verlieh, diese verlockende Freiheit zur Ambiguität, selbst erschaffen kann. Auf dem Weg dorthin musste sie ein Weiteres ablegen: ihren Namen, verbraucht in einer auseinandergebrochenen Familie, in Schule und Pensionat. Ein ererbtes halbverfallenes Schloss in der Gascogne schenkt ihr einen neuen Namen in okzitanischer Sprache: Duras, das bedeutet ›Festung‹. Die Räume jedoch, die sie sich nun erschreiben wird, sind weit davon entfernt, sich in den Mauern eines gut bewehrten Ortes zu halten. Es wird ein entgrenztes, ein unabsehbares Land sein, voller Übergänge, Zwischenräume und Durchlässigkeiten. Vier Jahrzehnte lang wird sie an und in diesem »Durasien« (»la Durasie«[2]) schreiben, bevor sie sich in einer ingeniösen autobiographischen Schrift daran macht, »das absolute Bild« (so der ursprüngliche Titel von *L'amant)* ihrer selbst zu offenbaren: eine Fünfzehneinhalbjährige mit einem rosenholzfarbenen Männerhut an der Reling einer Fähre auf dem Mekong. »Es ist das einzige Bild von mir, das mir gefällt, das einzige, in dem ich mich wiedererkenne und welches mich entzückt.«[3]

Anmerkungen

1 Marguerite Duras: Der Liebhaber [L'amant, 1984], Frankfurt/Main 1995, S. 21–23.
2 Claude Roy: Duras tout entière à la langue attachée, in: Le Nouvel Observateur, 31.8.1984, S. 66 f.
3 Duras: Der Liebhaber, S. 7.

School Knickers und das einfache Leben

Tobias Robert Klein

Es sind weit mehr als jene sprichwörtlichen Siebensachen, die ein ghanaischer Oberschüler beim Eintritt in eines der zahlreichen Internate des Landes mitzubringen hat. Ein zuvor ausgehändigter »prospectus« verzeichnet so nützliche und notwendige Dinge wie Bügeleisen, Wassereimer, Buschmesser, Scheuerbürste, Schaumstoffmatratze und einiges andere mehr. Was die Bekleidung betrifft, so findet sich auf dieser Liste neben »white trousers for church service« und »khaki trousers« auch ein ausdrücklich mit dem Zusatz »school supply« versehenes »pair of khaki shorts«: Bis heute identifizieren sich »school boys« in Ghana durch sowohl den klimatischen Bedingungen als auch einer impliziten sozialen Hierarchie genügende kurze Hosen, für die sich im informellen Idiom die Bezeichnung *school knickers* durchgesetzt hat.

> Students shall always appear simply and neatly dressed and unless for special occasions like cultural activities and drama, shall not be allowed to wear expensive and fanciful articles. Students shall put on ONLY school uniform for coming to or going out of school. Students who wear unauthorised attire shall have them confiscated and sent to the needy.[1]

Hinter einer derartigen Kleiderordnung steht ein hier allenfalls anzureißendes Knäuel sich überlagernder historischer und sozio-kultureller Motive. Seit den 1860er Jahren etablierten Missionsgesellschaften und später auch die zunächst zurückhaltender agierende Kolonialverwaltung in den britischen Kolonien Westafrikas Grund- und Sekundarschulen. Ihre gemeinsame Vorliebe für den Aufbau von Internaten resultiert in einer spartanischen und allmählich durch indi-

Ghanaische Schüler in Schuluniform, 1925

gene Wertsysteme überformten Version der *public school*. Der von engen Freundschaften, aber auch strikter Disziplinierung und scharfem Wettbewerb zwischen Häusern, Klassen und *dormitories* geprägte Alltag in den *boarding houses* bestimmt bis heute die Sozialisation weiter Teile der fragmentierten Mittelschichten Ghanas.

Deutlich lässt sich anhand der historisch einzigartigen Sammlung von Bilddokumenten der an der Goldküste aktiven Basler Missionsgesellschaft ein Wandel in der Uniformierung der Schüler beobachten. War die Kleidungsnorm lange Zeit an die schweren Anzüge der Lehrer angelehnt, so erscheinen in dezidierter Abgrenzung dazu seit den 1920er Jahren kurze Hosen als de rigueur. Dabei fordert aber keineswegs nur das tropische Klima seinen unerbittlichen Tribut: Das in der kolonialen Gesellschaft auf (un-)mittelbare Resonanz stoßende protestantische Männlichkeitsideal der Basel Mission Society erweitert sich in jenen Jahren durch intensive Sport- und Scoutingaktivitäten. Eingang in die als »training site for particular regimes of domesticity, cleanliness and order« konzipierten Internate finden sie umso leichter, als diese damals beginnen, ihren Fokus auf die Produktion von »skilled labour« anstelle von »educated clerks« zu richten.[2]

Gleich mittelalterlichen Abteien führen *boarding schools* ein von der Außenwelt durch ein komplexes System kultureller Codes und Konventionen separiertes Eigenleben. Neulinge etablieren ein besonderes Verhältnis zu einem »school father« (bzw. einer »school mother«), der sich ihrer Belange annimmt und für den sie Wasser schöpfen, bügeln oder Gänge erledigen, so dass sich das charakteristische *fagging* der britischen Internate, wonach jüngere Schüler als Bedienstete für die älteren Schüler arbeiten müssen, gleichsam im Zuge einer (groß-)familiären Hierarchie vollzieht. Heute wie in den 1960er Jahren heben sich dabei aber allenfalls die ältesten Jahrgänge und/oder Präfekten auch durch ihre Uniform von den »juniors« ab:

> The status of »student« is marked by the short pants for »school boys« and short, naturally cut hair for »school girls«. The status of »junior« or »senior« student was less visible in dress as prescribed

by school regulations except in the case of Sixth Formers who were distinguished by different colored shirts and long pants in the case of the boys and different colored dresses worn by the girls. The wearing of long pants to classes by fifth formers had become commonplace though not officially recognized.[3]

Sowohl die Verwaltung der damaligen britischen Kronkolonie Gold Coast als auch die Regierung des dann ab 1957 unabhängigen Ghana unter dessen erstem Präsidenten Kwame Nkrumah dehnte diese vielfach unausgesprochene, alltagspraktisch aber umso effektivere Hierarchie auf das z.T. ebenfalls zum Tragen einer Uniform angehaltene Lehrpersonal aus. Eine Reaktion schien überfällig, doch erst vier Jahre nach Nkrumahs Sturz am 24. Februar 1966 entfaltet sich in der kurzlebigen zweiten Republik hierzu eine öffentliche Debatte. Die regierungseigene *Ghanaian Times* kommentiert im Mai 1970 die Weigerung der Ghana National Association of Teachers, einer für die Grundschullehrer des Landes noch immer verbindlichen Uniformpflicht weiterhin nachzukommen:

For some time now elementary school teachers all over the country seem to be highly fashion conscious and are, therefore, unwilling to go about their work in the present prescribed uniforms – black shorts and white shirts. Most of these teachers contend that they are humiliated in those uniforms as they, according to them, appear almost like school-children whenever they put on the black shorts.[4]

Im Anschluss an diese Situationsbeschreibung müssen sich die rebellischen Pädagogen indessen belehren lassen, dass ihre Uniform ähnlich wie die Kleidung der Geistlichen, Polizisten oder Armeeangehörigen schon deshalb als unverzichtbar zu betrachten sei, da sie exakt dem für den informellen Lehrplan zentralen Ideal der »simplicity« und »humility« entspreche:

Simplicity in the appearance of teachers is of vital importance as that can have some psychological influence over the children they teach. […] That is to say, the teacher should make the children feel, that he is just like one of them: while he is of course, still apt and diligent, his attitude in every way must be that of the most humblest and simplest person, otherwise the children would not understand him.[5]

Durch Leserbriefe und Statements des Erziehungsministers, der sich durch die einseitige Entscheidung des Lehrerverbands brüskiert fühlte, setzte sich die Debatte noch über mehrere Wochen fort. Heute erstreckt sich die Pflicht zum Tragen der durch ihr Design von *casual wear* deutlich abgesetzten Uniformshorts – abgesehen von den Insassen der Gefängnisse, denen sie auf diese Weise ebenfalls den Status »boy« zuerkennt – nur noch auf die Schüler des Landes. An solchen Institutionen, die selbst für den Abschlussjahrgang keine langen Hosen vorsehen, werden sie noch während der wochenlangen und nervenaufreibenden Abschlussprüfungen getragen. Nicht wenige Kandidaten entledigen sich ihrer Uniform noch an ihrem letzten Schul- und Prüfungstag, den sie mit einer unbeschreiblichen Melange aus Freude und Abschiedswehmut durchleben. Aber es gibt auch Alumni, die ihre Shorts ebenso wie das in einer spezifischen Farbe gehaltene *school shirt* in nostalgischer Anhänglichkeit an ihre Alma Mater über viele Jahre aufbewahren.

Anmerkungen

1 Okuapemman School, Akropong/Akuapem: Disciplinary Rules and Regulations for Students, o. J., S. 2. Die hier zitierte Broschüre stammt aus den 1990er Jahren.
2 Stephan F. Miescher: Making Men in Ghana, Bloomington 2005, S. 64–76.
3 Penelope Mary Roach: Socialization and social change: Case study of the student society in a coeducational secondary school in Ghana, Phil. Diss. Columbia University 1970, S. 156 f.
4 Edward T. Osabutey: Why teachers must use uniforms, in: Ghanaian Times, May 16th 1970.
5 Ebd.

Gedanken zur sowjetischen Schuluniform

Franziska Thun-Hohenstein

Die Schuluniform ist bis heute umstritten. Befürworter betonen, sie überbrücke soziale Unterschiede, nivelliere den Konkurrenzdruck durch die Fixierung auf teure Markenartikel und fördere so den Zusammenhalt der Kinder untereinander. Kritiker hingegen sehen in der Schuluniform ein Instrument der Disziplinierung und folglich das Bestreben, Kindern ihre Individualität zu nehmen.

Von solchen gegensätzlichen Deutungen ahnt das Mädchen auf dem alten Klassenfoto einer Moskauer Schulklasse von 1960 oder 1961 nichts. Es unterscheidet sich äußerlich nicht von den anderen Kindern (siehe Abb. 1). Zu sehen ist ein typisches russisches Klassenzimmer jener Jahre mit alten, schwarzlackierten Bänken und dem unvermeidlichen Lenin-Porträt an der Stirnseite. Das Foto könnte im Frühjahr entstanden sein, denn auch die Wandzeitung im Hintergrund ist Lenin gewidmet, dessen Geburtstag am 22. April in der Sowjetunion feierlich begangen wurde. Niemand käme beim Anblick dieses Fotos auf den Gedanken, ein Kind dieser Klasse könnte aus dem Ausland stammen. Durch die einheitliche Schulkleidung fällt das Mädchen als einzige Ausländerin optisch nicht auf. Es gehört einfach dazu, fühlt sich aufgehoben inmitten ihrer Mitschüler, mit denen es seit der Einschulung in eine Klasse geht. Auf den heutigen Betrachter indes wirkt das Foto durch die Schuluniform eher bedrückend. Zwar verbirgt das Schwarz-Weiß-Foto die Farben, dennoch erkennt man die überwiegend dunklen Farbtöne der Kleidung, vor deren Hintergrund sich die hellen – weißen – Kragen der meisten Mädchen und einiger Jungen, die weiße Bluse der Lehrerin und, weniger markant, das Rot einiger Pionier-

Abb. 1   Dritte Klasse in Schuluniform, Moskau 1960/61

halstücher abzeichnen. Der eher strenge Gesamteindruck
wird noch dadurch verstärkt, dass die Uniform der Jungen
deutlich militärische Züge trägt.

Schuluniformen sind weder eine sowjetische noch eine
russische Erfindung. Verbreitung fand die Schuluniform
offenbar von britischen Privatschulen aus, an denen sie erstmals im 16. Jahrhundert aufkam und deren Elitecharakter
unterstreichen sollte. In einigen Staaten des Commonwealth
wie in Australien, Neuseeland oder Südafrika ist die einheitliche Schulkleidung nach wie vor Pflicht. Auch in anderen
Ländern geht ihre Grundform auf europäische Vorbilder
zurück. Zu den bekannten Beispielen zählt die Schuluniform japanischer Mädchen an Privatschulen – eine stilisierte
Variante des Matrosenanzugs, der europaweit bis ins 20.
Jahrhundert hinein eine beliebte Form der festlichen Kinder-
bekleidung war. Generell werden in Ländern, in denen heute
landesweite Vorschriften für eine einheitliche Schulkleidung
existieren, diese an staatlichen Schulen weniger streng befolgt
als an privaten. In Deutschland kannte man (mit Ausnahme

einiger Privatschulen) keine Schuluniform. Sieht man von Militärschulen ab, waren einzig für Jungen Schülermützen üblich, an denen die Zugehörigkeit zu einer bestimmten Schule bzw. einem Gymnasium erkennbar war. Vor einem knappen Jahrzehnt erfolgte zwar ein Vorstoß, auch an einigen öffentlichen Schulen eine *Schulkleidung* einzuführen, wobei allein schon die Begriffswahl eine Abkehr von der umstrittenen *Schuluniform* signalisieren sollte. Die Schüler sollten aus einer speziell entworfenen Kollektion auswählen, um eine vorgeschriebene Uni-Form für alle zu vermeiden. Bundesweit durchsetzen konnte sich die Initiative nicht.

Beim Anblick des alten Klassenfotos liegt der Gedanke nahe, die sowjetische Schuluniform sei prägnantes äußerliches Merkmal eines Schulsystems, das den einzelnen vollständig der gesichtslosen Masse bzw. dem Kollektiv unterordnete. Dabei sollte nicht übersehen werden, dass sich in der Art und Weise des persönlichen Umgangs – sorgsam oder provokativ missachtend – durchaus auch verschiedene Einstellungen gegenüber dem intendierten Erziehungsziel manifestieren konnten. Seltsamerweise tauchte der Begriff ›Uniform‹ im russischen Sprachgebrauch der Sowjetzeit bezogen auf die Schule nicht auf, die Rede war vielmehr von der ›Schulform‹ (škol'naja *forma*). Auch in ihrer Vorgeschichte stößt man auf Paradoxes: Es scheint, als wäre die vorrevolutionäre Gymnasialuniform, die nach der Revolution von 1917 aus dem Schulbild verschwand, unter Stalin in den Alltag zurückgekehrt. Im Russischen Imperium wurde die einheitliche Schuluniform für Gymnasiasten – russisch: *mundir* (von ›Montur‹ bzw. Uniformrock) – 1834 eingeführt, im Zuge der Kodifizierung von Ziviluniformen für Staatsbeamte. Eine entsprechende Verfügung für Mädchen folgte erst Ende des 19. Jahrhunderts. Die Genderrollen in dieser Kleiderordnung für die höhere Schule waren klar erkennbar: Die militärisch anmutende Uniform der Jungen (ein hochgeschlossener Uniformrock mit Stehkragen, darüber ein Gürtel mit großer Koppel, der Uniformmantel und die Schirmmütze) verwies auf die angestrebte Disziplinierung von Körper und Seele des Schülers, auf seine mannhafte Ertüchtigung als Erziehungsziel. Demgegenüber wirkte die schwarze Schürze, die die Mädchen über ihrem braunen (in den unteren Klassen mitunter auch dunkelblauen) Kleid trugen, wie ein Hinweis auf ihre künftige Rolle als Hausfrau. Bei festlichen Anlässen wurde die schwarze Schürze gegen eine weiße ausgetauscht. Klösterliche Strenge gepaart mit der Reinheit der weißen Farbe – dieses Bild unschuldiger junger Mädchen schien wie gemacht, um männliche Begehrlichkeiten zu wecken.

Die Revolution setzte das aristokratische bzw. bürgerliche Erziehungsprogramm außer Kraft. In neueren russischen Arbeiten ist davon die Rede, dass die Sowjetmacht, die das gesamte gesellschaftliche Leben von Grund auf umkrempelte und eine neue Ordnung errichtete, die einheitliche Schulkleidung 1918 offiziell mit dem Argument abgeschafft habe, sie sei ein ›bürgerliches Überbleibsel‹ und Symbol der Unfreiheit des Schülers. Die entsprechende Verordnung des Rates der Volkskommissare enthält aber nur den Vermerk, dass die Versorgung der Schüler der neuen sowjetischen Einheitsschulen mit Kleidung und Schuhwerk zu gewährleisten sei. Folgt man der Kulturhistorikerin Svetlana Leont'eva, so gibt es keinen Beleg für eine formale Abschaffung der Schuluniform. Vielmehr sei sie im Zuge der 1918 verfügten radikalen Schulreform weggefallen.[1]

Auch für die Wiedereinführung einer Schuluniform in der Sowjetunion lässt sich kein klares Datum fixieren. Es ist kein Zufall, dass sich mit der zunehmenden Militarisierung der sowjetischen Gesellschaft unter Stalin Mitte der 1930er Jahre erste Hinweise für ein stärkeres Interesse der politischen Macht an der Schuluniform als äußerlich sichtbarem Instrument von Disziplin und Ordnung an den Schulen finden. Der Beschluss des Rates der Volkskommissare der UdSSR und des ZK vom 3. September 1935 zur Organisation der Arbeit in den Schulen enthält die Forderung, beginnend mit dem Jahr 1936 vor allem in den Schulen von Moskau, Leningrad, Kiew, Charkow und Minsk eine »einheitliche Kleidungsform für die Schüler der Grundschulen und Mittelschulen« einzuführen. Umgesetzt wurde dieser Beschluss seinerzeit nicht.

Erst ab Ende der 1940er Jahre und vor allem in den 1950er Jahren setzte sich die Schuluniform durch, wobei der Rückgriff auf altbekannte Stereotype der vorrevolutionären russischen Gymnasialuniform wohl eher spontan erfolgte. Die schwierige Nachkriegssituation führte in vielen entlegenen Regionen der Sowjetunion jedoch dazu, dass oftmals an andere Kleidungsstücke (etwa Trainingsjacken oder Pullover) weiße Kragen angenäht wurden, um die nicht vorhandene Schuluniform zu ersetzen. In der Hauptstadt Moskau prägte die Schuluniform zu dieser Zeit bereits das Stadtbild. Die Mädchen trugen im Alltag dunkelbraune Kleider mit weißen Kragen, weißen Manschetten und schwarzen Schürzen. Bei festlichen Anlässen musste die Schürze weiß sein. Die strenge Farbregelung betraf auch die Haarschleifen, die Anfang der 1950er Jahre aufkamen und im normalen Schulbetrieb ebenfalls nur schwarz oder braun zu sein hatten. Das festliche Weiß bildete die Ausnahme zu besonderen Anlässen (siehe Abb. 2). Lange Zeit blieb die weiße Schleife das einzige Element, auf das sich die individuelle Phantasie und das Bemühen um Originalität der Eltern bzw. der Mädchen in den oberen Schulklassen konzentrieren konnten. Allerdings war der Schnitt der Kleider nicht präzise festgelegt, weshalb die im Handel erhältlichen Modelle durchaus Unterschiede aufwiesen. Bei der dunkelgrauen militärischen Uniform der Jungen gab es keinerlei Spielraum für Variationen. Sie bestand aus einem uniformartigen, nicht ganz durchgeknöpften Oberteil, das über die Hose getragen wurde und durch einen Gürtel mit einer Koppel um den Körper gestrafft werden musste (Falten waren nur hinten erlaubt, vorne sollte das Oberteil immer glattgezogen sein). Ergänzt wurde die Uniform durch eine Schirmmütze mit einer Art Emblem.

Ab Anfang der 1960er Jahre gab es mehrere Reformen, die vor allem den militärischen Charakter der Uniform der Jungen zurücknahmen. Die Schulkleidung der Mädchen blieb jahrzehntelang nahezu unverändert, wenngleich den Sowjetrepubliken zunehmend größere Eigenständigkeiten bei den Schnitten zugestanden wurden. Großer Beliebtheit erfreuten sich daher Modelle aus jeweils anderen Sowjetrepubliken. In

Abb. 2   Festliche Schuluniform der Sowjetunion

den 1980er Jahren erlaubten sich die Schülerinnen und Schüler (vor allem der oberen Klassen) immer größere Freiheiten im alltäglichen Gebrauch der Schuluniform und weigerten sich vielfach, diese überhaupt zu tragen. Schließlich wurde sie nach dem Zerfall der Sowjetunion in Russland 1992 offiziell abgeschafft. Zwanzig Jahre später nahm die Duma ein Gesetz an, das das Tragen einer Schulkleidung erneut vorschreibt. Allerdings wird betont, es handele sich nicht um eine streng einheitliche Schuluniform, sondern um eine Art Dresscode, der sich an den Gepflogenheiten des heutigen Business-Stils orientieren solle.

Die auf dem alten Klassenfoto zu sehende Schuluniform gehört längst zu den emblematischen Zeichen sowjetischer Kindheit nach 1945, die einem immer wieder auf alten Schulfibeln oder Plakaten, in Spielfilmen oder privaten Fotoalben begegnet und an die man sich mit innerer Abwehr oder auch mit nostalgischen Untertönen erinnert. So verwundert es nicht, dass einige ihrer Kleidungsstücke (vor allem die weiße Schürze) zu einem beliebten Attribut des postsowjetischen Retrostils avancierten. Elementen dieses affektiv besetzten Zeichencodes konnte man in den letzten Jahren mitunter in der Party- oder Hochzeitskleidung begegnen.

Anmerkungen

1 Vgl. Svetlana Leont'eva: Sovetskaja škol'naja forma: kanon i povsednevnost' [Die sowjetische Schuluniform: Kanon und Alltag], in: Teorija mody [Theorie der Mode] 9 (2008), S. 47–79.

Unterwäsche im Moskauer Untergrund

Margarete Vöhringer

Während einer Recherchereise nach Moskau im Sommer 2014 fiel mir auf, dass in den Transferbereichen der U-Bahn-Stationen unverblümt und in riesigen Mengen Damenunter-wäsche ausgestellt und verkauft wurde. Nahezu jeder Kiosk hatte einen Großteil seiner Regale mit schwarzen oder weißen Spitzenhöschen und Unterhemden dekoriert. Aufgezogen auf Teile von Schaufensterpuppen hingen sie da, oft schon ausgepackt, als könnte man sie direkt anziehen. Nicht, wie sonst üblich, Zigaretten wurden im Vorbeigehen feilgeboten und auch nicht Zeitungen, nein – ausgerechnet Unterwäsche kam hier zwischen Socken und Chips in die Auslage. Dabei ist Unterwäsche doch der am besten gehütete Teil unserer Kleidung. Verborgen unter all der Oberbekleidung, ist sie selten Gegenstand von Gesprächen, geschweige denn, dass wir sie in der Öffentlichkeit zeigen würden. Sie ist das Ver-drängte unserer sonst dem Schmuck und der Verkleidung dienenden Stoffe. Wer in aller Welt kauft zwischendurch und im öffentlichen Gedränge Unterwäsche? Und warum wird Unterwäsche gerade in einer solchen Umgebung gehandelt, im kalten Neonlicht des Moskauer Untergrunds?

Auch meine russischen Kollegen wussten keine Ant-wort auf diese Fragen. Sie fühlten sich selbst unangenehm berührt, wenn sie an dieser aufreizenden Wäsche vorbei müssten, meinten die einen; das sei nur eine Reaktion auf den zu Sowjetzeiten herrschenden Mangel an Luxus, sagten die anderen. Das Argument, dass das öffentliche Zurschau-stellen von intimer Bekleidung als ein Zeichen von Luxus gelten soll, klingt nicht sehr überzeugend. Zu ärmlich sind dafür die Verkaufsbuden, zu profan ist die Umgebung mit

Kiosk im Transferbereich
der U-Bahn-Station ›Lenin-
Bibliothek‹, Moskau 2014

all den eiligen, sich anrempelnden Reisenden. Vielleicht hilft ein Blick in die russische Geschichte, um das Rätsel der Unterwäsche zu lösen.

Diese ist tatsächlich vor allem für ihre Knappheit an Waren bekannt. Mit Einführung des Sozialismus gab es in den Läden lediglich ein Modell in nur sechs Größen, das meist rasch ausverkauft war. Menschen mit Beziehungen kamen auf Umwegen an Importware heran, die dann wiederum streng geheimgehalten werden musste. Wie für alles andere auch hatte man für Unterwäsche in der Sowjetunion lange anzustehen oder weit zu reisen. Schicke Verpackungen wurden keine verwendet, Anprobekabinen gab es auch nicht. Schließlich war man Teil eines Kollektivkörpers, dem die wenigen standardisierten Modelle schon irgendwie passten. Werbung war gar nicht erst nötig, da die Nachfrage das Angebot weit überstieg.[1] So gesehen weist die aktuelle Moskauer U-Bahn-Unterwäsche sowohl Kontinuitäten als auch Brüche zur Sowjetkultur auf: Auch heute wird die Wäsche, zumindest teilweise, unverpackt verkauft; auch heute kann man sie auf den kalten Fluren vor den Kiosken nicht anprobieren. Aber Anstehen oder weites Reisen ist nicht nötig – man kauft sein Unterkleid quasi *on the run* und ganz und gar nicht im Geheimen, sondern in aller Öffentlichkeit, an Orten, die sich zwar im Untergrund befinden, die täglich zu betreten aber kaum ein berufstätiger Moskauer umhinkommt.

Vielleicht rührt mein Unverständnis genau aus solchen kulturellen Differenzen, die durch mich, eine Besucherin aus Deutschland, noch zusätzlich verstärkt werden. Schließlich unterscheidet sich die russische Geschichte der Unterwäsche deutlich von der Deutschlands beziehungsweise des ganzen kapitalistischen Westens. So zumindest stellt es eine Ausstellung zur Geschichte der sowjetischen Unterwäsche dar, die 2001 mit dem Titel *Das Gedächtnis des Körpers* zweihundert Kleidungsstücke ›für drunter‹ präsentierte. Der Kuratorin Ekaterina Degot zufolge zeugt die westliche Damenunterwäsche zum einen von der Emanzipation der Frau und zum anderen von der fortschrittlichen Entwicklung der Konsumgesellschaft.[2] Während sich die Konsumentin von ihrer lästigen Unterwäsche befreite, indem sie nach und nach Korsett, Unterrock und BH abstreifte, bis sie endlich ihre Höschen unter Miniröcken hervorblitzen lassen konnte, brachte der Markt immer feinere und extravagantere Produkte in die Geschäfte. Im sowjetischen Russland sah es ganz anders aus: Schon 1928, zu Beginn des ersten Fünfjahresplans, schwärmte die Avantgarde-Künstlerin Warwara Stepanowa von der sozialistischen Planwirtschaft. Hier werde die Mode »nicht von der Konkurrenz des Marktes abhängig sein, sondern von der Verbesserung und der Rationalisierung der Produktion«. Künstler sollten sich in alle Bereiche der Fabrikation einbringen, vom Entwurf über die Herstellung bis hin zur Verteilung. Das Ziel war es, die Textilindustrie »sofort von dem übergroßen Sortiment« zu befreien, »mit dem sie jetzt operiert«, damit sie die Möglichkeit bekäme, »tatsächlich zu standardisieren und letztendlich die Qualität ihrer Produktion zu verbessern«.[3] Ein paar Jahre zuvor war ihr Mann, der Maler und Fotograf Alexander Rodtschenko, in Paris gewesen und hatte von dort nicht nur Miederbänder mitgebracht, sondern auch Eindrücke des Entsetzens über den westlichen Konsum. Alles war käuflich, die Dinge prostituierten sich. So weit durfte es in der Sowjetunion nicht kommen: »Unsere Sachen müssen bei uns in den Händen auch gleich und wie Genossen sein, und nicht wie diese schwarzen und finsteren Sklaven hier. Die Kunst des Ostens muss nationalisiert sein und rationsweise ausgeteilt werden. Die Sachen werden somit Sinn gewinnen und zu Freunden und Genossen des Menschen werden.«[4]

Der Wunsch, dass sich die sowjetische Mode – im Übrigen ebenso wie die sowjetische Literatur, Kunst und sämtliche Wissenschaften – von ihrem westlichen Gegenpart grundlegend unterscheiden sollte, entsprach der Ideologie des dialektischen Materialismus und schien zunächst in Erfüllung zu gehen: Es gab keinen Markt, der Vielfalt hätte produzieren können, und keine öffentlich entblößte Damenwäsche. Stattdessen hielten die Modelle nicht nur eine Saison, sondern eine ganze Dekade. In Familien teilte man sich die Unterkleidung sogar und hatte sogenannte ›Familienunterhosen‹. Im besten

221

Fall sorgte Selbstgenähtes für Abwechslung. Die Stoffe waren meist einfach, aber natürlich, wie Leinen oder Baumwolle. Von unbequemen BHs hatte man sich schon in den 1930er Jahren befreit. Unterwäsche aus der Vorrevolutionszeit wurde vererbt und geflickt, damit sie ihrem Gebrauch länger standhielt.[5] Aber die Zeiten änderten sich. Mit dem Sieg über Deutschland kam der erste Unterwäscheboom ins sowjetische Russland: »Damals begann eine modische Blütezeit der Beute-Unterröcke, die oft als Abendkleider umdefiniert und stolz getragen wurden. Und Soldaten promenierten in gestreiften Pyjamas im Urlaub nach der Schlacht durch südliche Kurorte.«[6]

Von all diesen Nutzungen und Umnutzungen erfährt man in der Ausstellung durch Berichte von Zeitzeugen. Mehr noch als die ausgestellten Kleidungsstücke, so Helmut Lethen, der sich angesichts der sowjetischen Unterwäsche Gedanken über die Wiederkehr der Dinge macht, prägen sich diese Erzählungen ein.[7] Sie belegen zum einen, dass Damenunterwäsche durch die sozialistischen Jahrzehnte hindurch immer wieder ein mit Scham belegtes Tabuthema war, und zum anderen, dass dies nicht nur zu bedauern ist. Auch meine früheste Erinnerung an das Tragen von Unterwäsche entspricht diesem Bild. Ich war drei Jahre alt und lebte in den 70er Jahren mit meinen Eltern in Russland. Eines Sonntags machte mich meine Mutter schick für ein Familienfest – mit einer schneeweißen Rüschenunterhose aus Synthetik. Während der Rest der Familie sich herausputzte, nutzte ich die Zeit für Abenteuerliches und verwandelte meine Unterhose in ein Rutschkissen. Wie wunderbar ließ es sich damit einen Hügel auf der Baustelle hinter unserem Haus hinunterrutschen! Es erschien mir wie eine kleine Ewigkeit, bis man mich schließlich holen kam – und dann war der Ärger unfassbar groß: Meine festliche weiße Unterhose war von der Schlitterpartie ganz ergraut und zerschlissen und meine Eltern außer sich. Bis heute erinnere ich mich an meinen Schrecken und das darauffolgende Durcheinander – und das alles nur wegen einer umfunktionierten Unterhose. In der Situation machte mich dieses Ereignis natürlich ganz unglücklich, aber nachträglich amüsierte es mich immer wieder, zum Beispiel als ich diesen Satz des Psychologen Alexander Lurija las: »Die äußeren Bedingungen bilden verschiedene Barrieren, die auf die Gestaltung der weiblichen Kleidung einwirken, und die inneren, moralischen Beweggründe, die sich angsterfüllt von den unbewussten Trieben und Phantasien abwenden, schaffen eine Polarität, durch die sich die Kaschierung bestimmt.«[8] Was also hatte die Unterwäsche im Moskauer Untergrund zu kaschieren?

Zurückgekehrt von meiner Reise, stellte ich weitere Recherchen an, um dem Geheimnis der russischen Unterwäsche auf die Spur zu kommen. Da entdeckte ich etwas, das all meine bisherigen Annahmen in ein anderes Licht rückte: Presseberichten zufolge fanden in Russland seit Februar 2014 Proteste statt gegen ein geplantes Gesetz der Eurasischen Union, das die Produktion, den Import und den Vertrieb von Unterwäsche, die weniger als sechs Prozent Baumwolle enthielt, verbieten sollte. Angeblich sorgten sich die Gesetzgeber um die Gesundheit der Bevölkerung – synthetische Unterwäsche könne Hautirritationen und Pickel hervorrufen. Dahinter steckten allerdings noch andere Interessen. So bestanden 80 Prozent der synthetischen Unterwäsche aus Importware, und das Verbot des Imports hatte – ganz nebenbei – wirtschaftliche Vorteile für Russland.[9] Zwei Wochen nach meiner Rückkehr aus Moskau, am ersten Juli, trat das Gesetz tatsächlich in Kraft. Spätestens jetzt hatte die Spitzenwäsche aus den russischen Läden zu verschwinden – und versteckte sich in den Kiosken im Moskauer Untergrund, um dem Schicksal, auf die Mülldeponie zu wandern, zu entgehen. Denn, so die Künstlerin Olga Egorowa: »Bekanntlich gehört die Unterwäsche zu jener Art Kleidung, die sich am schwierigsten zähmen lässt.«[10]

Anmerkungen

1 Julia Demidenko: Eine kurze Geschichte der Unterwäsche in der Sowjetunion, in: Report. Magazin für Kunst und Zivilgesellschaft in Zentral- und Osteuropa, Juni 2006.

2 Ekaterina Degot: Das Gedächtnis des Körpers, Konzept 1999, http://www.eastwestculture.org/ausstellungen/utwnnkonz.html [abgerufen am 10.2.2015].

3 Warwara F. Stepanowa: Die Aufgaben des Künstlers in der Textilindustrie, in: Alexander M. Rodtschenko, Warwara F. Stepanowa: Die Zukunft ist unser einziges Ziel… [1928], hg. von Peter Noever, München 1991, S. 190–193.

4 Rodtschenko, zit. nach Degot: Das Gedächtnis des Körpers.

5 Körpergedächtnis. Unterwäsche einer sowjetischen Epoche, Österreichisches Museum für Volkskunde in Wien, Wien 2003.

6 Viktor Jerofeew: Glasnost an der Gürtellinie, in: Die Zeit, Nr. 22, 2001.

7 Helmut Lethen: Der Schatten des Fotografen. Bilder und ihre Wirklichkeit, Berlin 2014, S. 217.

8 Alexander R. Lurija: Zur Psychoanalyse des Kostüms, Vortragsmanuskript zu einem Vortrag gehalten in Kazan 1922, übers. von Alexandre Métraux, in: Mitteilungen der Luria-Gesellschaft, 2/2002, S. 5–21, hier S. 11.

9 http://www.n24.de/n24/Nachrichten/Panorama/d/4324258/russland-will-spitzen-dessous-verbieten.html [abgerufen am 10.2.2015].

10 Olga Egorowa: Künstlerpositionen, in: Degot: Das Gedächtnis des Körpers, S. 138–141.

Adamskostüm

Yvonne Wübben

›Adamskostüm‹ ist ein Determinativkompositum, das aus dem Anthroponym ›Adam‹ und dem Substantiv ›Kostüm‹ zusammengesetzt wird. Schon die Wortbildung wirft Fragen auf. Linguistisch gesehen, müsste das untergeordnete Determinans ›Adam‹ den zweiten Teil des Kompositums, das Determinatum ›Kostüm‹, näher bestimmen. Ein Adamskostüm wäre demnach ein Kostüm, das von Adam getragen wird. Die Frage lautet also: Was trägt Adam eigentlich für ein Kostüm? Welche Bekleidung oder welches Kleidungsstück kann gemeint sein?

Der biblische Adam tritt uns meist modisch neutral gegenüber. Anders als den heiligen Martin sehen wir ihn selten mit einem spezifischen Kleidungsstück ausgestattet: Er trägt keine modischen Flipflops, er verschmäht den von Gottfried Keller hochgeschätzten Radmantel ebenso wie den Provinzschick des Chignons, das Flauberts Frauenfiguren ziert. Adam erscheint uns meist in einem nicht näher beschriebenen göttlichen Lichtkleid (1 Mos II,25) und damit als modischer Minimalist.

Insgesamt bemisst die Bibel der Kleidung einen geringen Stellenwert bei. Das Volk Israels wird lediglich angewiesen, blaue Schnüre als Zeichen ihres Gottesgehorsams anzulegen. Raffiniertere Accessoires fallen dagegen schnell unter den Verdacht des falschen Dekors und eitlen Schmucks, das den Blick auf keusche Herzen verstellt. In 1 Pet 3,3–4 heißt es, der wahre Schmuck des Christen solle »nicht auswendig sein, mit harflechten vnd gold vmbhengen, oder Kleider anlegen, sondern der verborgen Mensch des hertzen vnuerrueckt, mit sanfftem vnd stillem geiste«.[1] Ein Modeschöpfer, der dieses

Modediktat für das 21. Jahrhundert neu interpretiert, muss noch gefunden werden.

Dass sich in der Bibel eher selten Verweise auf spezifische Kleidungsbräuche finden, hängt wohl auch mit ihrem Anspruch auf Universalität zusammen. Adam ist ein Repräsentant der gesamten Menschheit. Als solcher bleibt er sozial, kulturell und historisch unterbestimmt. Das heißt auch: Er hängt seine Kleider nicht an den Haken einer bestimmten Mode-Sekte und scheint an keinen spezifischen Gebrauch gebunden. Seine Bekleidung ist universell, wenn man davon absieht, dass das Feigenblatt nur in bestimmten Welt-Regionen endemisch ist.

Warum also sprechen wir vom ›Adamskostüm‹? Warum wählen wir mit ›Kostüm‹ ein Wort, das sich etymologisch aus dem lateinischen *consuetudo* – also aus Sitte, Gewohnheit, Praxis – ableiten lässt und das meist *Ver*kleidung oder eine bereits aus der Mode gekommene Kleidung bezeichnet?

Außer zur Karnevalszeit und auf dem Theater hat das Wort ›Kostüm‹ in der Regel eine negative Konnotation. Selbst im Ausdruck ›Business-Kostüm‹ schwingt eine Kritik mit. Ein Business-Kostüm zu tragen, kann unter Umständen zwar karrierefördernd sein. Es geht aber meist mit dem Verzicht auf einen individuellen Kleidungsstil einher, weshalb der Business-Anzug vielfach mit dem Arbeitskittel oder der Uniform gleichgesetzt wird. Im Ausdruck ›Arbeitskostüm‹ artikulieren sich ähnliche Vorbehalte wie in der Bibel, die das Kostüm als eitlen Tand schmähte. Anstelle des falschen Dekors wird nun jedoch der Verzicht auf einen individuellen Kleidungsstil moniert.

Egal also, von welcher Seite man die Bedeutung des Kompositums ›Adamskostüm‹ erschließt, eine gewisse Unstimmigkeit bleibt dem Wort eigen. Mehr noch: Das Kompositum stellt in gewisser Hinsicht einen Widerspruch dar, der sich im französischen Ausdruck *costume d'Adam* oder im englischen Pendant *birthday suit* – dort ohne explizite Referenz auf den ersten Menschen – ebenfalls nachweisen lässt. Denn als Prototyp des Menschen ist Adam nicht nur an keinen spezifischen Kleiderbrauch gebunden. Genau genommen

Lukas Cranach der Ältere, Adam und Eva, 1508–1512

trägt er überhaupt keine Kleidung, sondern allenfalls eine Bekleidung, nämlich ein Feigenblatt, das ihn bedeckt.

Adams Kostümlosigkeit ist in der Bibel mit dem Zustand der Unschuld und Herrlichkeit assoziiert. Seit der Zeit der Aufklärung tritt an die Stelle als säkulare Variante der Naturzustand. »Nackt«, heißt es in Zedlers Universallexikon aus dem 18. Jahrhundert, »ist eigentlich so viel, als von allen Kleidern entblösset seyn […]. Diese Blösse aber war ihnen vor dem Fall keine Schande, sondern das war ihr Ehrenkleid […]. Jetzund müssen wir Kleider anziehen, damit wir uns verwahren wider die Sonnen-Hitze, Frost, Regen und Schnee […]«.[2] Der mit dem Sündenfall auferlegte Bekleidungszwang wird damit als historisches Ereignis deutbar, das in der Geschichte der Menschheit eine besondere Stellung einnimmt. Das Kleidertragen hat eine doppelte Funktion: Es dient dem Schutz vor schädlichen äußeren Einflüssen und wird zum Zeichen der menschlichen Sündhaftigkeit und seines Herrlichkeitsverlustes.

Die späte Karriere des Wortes ›Adamskostüm‹ dürfte mit diesen Bedeutungsaspekten zusammenhängen. Zum einen gilt die Kleider-Gewohnheit als zweite Natur des Menschen. Zum anderen wird die Nacktheit als idealisierter Naturzustand begriffen, der sich jedoch stets als Projektion erweist und erst von der Zivilisation her als solcher lesbar wird. Das Wort avanciert damit zu einem Losungswort für die prekäre Stellung des Menschen, der in der Verklärung seiner Ursprünglichkeit und der Revolte gegen den Kleiderzwang gefangen bleibt. Heute steht das Adamskostüm noch für den Hedonismus, die Spaßkultur und den FKK-Tourismus, der allerdings oft eher Anlass fürs Fremdschämen bietet. Der Nacktheit fehlen Herrlichkeit und Provokation. Nur ein Repräsentant *der* Zivilisation, d.h. allenfalls ein Mitglied der britischen Königsfamilie, kann mit Nacktheit überhaupt noch Anstoß erregen. Für viele waren die Bilder vom im Adamskostüm feiernden Prinz Harry, 2012 in einem Hotelzimmer in Las Vegas aufgenommen, schockierender als das Nazi-Kostüm, das er 2005 bei einer Kostümparty trug.

Und jenseits des internationalen Jet-Sets und seiner Party-kultur? Wie wird das Adamskostüm etwa in der Vorabend-serie und im Comic verhandelt? In einer Folge der *Simpsons*, die biblischen Geschichten gewidmet war, rückte Adams Kleiderordnung nochmals ins Zentrum des Interesses. Während der Pfarrer Lovejoy beim Sonntagsgottesdienst aus der Bibel las, hatten die Mitglieder der Simpson-Familie je unterschiedliche biblische Träume. Die männliche Hauptfigur Homer träumte von seiner Vertreibung aus dem Paradies, ohne Frage ein Wunschtraum. Denn das Paradies machte den Familienvater depressiv und schläfrig. Er sehnte sich daher schnell nach seinem natürlichen Habitat, dem Fernseh-Sofa zurück, wo er in alter Unterwäsche eine fiktive (blutrünstige) Variante der Zeichentrickserie *Tom und Jerry* sieht. Am Ende seines Paradiestraums hat Homer das Adamskostüm also mit der Unterwäsche und das Paradies mit dem Fernsehsofa vertauscht. Der biblischen Trias aus Ruhe, Muße und Unschuld setzt die Vorabendserie damit eine weitere Version gegenüber: Die Vertreibung aus dem Paradies führt die Menschheit nicht mehr ins Zeitalter der Vernunft, sondern direkt auf den Fernsehsessel. Homer Simpson tritt uns dort als neuer Adam entgegen. Fragen der Kleiderordnung werden dabei weitgehend suspendiert: Erotisch und modisch gesehen natürlich eine kleine Katastrophe.

Anmerkungen

1 Lutherbibel [1546], http://de.wikisource.org/wiki/Lutherbibel/1._Petrus_ (1546) [abgerufen am 9.1.2015].
2 Nackt, Nackend, Nacket, in: Johann Heinrich Zedlers Grosses vollständiges Universal-Lexicon aller Wissenschaften und Künste, Halle, Leipzig 1723–1754, Bd. 23, Sp. 307–313, hier Sp. 307, 310; zit. nach: http://www.zedler-lexikon.de [abgerufen am 8.1.2015].

Sündenkleid und letztes Hemd

Daniel Weidner

Sigmund von Birkens *Geistliche Weihrauchkörner oder Andachts-lieder* von 1652 enthalten als »Zugabe« 144 kurze Gedichte, die als »12 Dutzend Kurze Tagseufzer« von den täglichen Verrichtungen handeln. Drei davon sind dem Umkleiden gewidmet:

> Wenn du ein frisch Hemd, oder etwas neues anziehest
>
> HErr, ziehe du mir aus das Sündenkleid,
>   daß ich ein neuer Mensch nach dir erschaffen werde.
>   Dies hier reist endlich ab, dieweil es ist von Erde.
> Das du mir ziehest an, das hält in Ewigkeit.
>
> Dein reines Unschuldkleid, O Jesu, zieh mir an,
>   worin ich nur, sonst nicht, vor dir bestehen kan.
>   Laß meine Seel ihr Kleid weiß waschen in dem Blute,
> Du Lämmlein, welches du vergossen mir zu gute.
>
> Ein Hemd nimm ich zu Grab. Das andre bleibt zurükke
>   Laß auch die Seel als dann in einem weissen Kleid
>   sich stellen ein bey dir dort in der Seeligkeit;
> Wozu sie vor dem Tod sich fein bey zeiten schikke.[1]

Da das Umkleiden zu den regelmäßigsten Tätigkeiten des Menschen gehört, ist es nicht überraschend, dass es zur Reflexion reizt und zu frommer Ermahnung und zum Ein-üben einer bewussten Lebensführung genutzt wird. Gera-de die Frühe Neuzeit ist von zentraler Bedeutung für die Entstehung der europäischen Moden, sowohl der feudalen Pracht – der geschlitzten und gefalteten Stoffe, der Reifröcke, Absätze und Korsetts – als auch der dunklen Nüchternheit, die vom mönchischen Habit Karls V. über die schwarze Tracht der englischen Puritaner und holländischen Patrizier zur formellen Kleidung des Bürgertums wird. Das Barock entwickelt auch eine eigene Dialektik, um die Kleidung zu denken: Kostüm und Maske, Verkleidung und Täuschung wird zum zentralen Bildfeld menschlicher Existenz. Der Mensch ist wesentlich verkleidet, und der Wechsel der Kleider repräsentiert wie kaum etwas anderes die Wechselhaftigkeit der Welt und die Bedingtheit des Menschlichen. Auch die Vorstellung vom »Sündenkleid« gehört in diesen Zusammenhang: Das Kleid, das der Mensch abzulegen hat, steht für Eitelkeit und Hoffart, es ist endlich, fragil und »reist endlich ab« – aber nicht, um den Menschen nackt vor Gott zu stellen, sondern um ihm ein anderes, das weiße »Unschuldkleid« anzuziehen.

Diese Vorstellung hat vielfältige biblische Wurzeln. Dass Gott die Menschen nach dem Sündenfall mit Fellröcken bekleidet (Gen 3,21), gibt der Kleidung von vornherein einen ambivalenten Charakter als Zeichen der Sündhaftigkeit, aber auch der fortgesetzten Zuwendung Gottes. Dabei kann ›bekleiden‹ (*labaš*) konkret das Anziehen, in poetischen Texten auch die Ausstattung mit Prädikaten wie Kraft, Hoheit oder Schande bezeichnen, etwa wenn Hiob klagt: »Gerechtigkeit war mein Kleid, das ich anzog, und mein Recht war mir Mantel und Kopfbund« (Hiob 29,14), oder wenn es heißt, Gott habe den Menschen mit Haut und Fleisch bekleidet (Hiob 10,11). Impliziert wird damit immer auch die Vergänglichkeit der Kleider im Gegensatz zur Ewigkeit des Herrn: »Himmel und Erde werden vergehen: sie werden alle veralten wie ein Gewand; wie ein Kleid wirst du sie wechseln« (Ps 102,27). Diese Vorstellung einer Neuschöpfung als Wechsel der Kleider spielt insbesondere im Neuen Testament eine wesentliche Rolle. Das griechische *endyo*, oft von *dyo*, dem Untergehen der Sonne abgeleitet, bezeichnet das An- und Ablegen von Gewändern, wird aber vor allem zur Beschreibung der Taufe benutzt: Die Taufe ist das ›Ablegen‹ des alten Menschen (Eph 4,22; Gal 3,9) und das ›Anlegen‹ von Christus (Gal 3,27; Röm 13,14). Beides scheint untrennbar verbunden, und Paulus kann sogar darum bitten, mit dem himmlischen Gewand ›überkleidet‹ (*ependynomai*) zu werden, »weil wir dann bekleidet und nicht nackt befunden werden. Denn solange wir in dieser Hütte sind, seufzen wir und sind beschwert, weil wir lieber nicht entkleidet, sondern überkleidet werden wollen, damit das Sterbliche verschlungen werde von dem Leben« (2 Kor 5,3 f.). Anders als für die Gnostiker führt das Ablegen des Leibes nicht zur Nacktheit des Geistes, dieser bedarf vielmehr eines neuen Kleides, das besser schon über das leibliche Kleid gezogen wird. Dementsprechend wird auch die geistliche Existenz nach der Auferstehung nicht jenseits der Kleider geführt: »Das Verwesliche muss anziehen die Unverweslichkeit, und dies Sterbliche muss anziehen die Unsterblichkeit.« (1 Kor 15,53) Auch die Unsterblichkeit ist also eine Hülle, ein neues Kleid der Christen, das auf paradoxe Weise rein ist, denn die Gläubigen »haben ihre Kleider gewaschen und haben ihre Kleider hell gemacht im Blut des Lammes« (Offb 7,14) – eine Stelle, die später gerne mit der typologischen Lektüre des Segens Judas verbunden wird: »Er wird sein Kleid in Wein waschen und seinen Mantel im Weinbeerblut.« (Gen 49,11)

Diese biblische Kleidermetaphorik ist im Barock omnipräsent. Die Buntheit der Kleider steht für die Eitelkeit der Welt, sie kann bildlich selbst zum Sündenkleid werden, wie etwa Johann Samuel Lutz in *Warnung an die liebe Jugend* (1746) ausführt: Eitelkeit sei »ein Stück von dem abscheulichen Sünden-Kleid, womit Satan die Menschen-Seele überzogen« habe und das sich schließlich »verwandelt in ein Höllen-Kleid, das um so rothflammender in der Hölle sein wird, als die Lust daran bey Leibes-Leben hefftig ware«.[2] Dieses Sündenkleid kann viele Namen haben, wie etwa Johann Conrad Dannhauers *Catechismus-Milch* (1657) als Kommentar zu Kolosser 3,9 ausführt: »Ziehet den alten Menschen aus mit seinen Wercken; ziehet ihm aus larvam Sathanicam, des Teufels Larv, die Nebel-Kapp der Blindheit, das Engel-Kleid der Heucheley, das Narren-Kleid allerhand Thorheit, das garstige Sünden-Kleid sammt allem Unziefer, so eingenistet, den gantzen Harnisch, Wehr und Waffen der Rebellion wider Gott.«[3] Teufelsmaske, Nebelkappe, Narrenkleid, Panzer der Rebellion – die barocken Geistlichen und Dichter werden nicht müde, Synonyme für das zu finden, was der Gläubige

auszuziehen hat, wie ja überhaupt Variation zu den Grund-
prinzipien barocker Dichtung gehört, welche die Sprache
als ›Einkleidung‹ von Gedanken betrachtet und auf den
Reichtum von Epitheta größten Wert legt – und in seinen
Poetiken regelmäßig für ›Buße tun‹ auch die Umschreibung
›das Sündenkleid ablegen‹ vorführt.

Dass auch Dichtung Verkleidung ist, lässt das Theater
zum Sinnbild der Epoche werden. Dabei lieben barocke
Trauerspiele es nicht nur, den Herrscher in seiner Pracht
zu inszenieren, sondern enden auch gerne mit einer Szene
der Devestitur, in der der Fürst die Insignien seiner Macht
ablegt und sich langsam entkleidet, sei es zur Marter, sei es
nur zum Abschied. So erklärt etwa der Gelehrte Papinian
in Andreas Gryphius' gleichnamigem Drama, bevor sich
der Vorhang das letzte Mal vor ihm schließt: »Nemt Kleid
und Mantel hin! Wenn sich das Schau-Spiel endet, / Wird
der geborgte Schmuck, wohin er soll, gesendet.«[4] In der
nächsten Szene wird er bereits als Leichnam auf die Bühne
getragen – hinter dem Kostüm steht immer die Möglichkeit
des Todes.

Dieses letzte Entkleiden, das auch das dritte Epigramm
von Sigmund von Birken bestimmt, ist auch für andere
barocke Texte zentral. In Paul Gerhardts Abendlied *Nun
ruhen alle Wälder* (1647) wird das abendliche Auskleiden zur
Vorbereitung auf den Tod:

> Der Leib eilt nun zur Ruhe,
> Legt ab das Kleid und Schuhe,
> Das Bild der Sterblichkeit;
> Die zieh ich aus. Dagegen
> Wird Christus mir anlegen
> Den Rock der Ehr und Herrlichkeit.[5]

Wie auch bei Birken gibt es hier zwei Hemden: Dass das
Irdische nichtig ist, dass »nichts anderes übrig bleibt« als der
Sterbekittel, den Johannes de Borias' Emblem aus *Empresas
Morales* von 1581 ausgestellt auf einer Stange zeigt, ver-
weist nicht nur darauf, dass wir Tag und Nacht die Kleider
wechseln und schließlich im weißen Hemd zur Ruhe gehen,

Nichts anders bleibt übrig. DIe Welt verachten / und alles darinne geringe schätzen / lehren uns nicht allein die heilige / sondern auch weltliche Schrifften. ... Denn ob sie gleich etlichen in diesem Leben die größten Reiche und Herrschafften verleihet ... was sie allein von allen Schätzen und Reichthümern mit sich nehmen / ist der so geringe Vorrath / und das schlechte Leichen-Tuch. Weil dieses wolverstanden / der glücklich und tapffere König der Egyptier / Saladinus, dem in seinem Leben alles nach Wunsch ergangen / hat er auf dem Todbette befohlen / daß bey seinem Begräbnisse ein Sterbeküttel auf einen langen Spieß gestecket / und von deme so ihn trüge / ausgeruffen werden solte / dieses eintzige wäre von einem so grossen Reiche und denen Reichthümern / die er besessen / übrig geblieben. Welches mit diesem Sinnbilde und der Beyschrifft / Nichts sonsten bleibet übrig / vorgestellet wird.

Johannes de Borias, Emblem aus *Empresas Morales* von 1581

sondern auch auf das »Unschuldkleid« und den »Rock der Herrlichkeit«, der uns schließlich angelegt wird und der noch unsere letzte Nacktheit überkleidet.[6]

Anmerkungen

1 Zit. nach: Eberhard Mannack (Hg.): Die Pegnitz-Schäfer. Nürnberger Barockdichtung, Stuttgart 1968, S. 146.
2 Johann Jakob Rambach, Samuel Lutz: Warnung an die liebe Jugend vor der schrecklichen Gefahr der Verführung zum Bösen, Schaffhausen 1746, S. 156 f.
3 Vgl. Johann Conrad Dannhauer: Catechismus-Milch oder die Erklärung des Christlichen Catechismi, Bd. 6, Straßburg 1657, S. 214.
4 Andreas Gryphius: Papinian (V,3, V. 335 f.), Stuttgart 1995, S. 109.
5 Paul Gerhardt: Geistliche Lieder, Stuttgart 1991, S. 109.
6 Deutsche Übers. Georg Friedrich Schraffen: Moralische Sinn-Bilde, Berlin 1698; zit. nach: Arthur Henkel, Albrecht Schöne (Hg.): Emblemata. Handbuch zur Sinnbildkunst des 16. und 17. Jahrhunderts, Stuttgart 1967, Sp. 996.

Entkleidung als Trauergeste. Der Fall Jakob

Lukas Pallitsch

Der altorientalische, insbesondere biblische Umgang mit einer Verlusterfahrung lässt eine unkonventionelle Gebärde erkennen. Als der rechtschaffene und gottesfürchtige Ijob infolge einer Wette Gottes mit dem Satan zunächst Reichtum, dann seine Dienerschaft, seine Kinder und schließlich seine Gesundheit verliert (vgl. Hi 1,13 ff.), lästert er Gott dennoch nicht. Als seine drei Freunde Elifas, Bildad und Zofar den Geschlagenen besuchen wollen, sehen sie ihn von weither, *erkennen* ihn ob seines entstellten Hauptes jedoch nicht:

> Als sie aber von fern ihre Augen erhoben, erkannten sie ihn nicht mehr.[1] Da erhoben sie ihre Stimme und weinten, und sie zerrissen ein jeder sein Obergewand und streuten Staub himmelwärts auf ihre Häupter. Und sie saßen bei ihm auf der Erde sieben Tage und sieben Nächte lang. Und keiner redete ein Wort zu ihm, denn sie sahen, dass der Schmerz sehr groß war. (Hi 2,12–13, zit. nach der revidierten Elberfelder Übersetzung.)

Manipulationen am Körper und an der Kleidung gehören zu einem festen Kanon biblischer Trauerriten. Im Trauerfall gibt es keine singuläre Trauergeste, vielmehr findet sich ein breites Repertoire ritualisierter, oft an peinlich streng geregelte Zeiten gebundener Ausdrucksformen:[2] Ablegen von Turban und Sandalen, Zerreißen der Kleider, diverse Formen der Kopfrasur oder des Haareausreißens, Scheren des Bartes, Einritzen der Haut, Pochen auf Brust und Lenden sowie das Sitzen auf dem Boden. In der Geschichte von Josef spielen Kleidungsstücke, in der doppelten Codierung von ›Entkleidung‹ als Ausweis des Todes und als Ausdrucksraum für die Trauer, eine zentrale Rolle:

²³Und es geschah, als Josef zu seinen Brüdern kam, *da zogen sie Josef seinen Leibrock aus*, den bunten Leibrock, den er anhatte. ²⁴Und sie nahmen ihn und warfen ihn in die Zisterne; die Zisterne aber war leer, es war kein Wasser darin. […] ²⁹Als nun Ruben zur Zisterne zurückkam, und siehe, Josef war nicht in der Zisterne, da *zerriss er seine Kleider*. ³⁰Und er kehrte zu seinen Brüdern zurück und sagte: Der Junge ist nicht mehr da! Ich aber, wohin soll ich jetzt gehen? ³¹Da nahmen sie den Leibrock Josefs und *schlachteten einen Ziegenbock und tauchten den Leibrock in das Blut*. ³²Dann schickten sie den bunten Leibrock hin und ließen ihn ihrem Vater bringen und sagen: Das haben wir gefunden. Untersuche doch, ob es der Leibrock deines Sohnes ist oder nicht! ³³Da untersuchte er ihn und sagte: Der Leibrock meines Sohnes! Ein böses Tier hat ihn gefressen; zerrissen, zerrissen ist Josef! ³⁴Und *Jakob zerriss seine Kleider und legte Sacktuch um seine Hüften*, und er trauerte um seinen Sohn viele Tage. ³⁵Und alle seine Söhne und alle seine Töchter machten sich auf, um ihn zu trösten; er aber weigerte sich, sich trösten zu lassen, und sagte: Nein, sondern in Trauer werde ich zu meinem Sohn in den Scheol hinabfahren. So beweinte ihn sein Vater. (Gen 37,23–35, Hervorhebung L.P.)

Die zu Beginn des Kapitels 37 einsetzende Erzählung über Josef und seine Brüder gehört zu den *Ursprungserzählungen* Israels, die den verwandtschaftlichen Kontext als politische Option für das Überleben Israels in Form einer friedlichen Konfliktlösung hervorheben. Die Josefserzählung lebt von dem Spannungsmoment, dass Jakob Josef für tot hält, dieser jedoch noch lebt. Für Jakob wird das Kleid zum Mittel einer performativen Gebärde noch vor jedem sprachlichen Ausdruck.

Eine kursorische Lektüre soll nochmals den Blick auf den Einsatz des Kleides richten: Auf den Beschluss, Josef zu beseitigen, ziehen ihm die Brüder das Gewand aus und werfen ihn in die Zisterne (V. 23 f.).³ Hierbei handelt es sich nicht um irgendein Kleid, denn der bunte Rock, den Jakob eigens anfertigen ließ, zeugt von der besonderen Erwählung Josefs durch den Vater (V. 3). Der Erstgeborene Ruben, der zuvor die Brüder vom Mord abgebracht hat und nun Josef nicht findet, zerreißt als Geste der Trauer und Wut seine Kleider (V. 30).

Jakobs Klage bei der Nachricht von Josefs Tod. Mosaik in der Kirche San Marco, Venedig

Das mit Blut besprengte Kleid Josefs bringt dem Vater die Kunde des Todes, da in der Repräsentationsfunktion des Kleides der vermeintlich Tote präsent ist. Für Jakob, der Josef nun an ein Abbild seines Kleides verloren hat, bleibt eine Widersprüchlichkeit des Materials, gleichsam als ein »Überbleibsel des Seins«.[4] Diese Abwesenheit Josefs im anwesenden Kleid führt Jakob den Tod vor Augen (V. 32). Das Kleid Josefs als Fundstück repräsentiert den Verlust. Es gewährt dem Tod Einlass ins Leben, denn Jakobs Reaktion auf den Tod besteht darin, durch das Zerreißen *seiner* Kleider (V. 34) seiner Zerrissenheit Ausdruck zu verleihen und damit einen Wandel zu explizieren: Der Tod, nämlich Josefs Tod und zum Teil sein eigener, ist in das Leben gedrungen.

Mit dem Zerreißen seines Kleides und der Entblößung wird der soziale Status Jakobs enthüllt, zugleich der Beginn eines länger dauernden Übergangs (»noch viele Tage« [V. 35]) angedeutet. Sofern der Mensch nach Hartmut Böhme als jenes Tier verstanden werden kann, das sich verhüllt, »diesen Mechanismus der Verhüllung begreift und darin sein Wesen erleidet«, wäre die Geschichte der Vertreibung aus dem Paradies als eine Geschichte der Vertreibung aus der schamlosen Nacktheit (Gen 3) »der Ursprung des Leidens«.[5] Die Geste Jakobs demonstriert, wie intensiv in den biblischen Erzählungen Trauer empfunden wird, denn »[h]üllenlos, aber dennoch Leib zu sein, hieße sterben«.[6] Eine metatextuelle Spur der zerrissenen Kleider, die eine Übertragung bietet, findet sich in Elie Wiesels *Josef oder die Erziehung eines Gerechten* und Thomas Manns Roman *Joseph und seine Brüder*. In beiden Darstellungen werden die zerrissenen Kleider mit dem Protagonisten als dem ›Zerrissenen‹[7] identifiziert: »Darauf schrie er [d.i. Jaakob] mit schrecklicher, von der Verzweiflung ins Gellende erhöhter Stimme auf: ›Ein böses Tier hat ihn gefressen, ein reißend Tier hat Joseph zerrissen!‹ Und als ob dieses Wort ›zerrissen‹ ihn darauf gebracht hätte, was nun zu tun sei, begann er, seine Kleider zu zerreißen.«[8]

Im individuellen Leben vollzieht sich der Wechsel vom Leben zum Tod nicht unbemerkt, sondern in der Form von Übergangsriten, die helfen, solch prekäre Schwellen zu überschreiten. Verlust lässt sich durch sie bewältigen, denn »Trennung – Abschied – Mangelerlebnisse sind Erfahrungen des Sterbens, die notwendig sind um zu leben. Erst durch das Vergehen des Alten kann Neues entstehen. Leben kann ich also nur dann, wenn ich bereit bin zu sterben und das mit dem Sterben verbundene Leiden zu durchleben.«[9] Jakob, der seine Kleider zerreißt und ein Sacktuch um seine Hüften bindet, macht die Erfahrung von Trennung und Mangel am eigenen Körper kenntlich. Das Kleid kann in dieser Erzählung als Ausdruck des *limen* (lat. ›Schwelle‹) gelten, so wie van Gennep es schildert: Der Rock des Sohnes markiert die erste Phase der Trennung (Präliminalität), und das Zerreißen der Kleider verleiht dem Nachdruck und leitet die Schwellenphase (Liminalität) ein. Von einer Angliederungsphase (Postliminalität) wird an dieser Stelle nicht erzählt, im Gegenteil, Jakobs Trauer ist maßlos.[10] Damit ist der Tod sichtbar in sein Leben gedrungen. Jakobs Leidensfähigkeit geht mit seiner Leidenschaftlichkeit einher, da er sich mehr als 20 Jahre (vgl. bis Gen 45,27) weigert, sich trösten zu lassen. Die Verdrängung des Todes heißt *lebend zu sterben*, aber wie im Falle Jakobs ebenso, *sterbend zu leben*.[11]

Die Postliminalität lässt sich in der Poetizität dieses Textabschnitts an einer sprachlichen Geste ablesen, die in der direkten Rede des Vaters vorerst verdeckt bleibt. Es liegt Ironie darin, dass Jakob später nicht in die Scheol »hinabfahren«, sondern nach Ägypten »hinabziehen« wird (Gen 46,3),[12] um seinen Sohn anzutreffen. In beiden Versen steht das »hinab-« im Fokus, der Stamm ist im Hebräischen identisch. Inhaltlich lässt sich dies parallelisieren, da in der Textkonstruktion Ägypten ebenso doppeldeutig konnotiert ist wie der Tod Josefs: Ägypten ist für Israel eine Todesmacht, spendet aber in der Erzählung gleichzeitig auch Leben, weil dort die Hungersnot gebändigt wird und die Jakobsfamilie leben kann.[13] Die Begegnung mit Josef löst den – materialiter – zerrissenen Zustand Jakobs auf. Über 20 Jahre dauerte dieser Übergang von Trennung und Angliederung bei Jakob. Am Ende wird Josef den faktischen Tod seines Vaters beweinen.

Die Kunde des Kleides führt den Tod in das Leben. Das blutbefleckte Kleid Josefs bedeutet für Jakob, dass der Tod ins Leben gedrungen ist. Das *Hinabziehen* wird sprachlich zunächst mit seinem Todeswunsch, später mit dem Ortswechsel nach Ägypten codiert. Das Kleid ist in dieser Erzählung ein prekärer Stoff, der in seiner Materialität und Performativität Ordnungen auflöst und neu herbeiführt. Es legt gleichsam eine Hülle um die Wahrheit (Josefs) und täuscht den Vater; gegenläufig wird es vom Körper gerissen und zur Signatur von Liminalität. Das Kleid erweist sich in dieser Erzählung somit als Manifestation einer hybriden Konstellation, da es Tod und Leben zugleich verhüllt und enthüllt.

Anmerkungen

1 Dieses »mehr« bleibt sowohl in der Einheitsübersetzung als auch in der Luther-Übersetzung ausgespart.
2 Vgl. Xuan Huong Thi Pham: Mourning in the Ancient Near East and the Hebrew Bible, Sheffield 1999, S. 24–36.
3 Der Einsatz dieser Schamentblößung tritt in der englischen Übersetzung für den heutigen Sprachgebrauch stärker hervor: »[T]hey stript Joseph out« (King James Version).
4 Maurice Blanchot: Die zwei Fassungen des Bildlichen, in: Thomas Macho, Kristin Marek (Hg.): Die neue Sichtbarkeit des Todes, München 2007, S. 25.
5 Vgl. Hartmut Böhme: Enthüllen und Verhüllen des Körpers in Bibel, Mythos und Kunst, in: Paragrana 6.1 (1997), S. 218–247.
6 Ebd.
7 Auf die Zerrissenheit Jakobs verweisen Elie Wiesel: Josef oder die Erziehung des Gerechten, in: Adam oder das Geheimnis des Anfangs. Legenden und Porträts, Freiburg ²1994, S. 139–171, hier S. 167, und Thomas Mann: Joseph und seine Brüder, Frankfurt/Main ³2011, S. 460.
8 Mann: Joseph und seine Brüder, S. 461.
9 Igor Caruso, Angelika Rubner: Notizen zu einer Diskussion über den Tod, in: Psychologie und Gesellschaftskritik 12 (1998), S. 45.
10 Zu den Übergangsriten siehe Arnold van Gennep: Übergangsriten, Frankfurt/ Main ³2005, S. 20 ff.
11 So Thomas Macho: Todesmetaphern. Zur Logik der Grenzerfahrung, Frankfurt/Main ²1990, S. 363, in Anlehnung an Caruso/Rubner: Notizen zu einer Diskussion über den Tod, S. 46.
12 In Gen 37,35 ist *ered* als gegenteilige Bewegung zu *ala'* (hinaufsteigen, -gehen, -ziehen) zu lesen. Es zeigt eigentlich nur die Fallrichtung an, ob gehen, fallen, steigen oder fahren bleibt in der Übersetzung kontextabhängig. Bei *merdah mizraimah* (Gen 46,3) begegnet derselbe Stamm *j-r-d* wie bei *ered* (1. Pers. Sing. Futur). Angedeutet hat dies Robert Alter: The Art of Biblical Narrative, New York 1981, S. 4 f.
13 Es handelt sich bei Gen 37–46 um eine Ätiologie, um den Auszug später zu erklären. Insofern hat das Hinuntergehen oder -steigen auch die Rückkehr (Exodus) vorbereitet, die als Hinaufgang oder eben als Aufstieg lesbar wird (*ala'*; im Infinitiv: *la'alot*) und noch heute im hebräischen Wort *Aliyah* für Einwanderung zugegen ist.

Textur des Gedenkens, Farbe der Trauer*

AURÉLIA KALISKY

Im Herbst 1994, unmittelbar nach dem an den Tutsi begangenen Völkermord, herrscht in Ruanda noch Ausnah-
mezustand. Tausende von Tutsi kehren aus der Diaspora
zurück, während die sich nunmehr an der Macht befindende
Ruandische Patriotische Front die andauernden Offensi-
ven der besiegten Armee des ehemaligen Regimes und der
Interahamwe-Milizen an der Grenze zu Zaire bekämpft. Vor
allem aber muss sich die neue Regierung einer komplexen in-
ländischen Situation stellen: Die meisten Täter des Genozids
sind auf freiem Fuß, einige Zehntausend von ihnen büßen
in überfüllten Gefängnissen für die begangenen Morde an
den Tutsi oder warten darauf, vor Gericht gestellt zu werden.
Währenddessen befinden sich im ganzen Land verteilt noch
die menschlichen Überreste hunderttausender Opfer: Auf
den Feldern, in den Sümpfen und Wäldern, aber auch an
den Straßenrändern, in den zerstörten Häusern und Latrinen
liegen Leichen, oft nur eilends von den Tätern verscharrt.
Bereits im November 1994 ist ein staatliches, international
unterstütztes Programm eingeführt worden, durch das in den
einzelnen Landgemeinden Sammelgräber errichtet werden,
um die Opfer des Völkermords kollektiv zu Grabe zu tragen,
damit sie, wie es in der staatlichen Parole heißt, ›in Würde
bestattet‹ (*gushyingura mu cyubahiro*) werden können. Diese
Kollektivbestattungen werden in den folgenden Jahren und
noch bis heute,[1] insbesondere während der offiziell festgelegten Trauer- und Gedenkwoche (7.–13. April), landesweit
organisiert. Die singuläre Situation eines Landes, das zugleich Land der Täter und Land der Opfer ist, verlangt eine

besondere Gedenkpolitik: nämlich eine, die untrennbar mit einer staatlich verwalteten Trauer verbunden ist.

In Ruanda, das in Zentralafrika das wahrscheinlich am stärksten vom Christentum geprägte Land ist und in dem die katholische Kirche überdies zu den wenigen Institutionen zählt, die nach dem Genozid noch funktionsfähig sind, finden für die kollektiven und öffentlichen Bestattungen in den ersten Monaten nach dem Genozid meist katholische Trauerfeiern statt. So sind sowohl die Gewänder der Priester als auch weitere zur Totenmesse gehörende Paramente gemäß dem liturgischen Farbenkanon[2] in Violett gehalten. Exemplarisch sei hier die erste große offizielle Zeremonie für die Opfer des Genozids erwähnt, die am 7. April 1995 in Rebero (in der Nähe der Hauptstadt Kigali) abgehalten wurde: Sie ist gleichzeitig Gedenk- und Trauerfeier.[3] Während mehrere tausend Bewohner Kigalis an der Gedenkfeier teilnehmen, werden am gleichen Ort vier Trauerfeiern abgehalten, bei denen hauptsächlich Überlebende anwesend sind. Zwar dominiert unter ihnen schwarze Kleidung, aber einige

Abb. 1   »Wir erinnern uns an die Opfer des Genozids«: Erste
nationale Gedenkfeier zum Völkermord in Rebero, 1995

Frauen und katholische Priester tragen violette Gewänder. Ebenso sind die Einzel- und Kollektivsärge mit violetten, teilweise mit einem weißen Kreuz verzierten Tüchern umhüllt (siehe Abb. 1).

Diese erste Gedenkfeier zum Genozid verrät eine doppelte symbolische Überlagerung: einerseits die des religiösen (katholischen) Ritus und des staatlichen Trauerrituals, viel stärker aber die der Erinnerungspolitik mit der staatlichen Verwaltung der öffentlichen Trauer. Der erste Aspekt dieser Überlagerung entpuppt sich bereits 1996 als höchst problematisch, als sich herausstellt, dass das Osterfest ausgerechnet mit dem Datum des festgelegten Nationalgedenktages zusammenfällt: Daraufhin verlangt der Vizepräsident der Bischofskonferenz die Verschiebung der Gedenkfeier mit der Begründung, dass »der Tag der österlichen Freude psychologisch zu trennen [sei] vom Tag der Andacht im Gedenken an unsere Landsleute«.[4] Dieser unfassliche Fehltritt – zumal in einem Kontext der wachsenden Anklageerhebung gegen die katholische Kirche als Institution[5] – führt dazu, dass sich ab 1996 die staatlich organisierten Gedenk- und Trauerfeiern, welche stets verknüpft bleiben, offiziell als nicht-kirchlich definieren. Die zu diesem Anlass gehaltenen Gottesdienste sind von nun an ökumenisch: Die Kirchenlieder werden durch Lieder über den Genozid ersetzt und den Wortmeldungen von überlebenden Zeugen wird gegenüber kollektiven Gebeten der Vorrang gegeben.

Die violette Kleidung und zeremoniellen Ausschmückungen aber bestehen fort. Bald institutionalisiert der Staat das Violett sogar als ›offizielle‹ Farbe der Trauer um die Opfer *und* des Gedenkens an den Genozid. Letztlich geht die Rolle der christlichen Religion in der Gesellschaft über die Beziehung zur katholischen Kirche hinaus, so dass das Violett gleichermaßen in anglikanischen und lutherischen Kirchen verwendet wird. Andererseits scheint es, als hätte der Staat sich die liturgische Farbe der Trauer einverleibt, um sie als Bestandteil einer ›zivilen Religion‹ der Erinnerung festzulegen. Vor allem seit dem Jahr 2000, in dem eine sowohl kohärente und zentralisierte als auch internationalisierte

Erinnerungspolitik definiert wurde, bildet die Farbe Violett einen wesentlichen Bestandteil der kollektiven Erinnerungspraktiken. Ihr Stellenwert zeigt sich vor allem an den nationalen Mahnmalen, die gleichzeitig als kollektive Grab- und Ehrenmale dienen: Die Mehrheit dieser Gedenkstätten ist teilweise violett gestrichen, und ganze Architekturelemente werden während der Gedenkfeiern in violetten Stoff gehüllt.

Nicht nur der Staat, sondern auch Opferverbände wie Ibuka (›Erinnere dich‹) oder Avega (Verein der Witwen des Genozids) haben bald den Brauch verbreitet, während der Trauer- und Gedenkfeiern ein beliebiges violettes Stoffstück oder Accessoire zu tragen. Meistens handelt es sich um ein Kleid, einen Schal oder ein Armband für die Frauen, eine Krawatte oder ein einfaches T-Shirt für die Männer. Seit 2000 kann man, vorwiegend während der nationalen Gedenkzeremonien, immer mehr kostbare violette *imishanana*[6] erblicken. Aber vor allem werden – sowohl von Männern als auch von Frauen – vermehrt ganz einfache, violette Halstücher verwendet, die sich allmählich zu einem der wichtigsten Kleiderzeichen des Gedenkens und der Trauer entwickeln. Für jeden, der in der Gedenk- und Trauerzeit nach Ruanda reist,[7] nimmt dieses Halstuch unweigerlich eine besondere Bedeutung an. Wer es trägt, signalisiert damit eine Art Anteilnahme am Gedenken und an der Trauer. Aber vor allem unter den Ruandern selbst soll die Teilnahme an den Gedenkfeiern und das Tragen eines violetten Kleidungsstücks das Zeichen eines Zusammenfindens eines grundsätzlich gespaltenen nationalen Kollektivs im Rahmen einer moralischen Gemeinschaft (›moral community‹) sein. Es hat ganz den Anschein, als ob das violette Halstuch eine vielfältige semiotische Funktion erfüllen soll: Mit dem Trauer- und Gedenktuch, das sowohl an ein Bandana (von Hindi *bandhana*: binden) als auch an ein Pfadfinderhalstuch erinnert, sollen die teilweise irreparablen Bruchlinien in einer unterschiedlich, aber kollektiv traumatisierten Gesellschaft ausgekleidet und eine Art Erinnerungsgemeinschaft durch Trauer gewoben werden (siehe Abb. 2).

verstofflichung

Abb. 2   Gedenkfeier mit violetten Halstüchern. Nyanza, Kicukiro, Kigali

Die offensichtliche Überlagerung zwischen religiösen Riten und öffentlichem zivilem Ritual einerseits und Trauer-*ritual* und Gedenk*politik* andererseits, auf die das Violett hinweist, wirft jedoch einige grundlegende Fragen im Umgang mit kollektivem Gedenken und Trauer auf: Wie soll eine verstaatlichte Trauer über die Opfergemeinschaft hinaus mit den Tätern und deren Nachfahren innerhalb eines gemeinsamen kulturellen Gedächtnisses ›geteilt‹ werden, wo sie doch an eine grundsätzlich gespaltene Gesellschaft erinnert und auf scheinbar unvereinbaren Gedächtnissen und Erfahrungen gründet? Wie sollen europäische Besucher als Repräsentanten der ehemaligen Kolonialmächte an dieser Trauer ›teilnehmen‹? Weit mehr als dass sie eine polarisierte Gesellschaft zu verbinden vermögen, *verstofflichen* Farbe und Kleidung der post-genozidalen Trauer und Erinnerung sämtliche Gegensätze, die die ruandische Gedächtnispolitik seit 20 Jahren zu überwinden versucht. So sind die zahlreichen Spannungen hinter der scheinbaren Verbundenheit der Gedenkfeiern kaum zu ignorieren. Die Überlebenden bilden nach wie vor

246

eine marginalisierte, teilweise sehr arme soziale Gruppe, die bis heute so gut wie keine Entschädigung vom Staat erhalten hat. Diese Gruppe steht in einem komplizierten Verhältnis sowohl zur restaurativen Justiz der *Gacaca*-Verfahren[8] als auch zur Gedenkpolitik, die seit den 2000er Jahren zwar explizit den Genozid und dessen Ideologie bekämpfen will, sich aber ein fragliches Konzept von Versöhnung zum Ziel gesetzt hat. Was die ›öffentliche Verwaltung‹ der Trauer angeht, wurden nach dem Genozid den Angehörigen der Opfer die traditionellen und privaten Bestattungsarten verweigert. Der Staat erklärte sich zum Besitzer der Körper der Opfer und traf teilweise kontroverse Entscheidungen, nicht zuletzt durch öffentliches Ausstellen der menschlichen Überreste als ›Beweismaterial‹ in einigen nationalen Gedenkstätten, um so die Leugnung des Genozids zu bekämpfen.[9] In den letzten zwei Jahrzehnten richtet sich das Gedenken an den Genozid zunehmend an die neue Generation, um sich ganz einer ›positiven‹ und gemeinschaftsstiftenden Erinnerungspolitik zu widmen. Auf diese Weise wendet es sich nach und nach von der Geste der Trauer ab.[10] So finden beispielsweise seit 2010 keine national organisierten Kollektivbestattungen während der Gedenktage mehr statt.

Von dieser schrittweise durchgeführten Trennung zwischen Erinnerungspolitik und öffentlichem Trauerritual zeugt die 2013 von Paul Kagame öffentlich getätigte Aussage über die Farbe der Trauer: Von nun an solle nicht mehr Violett, sondern die Farbe Grau verwendet werden. Laut offizieller Erklärungen soll das Grau an eine ruandische, vorkoloniale Trauerzeremonie erinnern, bei der sich die Trauernden den geschorenen Kopf mit Asche bedeckten, um ihre Trauer (*kwirabura*) zu signalisieren.[11] Die Wandlung dieser durch den historischen Kontext in Ruanda ganz eigenen Form der Erinnerungskultur in eine nationalisierte und internationalisierte, gewissermaßen ›normalisierte‹ zivile Religion des »Never again« und des »Remember, Unite, Renew«[12] scheint eine paradoxe Distanzierung von der Trauerfunktion zu enthalten: Einerseits wird die christlich und europäisch geprägte Trauerfarbe Violett von der Gedenkfarbe

Abb. 3   20. Gedenkfeier, ›Flame of Remembrance Tour in Gasabo‹

Grau abgelöst, die einer Indigenisierungslogik gemäß einen vorkolonialen Bezug herstellt. Gleichzeitig nähert sich der säkularisierte politische Ritus der Erinnerung wiederum zunehmend der religiösen Liturgie an – wenn auch nicht mehr der katholischen, so doch der seit 1995 immer stärker werdenden christlich-charismatischen. Emblematisch für die 20. Gedenkfeier des Genozids im Jahr 2014 steht somit das junge Paar, das die Flamme der Erinnerung entzündet (siehe Abb. 3). In perlgraue *imishanana* gekleidet, verkörpert es gewissermaßen das baldige ›Weiß-Werden‹ des *kwera* nach dem ›Schwarz-Sein‹ der Trauer (*kwirabura*): die Zukunft, die Erneuerung, den Aufbruch einer versöhnten Nation nach der Aufhebung der Trauerzeit.

Anmerkungen

* Ich möchte mich für die bereitwilligen Hinweise von Hélène Dumas, Marcel Kabanda, Jean-Pierre Karegeye, Irena Kern und Rémi Korman bedanken.

1 Obwohl es von Jahr zu Jahr weniger sind, werden bis heute noch Massengräber des Genozids entdeckt.

2 Seit dem Zweiten Vatikanischen Konzil gilt in der katholischen Liturgie das an Allerseelen und bei Trauerfeiern verwendete Violett als Alternative zu Schwarz.

3 Zur Genese und Entwicklung der Gedenk- und Totenfeier in Ruanda siehe die Arbeiten von Rémi Korman, u.a.: L'État rwandais et la mémoire du génocide, in: Vingtième Siècle 122 (2014), S. 87–98; La politique de mémoire du génocide des Tutsi au Rwanda: enjeux et évolutions, in: Droits et Culture 66 (2.2013), S. 87–101.

4 Jean-Claude Kagagambe: Rwanda: L'Église catholique avant et pendant le génocide (1990–1999), Kigali 2000, S. 41.

5 Die katholische Kirche spielte eine aktive Rolle im genozidalen Prozess: In der Zeit davor nutzte sie eine größtenteils westlich fabrizierte und importierte Spaltung zwischen zwei Ethnien zu ihren Gunsten und verschärfte sie durch religiös aufgeladene Mythen sogar (vgl. hierzu Jean-Pierre Chrétien, Marcel Kabanda: Rwanda, racisme et génocide. L'idéologie hamitique Paris 2013). Während der Massaker wurden einige Geistliche zu Komplizen oder Tätern. Bis heute weigert sich der Vatikan, dafür Verantwortung zu übernehmen.

6 Das *umushanana* (Plural *imishanana*) ist eine Tracht, die mittlerweile nur zu wichtigen Gelegenheiten getragen wird: Hochzeiten, Trauerfeiern und Gottesdiensten. Sie besteht aus einer langen Tunika und einem über einer Schulter drapierten Stoffstück (siehe Abb. 3).

7 Zahlreiche Touristen besichtigen, vor allem seit 2004, die vier wichtigsten Gedenkstätten Ruandas, die seit 2012 auf der World Heritage Liste der Unesco stehen. Vgl. John Lennon, Malcolm Foley: Dark Tourism: The Attraction of Death and Disaster, London 2000.

8 Die *Gacaca*-Gerichte sind ein auf traditionelle Rechtsprechung zurückgreifendes parajuridisches System, das von 2001 bis 2012 in Ruanda offiziell tätig war. Sie zielen auf Versöhnung und basieren, ähnlich wie die TRC in Süd-Afrika, auf dem Prinzip des öffentlichen Schuldbekenntnisses nach dem Motto ›Wahrheit heilt‹ (*ukuri kurakiza*). Vgl. Hélène Dumas: Le génocide au village, Paris 2014.

9 Vgl. hierzu Anna-Maria Brandstetter: Erinnern und trauern, in: Winfried Speitkamp (Hg.): Kommunikationsräume – Erinnerungsräume. Beiträge zur transkulturellen Begegnung in Afrika, München 2005, S. 291–324; Finn Stepputat (Hg.): Governing the Dead. Sovereignty and the Politics of Dead Bodies, Manchester 2014.

10 Vgl. hierzu die einschlägigen Werke von Rachel Ibreck: The politics of mourning: Survivor contributions to memorials in post-genocide Rwanda, in: Memory Studies 3 (4.2010), S. 330–343; Jean-Pierre Karegeye (Hg.): Rwanda: récits du génocide, traversées de la mémoire, Brüssel 2009.

11 *Kwirabura* bedeutet ›schwarz sein, schwarz werden‹. Mit dem Ritual zur Aufhebung der Trauerzeit (*kwera*) wird der Trauernde wieder ›weiß‹ (*kwera*: weiß sein, weiß werden).

12 So lauten die Leitsätze der 14. sowie der 20. Gedenkfeier (2009 und 2014).

Der Mantel des Propheten

Martin Treml

Wenn Kleidern in den Religionen besondere Beachtung zukommt, dann geschieht das stets, weil sie doch mehr als bloße Berufskleidung von Priesterinnen und Priestern sind. Sie überschreiten den Rang von Zeichen, wirken vielmehr selbst als kosmische und magische Kraftzentren. Wer sie trägt, ist durch sie zu Taten imstande, die er ohne sie nicht zu vollbringen vermag. Wer sie anlegt, kann fliegen, um von Geistern geraubte Seelen zurückzuholen. Wer in sie schlüpft, wird unsichtbar, um Geheimnisse erlauschen, Verborgenes und Verbotenes überhaupt wahrnehmen zu können. Derart religiös bestimmte Kleider sind mächtiger als jeder, der in ihnen steckt. Darum werden sie auf besondere Weise hergestellt, zeremoniell weitergegeben, nie einfach abgelegt. Wehe, ein Unbefugter wagt es, sie auch nur zu berühren, geschweige denn sie zu tragen, er wird auf der Stelle verbrennen oder jedenfalls eines gewaltsamen Todes sterben. Geschichten davon finden sich in Märchen und Sagen der Völker zuhauf.

In der Bibel, auf die sich die westlichen Religionen Judentum, Christentum und Islam auf jeweils unterschiedliche Weise beziehen, erscheint besonders eine Figur als mit besonderer Kleidermacht begabt: der Prophet Elijahu, der einen sprechenden Namen trägt, ›Mein Gott ist Jahu‹, wobei der Gottesname hier eine andere Form für das Tetragrammaton ist. Auf Hebräisch heißt dieser Prophet ›Elija‹, auf Arabisch ›Ilias‹, Christen ist er als ›Elia(s)‹ bekannt. Unter diesem Namen soll im Folgenden von ihm die Rede sein.

Elias ist einer jener Gottesmänner der Bibel, die zur Zeit des salomonischen Tempels (erstes Viertel des ersten Jahrtausends vor unserer Zeitrechnung) die Könige Israels und

Judas verfluchen, wenn immer diese von der rechten Gottes-
verehrung abfallen und sich dem Götzendienst zuwenden.
Für ihn ist es König Ahab, der selbst von seiner Frau Isebel
(Jezebel) zum Bösen verführt wird. Sie verfolgt die Propheten
des Herrn und hat deren Rivalen zu Tischgenossen.[1] Von diesen Propheten wird Elias nie behaupten, sie seien gar keine,
sondern nur, dass sich ihre Götter als ohnmächtig gegenüber
dem Gott Israels erweisen. Folgerichtig unterliegen sie ihm im
Opferwettstreit auf dem Berg Karmel, einem Gottesgericht,
in dem siegen soll, wer das Opferfeuer vom Himmel herab
zu entzünden vermag: Baal, der kanaanäische Wettergott,
und Aschera (Astarte), die altorientalische Liebesgöttin, oder
Jahwe Zebaot, »Herr der Heerscharen«.[2] Die Baalsprophe-
ten unterliegen und werden zu Hunderten niedergemacht.[3]
Aber der Prophet Elias vermag auch Wunder zu wirken, er
erweckt Tote zum Leben, so etwa den Sohn der ihm wohl-
tätigen Witwe von Zarpath, auf den er sich dreimal wirft,
worauf dieser wieder lebendig wird.[4] Überhaupt ist Elias
ein Wundermann und Schamane, der Dürre oder Regen
voraussagt.[5] Gott hat sich ihm gezeigt wie in der Bibel sonst
nur Moses, abgesehen vom strittigen Fall Abrahams, dem er
sogar wiederholt »erscheint«.[6] Die Rabbinen, die Gelehrten
und Lehrer des Judentums seit der Zeitenwende, erkannten
die Nähe dieser beiden Figuren zuerst und erstellten sogar
eine Liste der Dinge, in denen sich Moses und Elias glichen.[7]

Die Theophanie ist in den biblischen Erzählungen des
Propheten jedoch auch der erste von insgesamt vier Fällen,
in denen sein Mantel eine wichtige Rolle spielt. Als Gott
sich ihm am Berg Horeb durch Sturm, Erdbeben, Feuer
ankündigt, ohne jedoch in ihnen zu sein, denn er zeigt sich
als »stilles, sanftes Sausen«, verhüllt Elias sein Gesicht mit
dem Mantel.[8] Das zweite Mal findet der Mantel kurz darauf
bei der Berufung des Schülers Elischa/Elisa Verwendung,
auf den Elias den Mantel wirft wie einst sich selbst auf den
toten Knaben.[9] Das dritte Mal wird durch den Mantel das
Wunder des Moses am Schilfmeer wiederholt, nun freilich
am Jordan.[10] Elias »wickelte ihn zusammen und schlug ins
Wasser; das teilte sich auf beiden Seiten, dass die beiden

[Elias und Elischa, M.T.] trocken hindurchgingen«.[11] Und schließlich verfährt Elischa nach der Himmelfahrt des Elias ebenso und tritt damit erfolgreich dessen Nachfolge an. Dieser aber wird wie Henoch von Gott in den Himmel entrückt.[12] Nach Auffassung der Rabbinen lebt er immer noch und erscheint von Zeit zu Zeit, um den Gerechten Geheimnisse anzuvertrauen.[13] Auf Erden wirkt an seiner statt nun Elischa, der Zeuge des Aufstiegs des prophetischen Vorgängers war.

> Und da sie miteinander gingen und redeten, siehe, da kam ein feuriger Wagen mit feurigen Rossen, die schieden die beiden voneinander; und Elias fuhr also im Wetter gen Himmel. Elischa aber sah es und schrie: Vater, mein Vater, Wagen Israels und seine Reiter! und sah ihn nicht mehr. Und er fasste sein Kleider und zerriss sie in zwei Stücke und hob auf den Mantel Elias', der ihm entfallen war, und kehrte um und trat an das Ufer des Jordans und nahm den Mantel Elias', der ihm entfallen war, und schlug ins Wasser und sprach: Wo ist nun der Herr, der Gott Elias'? und schlug ins Wasser; da teilte sich's auf beide Seiten, und Elischa ging hindurch.[14]

Jan Luyken, Elischa schlägt das Wasser des Jordan mit Elias' Mantel, 1712

Henfflin-Werkstatt, Elia teilt mit seinem Mantel das Wasser.
Bibelillustration, 1477

Der Mantel ist Schutz- und Zaubermittel, kein bloßes Attribut, kraft seiner wird geregelt, wer als Prophet wirkt. Die von ihm vollbrachten Wunder performieren die erlöste Welt in der noch unerlösten. Insofern greift der Apostel Paulus zu kurz, wenn er an den Juden kritisiert, sie vermöchten nicht an Christus zu glauben, weil sie stets »Zeichen fordern«.[15] Denn ihnen ist es weniger um einen Beweis zu tun – und stellte er selbst das *argumentum crucis* dar –, als darum, das Heil zu erlangen, das ihnen verkündet ist. Auch darum wird Elias in engen Zusammenhang mit der Endzeit gebracht, so zum ersten Mal in einem nachexilischen Prophetenbuch der Bibel: »Siehe, ich will euch senden den Propheten Elias, ehe denn da komme der große und schreckliche Tag des Herrn. Der soll das Herz der Väter bekehren zu den Kindern und das Herz der Kinder zu ihren Vätern, dass ich nicht komme und das Erdreich mit dem Bann schlage.«[16] Elias kündigt schließlich das Erscheinen des Messias an, so wie im Neuen Testament Johannes der Täufer dasjenige Jesu.[17] Von Jesus Christus selbst ist der Mantel des Propheten abgefallen, weil er als nackte Kreatur für alle gelitten hat. Freilich haben die Soldaten unter dem Kreuz um sein purpurnes Gewand gewürfelt, das er bei seiner Verspottung trug.[18] Elias hingegen vermochte der Mantel noch zu schützen, als er sich – so die Gelehrten der Kabbala, der jüdischen Mystik – am Berg Horeb den primordialen Kräften ausgesetzt sah, die die Schöpfung hervorbrachten. Aus *to-hu* sei *bo-hu* geworden, »Dunkelheit«.[19] Was wir Dunkelheit nennen, wurde geseiht und enthielt Feuer, wie es Elias nach dem Erdbeben erschien. Als dieses wiederum geseiht wurde, enthielt es die »kleine sanfte Stimme«, die Luther in seiner oben zitierten Übersetzung »stilles, sanftes Sausen« genannt hat und die alles erschuf, was ist.[20]

Wirkungsmächtig erscheint der Schutzmantel des Elias wieder als sternbestickter Umhang der Gottesmutter Maria, als leuchtend grüner Mantel des Propheten Mohammed, vielleicht auch als davonfliegender Gebetsmantel, dessen letzten Zipfel für Franz Kafka die Zionisten erhaschen wollten. Nach den Religionen ist freilich aus *textum*, dem Gewebe des Prophetenmantels, ein Text geworden, wie er, wenngleich als heiliger, sich schon vor den westlichen Religionen in der Bibel um Elias und sein Kleid gelegt hatte.

Anmerkungen

1 Vgl. Erstes Buch der Könige 18,4 und 19.
2 Ebd. 18,15, 19,9 u.ö.
3 Ebd. 18,19–46.
4 Vgl. ebd. 17,17–22.
5 Vgl. ebd. 17,1–7 und 18,41–49.
6 Vgl. Genesis 17,1 u.ö.
7 Vgl. Pesikta Rabbati 4,2.
8 Erstes Buch der Könige 19,12–13.
9 Ebd. 19,19.
10 Vgl. Exodus 14,21–22.
11 Zweites Buch der Könige 2,8.
12 Vgl. Genesis 5,24.
13 Vgl. Babylonischer Talmud, Traktat Baba Batra 121b und Traktat Baba Metzia 59b.
14 Zweites Buch der Könige 2,11–14.
15 Erster Brief an die Korinther 1,22.
16 Maleachi 3,23–24.
17 Vgl. Evangelium nach Markus 1,1–8 und Parallelen.
18 Vgl. Evangelium nach Markus 15,16–20 und 24 sowie Parallelen.
19 Vgl. Genesis 2,1.
20 Zohar Genesis 16a.

Der Mantel des Schweigens

Christoph Schmälzle

Laokoons stummes Leiden ist eine Erfindung des 18. Jahrhunderts. Erst Johann Joachim Winckelmann und Gotthold Ephraim Lessing bringen den Priester mit ihrer Interpretation der Laokoon-Gruppe zum Schweigen.[1] Frühneuzeitliche Betrachter gehen davon aus, dass die Skulptur – übereinstimmend mit dem Epos Vergils – lautstarke Schmerzäußerungen zeigt. Der Bildhauer Michel Anguier fasst den damaligen *common sense* im Rahmen seiner Laokoon-*Conférence* vor der Pariser Akademie am 2. August 1670 zusammen: »Dass er mit seiner ganzen Kraft schreit, erkennen wir an der Kontraktion seiner Atemmuskeln und an diesem offenen Mund, diesem geblähten Hals, dieser erhobenen Brust, der eingezogenen Magengrube, dem tief liegenden Nabel […].«[2] Die neoklassizistische Deutung hat sich wie ein Schleier über die ältere Sichtweise gelegt.

Die Vorbildhaftigkeit der Laokoon-Gruppe für die Darstellung starker Affekte ist an den Akademien des 17. Jahrhunderts unstrittig. Dagegen erscheint die Nacktheit des Priesters als ein Verstoß gegen die Wahrscheinlichkeit, der nach einer plausiblen Erklärung verlangt. In beiden erhaltenen Handschriften von Anguiers *Conférence* findet sich eine Inhaltsübersicht, die mit der Frage beginnt: »Warum nackt?«[3] Aus der Sicht des Praktikers ist die Antwort rasch gefunden. Nur der nackte Körper kann als gut lesbares Zeichen seelischer Vorgänge dienen. Das akademische Ideal der Korrespondenz von körperlichen und seelischen Bewegungen in der Kunst verliert an Überzeugungskraft, wenn ein Gewand das Relief der Muskeln, Adern und Sehnen bedeckt:

Das sind also die Gründe, weshalb die griechischen Bildhauer ihre Figuren gewöhnlich entblößt machten, damit man anhand von Aufruhr und Bewegung der Muskeln und Adern die Emotionen und Passionen der Seele erkennen kann, wie ich Ihnen anhand dieser drei Figuren zeigen möchte, die die drei Bildhauer Hagesandros, Polydoros und Athenodoros aus Rhodos gemacht haben.[4]

Leider hat Anguiers *Conférence* nicht das Publikum gefunden, das sie verdient. Der Text gerät nach nur einer Relektüre 1681 in Vergessenheit – ganz im Unterschied zu Roger de Piles' Anmerkungen zu Du Fresnoys Lehrgedicht *De arte graphica*, die 1668 zusammen mit seiner französischen Übersetzung des Textes erscheinen und von Lessing mit einer Polemik gewürdigt werden. De Piles argumentiert mit den Möglichkeiten und Grenzen des Mediums. Er vermutet – offenbar in Unkenntnis der Werke Berninis –, dass »standesgemäße Kleidung« die Skulptur zu einem massigen »Steinhaufen« gemacht hätte:

Die alten Bildhauer vermieden es, soweit sie konnten, männliche Figuren zu bekleiden, weil sie glaubten (wie wir schon gesagt haben), dass man in der Skulptur keine Stoffe nachahmen könne und dass die großen Falten einen schlechten Eindruck machten. Es gibt soviele Beispiele für diese Wahrheit, wie es unter den Antiken Figuren nackter Männer gibt. Ich will nur die des Laokoon anführen, die nach aller Wahrscheinlichkeit bekleidet sein müsste.[5]

Erstaunlicherweise greift Lessing den Faden der Mediendifferenz in seiner *Laokoon*-Abhandlung von 1766 nicht auf, sondern parallelisiert Malerei und Skulptur: »Man kann die Kunst nicht tiefer herabsetzen, als es dadurch geschiehet. Denn gesetzt, die Skulptur könnte die verschiednen Stoffe eben so gut nachahmen, als die Malerei: würde sodann Laokoon notwendig bekleidet sein müssen?«[6] Blind für Stoffe, wenn nicht für Stofflichkeit überhaupt, reagiert Lessing auf de Piles mit einer normativen Aussage, die den Körper zum privilegierten Gegenstand der Kunstschönheit erklärt: »Not erfand die Kleider, und was hat die Kunst mit der Not zu tun? Ich gebe es zu, daß es auch eine Schönheit der Bekleidung giebt; aber was ist sie, gegen die Schönheit der menschlichen Form?«[7]

Der Illustrator Charles Nicolas Cochin d. J., auf den gleich noch zurückzukommen sein wird, plädiert in einer 1771 gedruckten *Conférence* dafür, jede Darstellung von Bekleidung als »konventionelles Kostüm« zu verstehen, das nicht der Realität, sondern der Binnenlogik der Künste folgt:

> Wir haben gesehen, dass jene Draperien, von denen man glaubt, dass sie nasse Tücher imitieren, und die das Nackte überall da sehen lassen, wo der Künstler es wünscht, eine Erfindung der Bildhauer sind, und dass kein Stoff derartige Effekte erzeugen kann. Wir sehen, dass das Verlangen, das Nackte wiederzugeben, den hauptsächlichen Reiz der Skulptur ausmacht und sie bewogen hat, Laokoon ohne Kleider und gegen jede Wahrscheinlichkeit darzustellen, einen Großpriester der Götter, der aus Rache von diesen Göttern in Ausübung seines Amtes geopfert wird.[8]

Den am kennerschaftlichen Vergleich der Kunstgattungen geschulten Ansatz hat der Comte de Caylus bereits 1757 weiter ausbuchstabiert. In seiner Aufstellung lohnender Bildmotive nach Homer und Vergil stellt er mit Blick auf den Laokoon im Vatikan fest: »Es ist wahr, dass diese hervorragende Gruppe so behandelt ist, wie es allein der Skulptur entspricht. Wir müssen nun also gemäß den Grundlagen der Malerei davon sprechen [...].«[9] Im Gegensatz zur Skulptur kann die Malerei nämlich den gesamten Reichtum der Szene mit allen Requisiten zeigen, wobei Caylus selbstverständlich voraussetzt, dass ihre Figuren bekleidet sind: »Die Gewänder des Neptunpriesters würden gewiss einiges an Pracht hinzufügen, zumindest aber die Wahrscheinlichkeit erhöhen; jene der Kinder, wie leicht sie auch sein mögen, hätten denselben Effekt.«[10]

Lessing hat mit allen Formen der nachantiken Laokoon-Ikonographie große Schwierigkeiten. Diese rühren nicht nur von seiner mangelnden Differenzierung der einzelnen Bildkünste her, sondern betreffen vor allem die Abhängigkeit seines Kunsturteils von der Laokoon-Gruppe im Vatikan als alleinigem Vergleichsmaßstab: Seine am antiken Original abgelesenen, semiotisch unterfütterten Prämissen lassen keine anderen Lösungen für dieselbe Bildaufgabe zu. Über die wohl prominenteste Buchillustration der Laokoon-Episode des 17. Jahrhunderts, die sich sehr viel enger am Text orientiert

C.N. Cochin filius inv

C.N. Cochin Sculp.

Un Prêtre dévoré par d'horribles serpens
Souffre ce châtiment, pour n'avoir sçû se taire.
Citoyens trop zélés, vos avis importans,
Ont souvent un pareil salaire.

Charles Nicolas Cochin d. J., Illustration zur Laokoon-Episode im
zweiten Buch der *Aeneis*, 1743

als die Marmor-Gruppe, fällt er ein ausgesprochen harsches Urteil: »Es giebt Zeichner, welche unverständig genug gewesen sind, sich demohngeachtet an den Dichter zu binden. Was denn aber auch daraus geworden, läßt sich unter andern aus einem Blatte des Franz Cleyn mit Abscheu erkennen.«[11] Es ist anzunehmen, dass Lessing auch für Cochins Vergil-Illustration von 1743 ähnlich starke Worte gefunden hätte. Das Blatt wirkt fast wie eine vorweggenommene Karikatur auf seine ästhetischen Dogmen: Die Schlangen greifen (wie bei Cleyn) von oben an, Laokoons Mund steht klaffend offen, die Körper sind nahezu unentwirrbar verknotet und von wallenden Gewändern bedeckt.

Cochins Bilderfindung ist ein gutes Beispiel seines herausragenden Könnens als Illustrator, aber noch aus einem weiteren Grund von Interesse: Unter dem Bild befinden sich einige Verse, die der Szene einen hochaktuellen, politischen Sinn verleihen: »Ein von abscheulichen Schlangen verschlungener Priester / Erleidet diese Strafe, weil er nicht zu schweigen wusste. / Übereifrige Bürger, Eure bedeutsamen Ansichten / Haben oft einen vergleichbaren Lohn.«[12] Laokoon muss sterben, weil er ausgesprochen hat, was auch andere hätten sehen können: die nackte Wahrheit, über die besser der Mantel des Schweigens gebreitet worden wäre. Herder erklärt Laokoon entsprechend zum »Märtyrer des Patriotismus«, der wie ein Whistleblower im Agon der Götter und Menschen für seine Wahrheitsliebe büßt, allerdings stiller, gefasster als unter dem Ancien Régime – und mit entblößter Brust: »Dein stummer Blick, dein Seufzer, deine freie / Vaterlandsbrust ist großer Herzen Treue.«[13]

Anmerkungen

1 Christoph Schmälzle: Was Laokoons Seufzen bedeutet, in: Text. Kritische Beiträge 11 (2006), S. 161–179.

2 Jacqueline Lichtenstein, Christian Michel (Hg.): Conférences de l'Académie Royale de Peinture et de Sculpture, Abt. 1, Bd. 1, Paris 2006, S. 382 [hier und im Folgenden übers. von C.S.].

3 Ebd., S. 379.

4 Ebd., S. 380.

5 Charles Alphonse Du Fresnoy: L'art de peinture. Traduit en François, avec des remarques necessaires et tres-amples, hg. und übers. von Roger de Piles, Paris 1668, S. 107 [übers. von C.S.].

6 Gotthold Ephraim Lessing: Laokoon: oder über die Grenzen der Malerei und Poesie, in: ders.: Werke und Briefe in zwölf Bdn., Bd. 5.2, hg. von Wilfried Barner, Frankfurt/Main 1990, S. 9–206, hier S. 58.

7 Ebd., S. 59.

8 Charles Nicolas Cochin d. J.: Du costume dans la peinture [1765], in: ders.: Œuvres diverses ou Recueil de quelques pieces concernant les arts, Bd. 3, Paris 1771, S. 171–211, hier S. 182 f. [übers. von C.S.].

9 Anne Claude Philippe Comte de Caylus: Tableaux tirés de l'Iliade, de l'Odyssée d'Homere et de l'Eneide de Virgile; avec des observations générales sur le Costume, Paris 1757, S. 304 [hier und im Folgenden übers. von C.S.].

10 Ebd.

11 Lessing: Laokoon, S. 56 f.

12 Les œuvres de Virgile. Traduites en françois, le texte vis-a-vis la traduction, ornées de figures en taille-douce, avec des remarques, hg. und übers. von Pierre François Guyot des Fontaines, Bd. 2, Paris 1743, S. 96 [übers. v. C.S.].

13 Johann Gottfried Herder: Sämmtliche Werke, Bd. 28, hg. von Carl Redlich, Berlin 1884, S. 273.

Bekleidung *forever*. Die Tätowierung

Christine Kutschbach

Kleider kann man ausziehen, Tätowierungen nicht. Sie bedecken die nackte Haut für immer und potenzieren damit sowohl die Schutzfunktion als auch die Schmuckfunktion, die Kleidung für gewöhnlich zugeschrieben wird. Als sich Valie Export im Jahr 1970 als Kritik an der auf ihre Sexualität reduzierten Rolle der modernen Frau öffentlich einen Strumpfhalter auf den Oberschenkel tätowieren ließ, überführte sie mit ihrer Kunstaktion jenen Strumpfhalter, Symbol eines erotisch aufgeladenen Spannungsverhältnisses von Ver- und Enthüllung, in eine spezifische Permanenz. *Body Sign Action* vollzog damit paradigmatisch die doppelte Codierung von Zurschaustellung und Schutz, die das Wesen von Tätowierungen ausmacht.[1] Vierzig Jahre später beschreibt Nicolai Lilin in seinem autobiografischen Roman *Sibirische Erziehung*, dass sich die Mitglieder der Verbrechergemeinschaft Urki im Laufe ihres Lebens nach strengen zeitlichen Vorgaben und motivischen Regeln tätowieren lassen – zum Schutz: Innerhalb ihrer Gemeinschaft fungiert die Tätowierung als Dokument der Zugehörigkeit wie andernorts der Personalausweis.[2] Mehr noch, die Bilder auf der Haut bezeichnen die Identität einer Person so unmittelbar, dass das Kopieren fremder Tätowierungen, die »persönlich kodifizierte Information« darstellen, als »todeswürdiges Vergehen« gilt.[3] Vor diesem Hintergrund verwundert es kaum, dass der Erzähler die tätowierte Haut als existentielle Bekleidung auffasst und erst das Fehlen der in die Hautoberfläche eingestochenen Tinte als Nacktheit im eigentlichen Sinn empfindet, wie er anhand einer Szene aus seiner Kindheit schildert: Beim Anblick der Leiche eines Polizeispitzels schreckt den damals Zwölfjährigen weniger die

Tatsache, dass der Mann völlig unbekleidet und vor allem tot ist; vielmehr ist es die Bildlosigkeit des leblosen Körpers, die eine physische Reaktion bei dem jungen Betrachter auslöst.

> In diesem Augenblick fand ich nur eins merkwürdig, unnatürlich und jenseits meines Verständnisses der Welt: diesen leeren Körper ohne Tätowierungen. Das schien mir unmöglich, fast wie eine Krankheit. Von klein auf war ich immer von tätowierten Menschen umgeben und empfand das als völlig normal. Einen Körper ohne Tätowierungen zu sehen, hatte eine seltsame Wirkung auf mich: ein körperliches Leiden, eine Art Mitleid.[4]

Beide Formen der Hautbedeckung – das Anlegen von Stoffen und das Auftragen von Bildern – sind kulturelle Praktiken und definieren als solche das Menschsein; beide entfalten gleichermaßen ihr Potential zur sinntragenden Codierung und Symbolik. Ein entscheidender Unterschied besteht sicherlich darin, dass Tätowieren eine invasive Technik zur Körpermodifikation ist, die aufgrund ihrer potentiellen Risiken nicht unter dem Aspekt des evolutiven Vorteils erklärt werden kann.[5] Nichtsdestotrotz reicht diese Praxis weit in die Vergangenheit zurück. Als ältester Nachweis der Tätowierkunst gilt die über fünftausend Jahre alte Gletschermumie Ötzi, die 1991 in den Ötztaler Alpen geborgen wurde: Ihre Haut weist fünfzehn über den Körper verteilte blauschwarze Tätowierungsgruppen auf, die aus über fünfzig Einzeltätowierungen zusammengesetzt sind. Auch die Muster aus Strichen und Punkten, die Archäologen auf Mumien im ägyptischen Theben entdeckten, wurden vor über viertausend Jahren gestochen.

> [Es] wird mittlerweile davon ausgegangen, dass das Bedürfnis des Schmückens ontogenetisch dem Motiv von Scham und Schutz vorausging – AnthropologInnen und EthnologInnen kennen unbekleidete, aber keine ungeschmückten Menschen. Dem entspricht auch die phylogenetische Beobachtung, dass sich bei Kleinkindern die Lust am Schmücken früher entwickelt als das Schamgefühl. Schmuck versucht den Blick der anderen auf sich zu lenken, den die Scham gerade abzuwenden versucht. Dieses Moment konserviert die Tätowierung […].[6]

Auch in geografischer Hinsicht erweist sich die Kultur des Tätowierens als weitverbreitet: »Nicht ein einziges grosses Land von den Polargegenden im Norden bis nach Neuseeland im Süden kann angeführt werden, in welchem die ursprünglichen Bewohner sich nicht tättowirten«, bemerkte schon Charles Darwin.[7] Dabei wandelten sich die gesellschaftlichen und religiösen Bedeutungen von *Tattoos*[8] immer wieder. Während die frühesten Christen, Pilger und Kreuzritter eintätowierte Kreuze als Zeichen religiöser Zugehörigkeit auf der Haut trugen, verbannte Papst Hadrian I. im 8. Jahrhundert das Tätowieren als ›heidnischen Brauch‹ aus dem Kulturkreis des Christentums. Auch im Judentum und Islam erfährt die Tätowierpraxis religiös motivierte Ablehnung. Im 21. Jahrhundert postuliert die *Bild-Zeitung* hingegen wieder: »Die Mütter sind immer dagegen. Dabei war es Gott, der das Tattoo erfand«,[9] und bezieht sich damit auf die weitverbreitete Meinung unter Tätowierern, dass die Markierung Kains im ersten Buch Mose (Gen 4), die sowohl seine Schuldhaftigkeit kennzeichnet als auch den Schutz, den er vor Gott genießt, als das erste Tattoo überhaupt zu gelten habe, bei dem Gott sinnbildlich gesprochen die Nadel führte.

Das Changieren zwischen Stigmatisierung und Schutzfunktion, zwischen Individualisierung und Homogenisierung bestimmt die soziokulturelle Einordnung von Tätowierungen bis zum heutigen Tag: Einerseits werden sie immer wieder als Zeichen für Andersartigkeit, Entwurzelung oder Zugehörigkeit zur gesellschaftlichen Unterschicht interpretiert, ob nun im Falle von Seefahrern oder Zirkusartisten vergangener Jahrhunderte, dem bereits erwähnten Verbrechermilieu oder heutzutage Angehörigen des sogenannten *white trash*, bei denen das ›Arschgeweih‹ über dem Steißbein genauso zum Standardoutfit zu zählen scheint wie gefälschte Markenkleidung. Andererseits nivelliert die Permanenz des eingeschriebenen Hautbildes, so scheint es, Klassenunterschiede: Spätestens seit Samuel O'Reilly 1891 die elektrische Tätowiermaschine patentierte und die Prozedur viel von ihrem Schrecken verlor, reizte die Aura des Exotischen, die Konnotation kultureller ›Andersartigkeit‹, die die Hautbilder

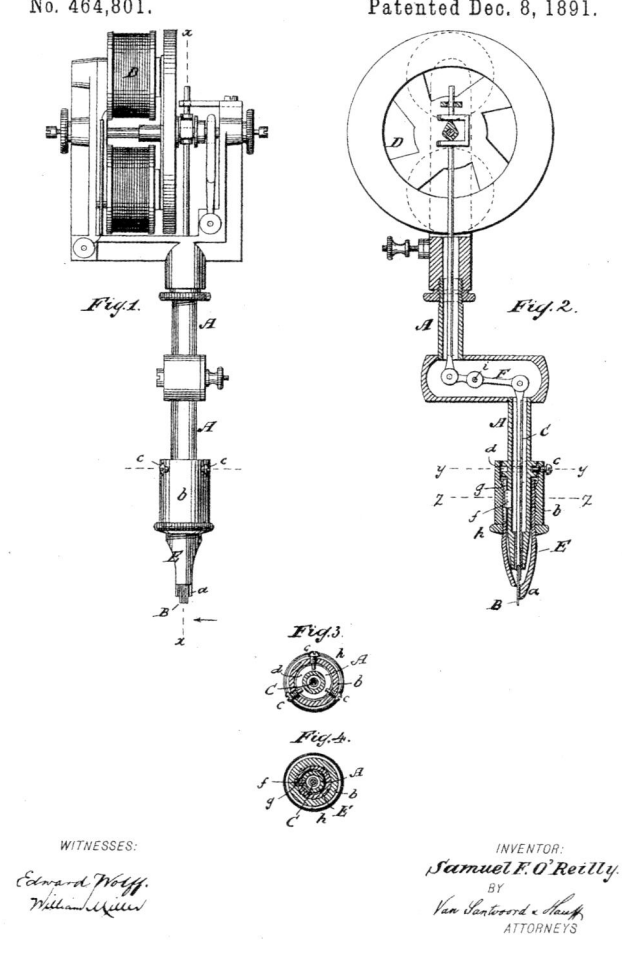

Patent für die elektrische Tätowiermaschine Samuel O'Reillys, 1891

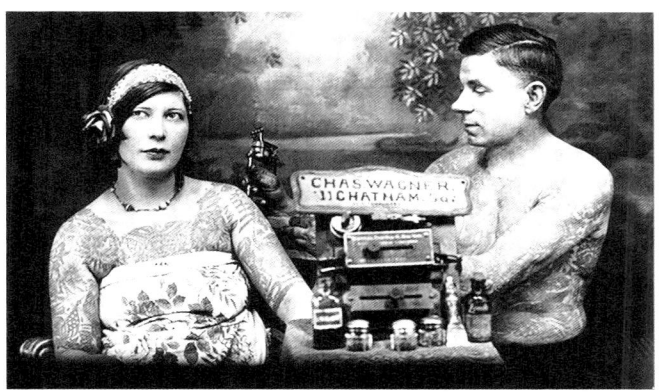

Charlie Wagner, Schüler von O'Reilly, in der Bowery im New York der 1920er Jahre

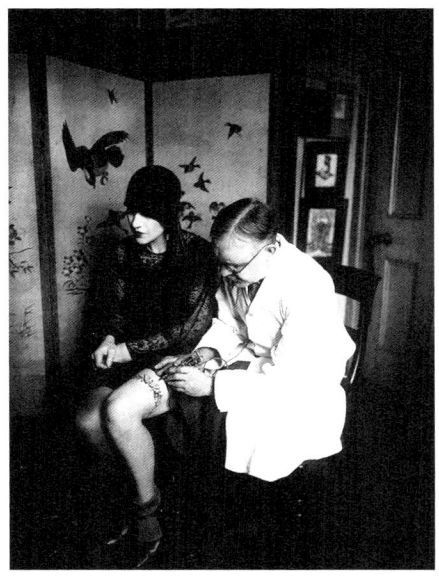

Bereits vierzig Jahre vor Valie Exports öffentlicher Kunstaktion: George Burchett tätowiert den Oberschenkel einer Londoner Dame, 1930

kulturgeschichtlich transportieren, auch die Angehörigen der Oberschicht[10] – ein Umstand, der den einflussreichen Architekten und Kulturpublizisten Adolf Loos 1908 zu der Aussage provoziert haben mag: »Die tätowierten, die nicht in haft sind, sind latente verbrecher oder degenerierte aristokraten.«[11] Interessanterweise war der in der Öffentlichkeit als dezidierter Tätowierungs-Verächter auftretende Loos selbst am linken Oberarm tätowiert, mit einem aus seinen Initialen gefertigten ›Tribal‹ (wie man solch ein Ornament-Tattoo heutzutage nennt), das er zeitlebens gut vor den Augen der anderen verbarg.[12] Jenseits aller Historisierung und gesellschaftlichen Bewertung kann die Tätowierung demnach auch als individuelles, in einem »kathartische[n] Akt« erworbenes Erkennungsmal gelten, das autobiografische Stärke vermitteln und als Potenzierung des sonst durch Mode transportierten Selbstausdrucks eine »im wörtlichen Sinne tiefergehende Authentizität festschreiben« soll.[13]

Der Gestus der erhöhten Selbststilisierung, der von der Kleidung hin zum ›noch kleidenderen‹ Tattoo verläuft, lässt sich gegenwärtig an zwei Phänomenen im Bereich der Mode ablesen, die nur scheinbar konträr zueinander stehen. Sportmode-Gigant Nike ›lädt‹ seit den 1990er Jahren seine Marketing-Mitarbeiter ›dazu ein‹, sich als Zeichen ihrer Zugehörigkeit das Firmenlogo aufs Fußgelenk tätowieren zu lassen. »You aren't held at gunpoint to get a Swoosh tattoo, but a lot of people get it«, so eine dieser ›Ekins‹ genannten Mitarbeiterinnen. »Ekins are official company storytellers employed to evangelise about the Nike brand and its sports technology«[14] – mit Blick auf die Kulturgeschichte der Tätowierung kulminieren hier die Register von Herrschaft und Glaube unter der Sigle des Selbstausdrucks. Umgekehrt verläuft die Bildgeschichte der Motive des US-amerikanischen Tätowierers Donald Edward Talbot Hardy. Hardy machte sich durch seine solide handwerkliche und künstlerische Ausbildung weithin einen Namen und trug im Gefolge von Tätowier-›Stars‹ des frühen 20. Jahrhunderts, beispielsweise Charlie Wagner in New York oder George Burchett in London, zur aktuellen Etablierung des Tätowierens als künstlerischer Praxis bei. Seit Ende der 1960er Jahre übertrug er die Motive seiner bunten Hautbilder auch auf Kleidungsstücke und gründete 2002 das Modelabel *Ed Hardy*. Mit dem Verkauf des Labels entwickelte die Marke, einst Zeichen von Promi-Coolness, jedoch innerhalb kurzer Zeit ein veritables Proll-Stigma. Mittlerweile ist ihr eine Facebook-Community, »Ed Hardy Sucks«, gewidmet, und ein Blogger kommentiert, man könne Ed Hardy-Mode nicht mit Ironie tragen, sie sei in dieser Hinsicht vergleichbar mit Naziuniformen, Ku-Klux-Klan-Roben und Selbstbräunungsmitteln.[15]

Als Stoffdruck auf der jederzeit wechselbaren Kleidung funktioniert das auf Permanenz angelegte Tattoo nicht mehr als Authentizitätsträger und fällt der Wandelbarkeit von Mode anheim, in der es von ›In‹ zu ›Out‹ oft nur ein kurzer Weg ist. So ist es nur vordergründig belustigend, wenn der einstige Hippie und Yale-Dozent Don Ed Hardy heute sagt: »Ich verurteile keinen dafür, wie er lebt und sich kleidet, aber ich selber trage keine Ed-Hardy-T-Shirts.«[16] Es braucht die Nacktheit der Haut, um ein authentisch wirkendes Bild zu entwickeln, was nicht nur Valie Export oder die Marketingstrategen von Nike erkannt haben: Vor nicht allzu langer Zeit warb die Tierschutzorganisation PeTA mit nackten tätowierten Prominenten für Bekleidung mit Tinte, anstatt mit Nerz – »Ink, not Mink!«

Anmerkungen

1 Diese doppelte Codierung eignet nur der freiwillig praktizierten Tätowierung. Zwangstätowierungen hingegen, wie sie in der griechischen Antike und auch bei den Römern zur Sklavenkennzeichnung vorgenommen wurden, oder die Stigmatisierung von Straftätern durch tätowierte Siglen in Frankreich, England und den Vereinigten Staaten seit dem 17. Jahrhundert, entbehren jeglicher Ambivalenz und fanden in der Konzentrationslagerbürokratie von Auschwitz ihren infamen Höhepunkt.
2 Andere Verbrecherorganisationen, die das Tätowieren in diesem Sinne einsetzen, sind die japanischen Yakuza, die Mara in El Salvador, Guatemala und Honduras, und auch die russische Bratva.
3 Nicolai Lilin: Sibirische Erziehung [Educazione Siberiana, 2009], übers. von Peter Klöss, Berlin 2010, S. 110.
4 Lilin: Sibirische Erziehung, S. 108.

Gary Cooper auf dem Schulterblatt: Weiblicher Fan, 1930er Jahre

Rockstar Dave Navarro für PeTA im Adamskostüm, 2010

5   Vgl. Silke Wohlrab, Bernhard Fink, Peter M. Kappeler: Menschlicher Kör-
    perschmuck aus evolutionärer Perspektive – Diversität und Funktionen von
    Tätowierungen, Piercings und Skarifizierungen, in: Mitteilungen der Anthro-
    pologischen Gesellschaft in Wien 134/135 (2005), S. 1–10.

6   Iris Dankemeyer: Haut Couture. Zeitgenössische Tätowierung zwischen Mode
    und Authentizitätsbedürfnis, in: Querformat. Zeitschrift für Zeitgenössisches,
    Kunst, Populärkultur, Nr. 4: tattoo, Bielefeld 2011, S. 14–18, hier S. 16.

7   Charles Darwin: Die Abstammung des Menschen und die geschlechtliche
    Zuchtwahl [The Descent of Man, and Selection in Relation to Sex, 1871], Bd.
    2, übers. von Julius Victor Carus, Stuttgart 1875, S. 319.

8   Die Etymologie des Wortes Tätowierung oder (›neudeutsch‹) Tattoo geht auf
    James Cook zurück, der den samoischen Begriff *ta'tatau*, eine lautmalerische
    Umschreibung des Klopfens mit einem Schlägel auf den Tätowierkamm, von
    seiner ersten Südsee-Expedition (1768–1771) nach Europa ›importierte‹.

9   Jürgen Damsch, Karolin Schneider, Marc-André Rüssau, Katharina Wind-
    maisser: Kleine Kultur-Geschichte: Wer hat eigentlich das Tattoo erfunden?, in:
    BILD (12.2.2012), http://www.bild.de/lifestyle/2012/tattoo/wir-tragen-unser-
    herz-auf-der-haut-25612634.bild.html [diese und alle weiteren angegebenen
    Websites abgerufen am 25.1.2015].

10 So waren beispielsweise Kaiserin Sissi, Zar Nikolaus II. oder King George
    V. tätowiert. »1897 soll die Zahl der tätowierten Frauen in der New Yorker
    Oberschicht bei 75 Prozent gelegen haben. Angehörige nahezu aller europä-
    ischen Fürstenhäuser waren tätowiert.« (Laura Weißmüller: Das Tattoo – ein
    Phänomen der Oberschicht, in: Süddeutsche Zeitung [15.10.2013], http://
    www.sueddeutsche.de/kultur/koerperkunst-im-wandel-der-zeit-das-tattoo-
    ein-phaenomen-der-oberschicht-1.1794767). In der heutigen Zeit angekom-
    men bedeutet dies, dass auch ein deutscher Bundespräsident während seiner
    Amtszeit aussagt, er finde das Tattoo auf dem Oberarm seiner Ehefrau »cool«;
    vgl. Richard Wagner: Die perforierte Republik. Wulffs präsidiales Tattoo, in:
    Frankfurter Allgemeine Zeitung (4.7.2010), http://www.faz.net/aktuell/politik/
    wulffs-praesidiales-tattoo-die-perforierte-republik-11010921.html.

11 Adolf Loos: Ornament und Verbrechen [1908], in: ders.: Sämtliche Schriften,
    Bd. 1, Wien, München 1962, S. 276–288, hier S. 276.

12 Vgl. Guerra Vanzetti: Loos Tribal Tattoo – ein Rekonstruktionsversuch, in:
    Querformat. Zeitschrift für Zeitgenössisches, Kunst, Populärkultur, Nr. 4:
    tattoo, Bielefeld 2011, S. 56–58.

13 Iris Dankemeyer: Haut Couture, S. 16, 15.

14 Zitate aus: Remarkable corporate culture: Nike's Ekin tattoos (14.11.2010),
    http://www.polledemaagt.com/blog/2010/11/14/remarkable-corporate-cul-
    ture-nikes-ekin-tattoos/; 10 Things You Didn't Know About Nike's EKIN
    Program (30.4.2013), in: Complex Magazine, http://www.complex.com/
    sneakers/2013/04/10-things-you-didnt-know-about-nikes-ekin-program/.

15 http://stuffwhitepeoplelike.com/2009/04/13/124-hating-people-who-wear-ed-
    hardy/.

16 Anne Waak: Einst schick, nun schäbig – das Label Ed Hardy, in: Die Welt
    (19.9.2011), http://www.welt.de/lifestyle/article13584999/Einst-schick-nun-
    schaebig-Das-Label-Ed-Hardy.html.

Das Leder des Schuhs

Monika Wagner

Schuhe – schwere, wetterfeste Stiefel ebenso wie luftige, filigrane Sandalen – wurden lange Zeit aus Leder gefertigt. Robuster und langlebiger als Leinen, Seide oder Bast, aber wesentlich anschmiegsamer als das Holz rustikaler Pantinen, war Leder ein geradezu ideales Material für den Schutz der Füße vor den Widrigkeiten der Straße, vor Steinen, Schmutz, Staub, Kälte und sogar Nässe. Seine Eigenschaften lassen das Leder des Schuhs zugleich zu einem unheimlichen Material werden, speichert es doch Informationen über seinen Gebrauch und kommuniziert damit Gewohnheiten und Präferenzen seiner TrägerInnen.

Das Material konnte ebenso hart und widerstandsfähig wie geschmeidig ausfallen und ließ sich vielerorts herstellen. Allerdings war die Transformation von der Tierhaut zum Schuh vor dem Zeitalter der Industrialisierung ein aufwändiger, arbeitsteilig organisierter Prozess. Man benötigte eine Reihe spezialisierter Handwerker, vom Schlachter über den Gerber zum Schuhmacher. Entsprechend waren lederne Schuhe teuer. An der Materialqualität der Sohlen, des Oberleders wie des Futters sowie der fachgerechten Verarbeitung ließ sich der soziale Status seiner TrägerInnen ablesen. Im Blick auf die Schuhe, bzw. auf die nackten Füße, wie ihn etwa frühe Großstadtfilme inszenierten, entfaltet sich ein soziales Porträt der Stadt. Seine Bandbreite ist enorm. Barfuß zu gehen mochte im geschützten Bereich des Gartens als Wohltat für die Füße wahrgenommen werden, im öffentlichen Bereich der Stadt blieb dies stets ein Ausdruck größten Mangels, während sich Reichtum im Hochglanz makellos polierter Lederschuhe zeigte.

In *Der Ursprung des Kunstwerks* von 1936 zielte Martin Heidegger auf die »Dienlichkeit« des Schuhwerks, die sich im sozialen Gebrauch erweise, jedoch nur im Kunstwerk zum Ausdruck gelange. Vincent van Goghs Darstellung eines gebrauchten Schuhpaares, das Heidegger dem bäuerlichen Milieu zuordnet, dient ihm seinerseits für weitschweifende Überlegungen zur Sozialgeschichte des derben Schuhpaares:

> Aus der dunklen Öffnung des ausgetretenen Inwendigen des Schuhzeuges starrt die Mühsal der Arbeitsschritte. In der derbgediegenen Schwere des Schuhzeuges ist aufgestaut die Zähigkeit des langsamen Ganges durch die weithin gestreckten und immer gleichen Furchen des Ackers, über dem ein rauher Wind steht. Auf dem Leder liegt das Feuchte und Satte des Bodens. Unter den Sohlen schiebt sich hin die Einsamkeit des Feldweges durch den sinkenden Abend.[1]

Für Heidegger leisten die Schuhe in van Goghs Gemälde jene Verallgemeinerung, die es dem Betrachter erlaubt, den Gebrauch der Schuhe einfühlungsästhetisch mit eigenen Vorstellungen und Assoziationen – und seien sie noch so klischeehaft – zu belegen und ein Sozialporträt der vermuteten Nutzer zu erstellen.

Doch kommuniziert das Leder des Schuhs nicht allein einen sozialen Status oder den spezifischen Gebrauch einer Gesellschaftsgruppe. Vielmehr erzählt seine individuelle Zurichtung auch Geschichten, die keineswegs nur an die offenbar weitverbreiteten Schuhfetischisten adressiert sind. Dem Leder, der enthaarten und gegerbten Haut eines Tieres, gleichgültig, ob es von einem Schwein, einer Ziege, einem Rind, einem Kalb oder gar einer Schlange stammt, begegnet im Schuh die lebendige, menschliche Haut. Die Haut des Fußes schützt sich mit der Haut eines toten Tieres. Der Fuß schlüpft anstelle des Tieres in dessen Haut. Im Unterschied zu textilen Stoffen der Kleidung bewahrt das geschmeidige und elastische Leder im vielfachen Gebrauch des Schuhs die individuelle Formung durch den Fuß. Zugleich wirkt das Leder des Schuhs auf den lebendigen Fuß ein. Es formt ihn seinerseits, kann ihn aber auch deformieren. Es besteht jedenfalls ein beständiges Kräftemessen zwischen dem Fuß und dem Leder, bei dem sich idealerweise beide die Waage halten. Wird der Fuß zu dominant, reißt das Leder, der Schuh geht kaputt. Setzt sich der Schuh durch, drückt er, wird er zum Marterwerkzeug für den Fuß.

Aber selbst in einer ausgewogenen Konstellation hinterlässt der interaktive Prozess zwischen Fuß und Schuh im Leder seine Spuren. Der lederne Schuh mit seinen Ausbeulungen und Falten, den Rissen und Abschürfungen stellt eine Art Langzeitabdruck des Fußes und dessen spezifischen Verhaltens dar. Der Fuß imprimiert dem Leder des Schuhs seine Nutzungsgeschichte. Der getragene Schuh weiß demnach über das individuelle Verhalten des jeweiligen Fußes zu erzählen. Das veranlasste Knut Hamsun in seinem Erstlingsroman *Hunger* aus dem Jahr 1890 zu einer ebenso treffenden wie larmoyanten Selbstbetrachtung:

> Als ich die Augen auf meine Schuhe richtete, war es, als hätte ich einen guten Bekannten getroffen oder einen abgetrennten Teil meiner selbst zurückbekommen; ein Gefühl des Wiedererkennens durchzitterte meine Sinne, die Tränen treten mir in die Augen […]. Als ob ich meine Schuhe noch nie gesehen hätte, fange ich an, ihr Aussehen zu studieren, ihre Mimik, wenn ich den Fuß bewegte, ihre Form und die abgewetzten Oberteile, und ich entdecke, dass die Falten und weißen Nähte ihnen Ausdruck verleihen, ihnen Physiognomie geben. Es war etwas von meinem eigenen Wesen in diese Schuhe übergegangen.[2]

Die Lederschuhe haben das vergangene Leben ihres Trägers physisch gespeichert. Das lässt ihren Anblick unheimlich werden.

Umso mehr gilt dies, wenn die TrägerInnen der Schuhe verschwunden sind, die Schuhe als Stellvertreter und Memorial figurieren, wie in zeitgenössischen Installationen, die mit realen Schuhen argumentieren. In Doris Salcedos Werkgruppe der *Atrabiliarios* etwa stammen die in abgeschirmten Wandnischen hinter aufgespannten Kuhblasen aufbewahrten Schuhe von im kolumbianischen Bürgerkrieg verschwundenen Frauen, deren Geschichten in den getragenen Schuhen vergegenwärtigt sind.

René Magritte, Das rote Modell, 1937

Weder individuelle Geschichten noch sozialer Gebrauch, sondern gewissermaßen grundsätzlicher ließ der surrealistische Maler René Magritte die scheinbar selbstverständliche Nutzung von Leder zur Bekleidung der Füße zu unheimlichen Begegnungen werden. In den Varianten des *Modèle rouge*, die ab 1935 entstanden, thematisierte Magritte die prekäre Beziehung von einem Fußpaar zu einem Schuhpaar als Metamorphose. Der Betrachter blickt von oben auf die Fußschuhe wie auf die Füße/Schuhe eines gegenüberstehenden Menschen. In allen Varianten des *Modèle rouge* sind die Zehen und der vordere, von Adern durchzogene Teil des Fußes im Farbton des Inkarnats dargestellt. Aber der als lebendig markierte Fußteil geht bruchlos in dunkle Schnürstiefel über, die ein Stück oberhalb des Knöchels enden. Man sieht den leeren Schuhschaft von innen, jedoch nur so weit, wie es sich um den Stiefel zu handeln scheint. Der vordere Fußteil bleibt indessen von innen unsichtbar. Vor einer gemaserten Holzwand stehen diese Schuhfüße auf einem mit kleinen spitzen Steinen übersäten Boden, so dass auch die taktile Sensibilität der Füße ebenso wie die Schutzfunktion der Schuhe angesprochen wird.

Magritte selbst äußerte sich folgendermaßen zum Bildkonzept des *Modèle rouge*: »Das Problem der Schuhe zeigt, wie die barbarischsten Dinge durch die Macht der Gewohnheit akzeptiert werden. Man spürt, dass sich Dank des ›Modèle rouge‹ die Verbindung von einem menschlichen Fuß und einem ledernen Schuh wirklich als ein monströser Brauch enthüllt.«[3]

»Monströs« erscheint der Gebrauch, weil es sich bei der Begegnung des Fußes mit dem Leder des Schuhs um gleiches Material, um Haut, handelt. Magritte führt dies in dem gleitenden Übergang von Fuß und Schuh vor Augen. Die Haut des Fußes und die abgezogene Haut des Tiers verschwimmen, es gibt irritierenderweise keine Grenze. Das lässt den vertrauten, traditionellen Lederschuh in einem verstörenden Licht erscheinen.

Anmerkungen

1 Martin Heidegger: Holzwege, in: ders.: Gesamtausgabe, Bd. 5, hg. von Friedrich Wilhelm Herrmann, Frankfurt/Main 1977, S. 19.
2 Knut Hamsun: Hunger, München 1982, S. 20.
3 René Magritte: La ligne de vie I, in: ders.: Écrits complets, hg. und kommentiert
   von André Blavier, Paris 1979, S. 112 [übers. von M.W.].

Immer in Beziehung. Der Handschuh

Novina Göhlsdorf

Handschuhe sind Bindungswesen. Sie sind zunächst einmal genuin dual, denn sie kommen immer im Paar. Da ein einzelner Handschuh aber viel leichter verloren geht als etwa ein einzelner Schuh, ist die Welt trotzdem voll von einsamen Handschuhen, besonders im Winter. Sie liegen auf Bürgersteigen, Parkbänken oder in Treppenhäusern und geben ein trauriges Bild ab. Der eine ist nichts ohne den anderen. Vielmehr: Er ist zu nichts nutze.

Dieser Logik folgt in Friedrich Wilhelm Webers Gedicht *Der Handschuh* ein westfälischer Dorfpfarrer. Man ruft ihn in einer Winternacht zu einem Bauern, der im Sterben liegt. Der Pfarrer, selbst altersmüde, wird von seinem Knecht in den Sattel gehoben und zieht sich für den Ritt durchs eisige Ostwestfalen »zwei langgeschonte und tugendreiche, wildlederne, pelzgefütterte, weiche« Handschuhe über. Auf dem Weg fällt ihm einer davon in den Schnee. Weil der Greis allein nicht in der Lage wäre, nach Rettung des Handschuhs wieder aufs Pferd zu steigen, entschließt er sich, auch den zweiten zu opfern: »›Handschuhe sind Zwillingsbrüder: der eine ohne den andern ist ein wertlos Ding‹.«[1] Für das ökonomische Handschuh-Wissen in Johann Peter Hebels *Der Handschuhhändler* ist diese Gegebenheit grundlegend. Hier wird eine Kiste feinster Handschuhe aus Paris umgehend zur faulen Ware und somit in der Tat wertlos, als sich erweist, dass sie nur rechte Handschuhe enthält.[2] In Hebels Erzählung unterscheiden sich Tausch- und Warenwert zwar vom Nutzwert, schwinden aber mit ihm.[3]

Die Bindungsgeneigtheit des Handschuhs betrifft nicht nur seinen linken oder rechten Partner. Ein affines Verhältnis besteht auch zwischen dem Handschuh – jedenfalls dem *Finger*handschuh – und der Hand, die ihn trägt. Er schmiegt sich eng an sie an, schützt und akzentuiert sie und ist ihr, dem Organ der Berührung, eine zweite Haut. Kein Wunder, dass einer der berühmtesten Verliebten der Literaturgeschichte, unterm Balkon stehend, Handschuh werden will: »Oh! That I were a glove upon that hand, That I might touch that cheek.«[4]

Es ist vor allem seine intime und wechselseitige Beziehung zur Hand, die dem Handschuh in seiner abendländischen Geschichte Symbolkraft und Fetischcharakter[5] verliehen hat. Da die Hand selbst bekanntermaßen für denjenigen steht, zu dem sie gehört oder, als wichtigstes Werkzeug des Menschen, für dessen Tun, konnte sich ein Spiel der Verweisungen ergeben von der Person oder ihrer Tat zur Hand, von der Hand zum Handschuh – und umgekehrt. Heute werden Handschuhe vorwiegend als wärmende oder isolierende Bekleidung getragen, in der Vergangenheit aber erfüllten sie oft beachtliche symbolische Funktionen. Seit dem Mittelalter zogen sich Geistliche bei der Opfergabe in der Messe Handschuhe über. Sie hielten die heiligen Gegenstände rein, wurden aber ebenso zum »Sinnbild der guten Werke«[6] und zu Amtszeichen, etwa von Bischöfen. Kaiser und Könige ließen sich bei der Krönung Handschuhe anlegen und nahmen sie gern mit ins Grab. Weil theoretisch in jedem Herrscher-Handschuh die Herrscher-Hand und also der Herrscher steckte, konnte der durch Handschuh-Sendungen Marktrechte erteilen oder Stände erhöhen. Stellvertreter und persönliche Marke war der Handschuh nicht nur für Machthaber. Belehnte schickten dem Grundherrn einen zur Bestätigung des Lehnsverhältnisses, Kriegsgefangene ergaben sich, indem sie einen ihrer Handschuhe hergaben. Boten einer Nachricht wurde vom Absender als Vollmacht ein Handschuh verpasst, und der Handschuhtausch machte den Handel von Land oder Gütern rechtskräftig, wie eine Urkunde, ein Vertrag oder eben ein Handschlag.[7]

Körpernah, aber schnell abgestreift und weitergereicht, ließ der Handschuh abstrakte Vorgänge zwischen Personen im wahrsten Sinne manifest werden. Er war der Hand in seiner mimetischen Gestalt ideales Double und ein Proxy desjenigen, dem die Hand gehörte. Handlich in allen möglichen Weisen, eignete er sich im Verkehr von Botschaften und schien vor der Industrialisierung und Alphabetisierung in Europa ein beliebtes Kommunikationsmedium gewesen zu sein. In jedem Fall war er wohl das mobilste und interaktivste Kleidungsstück überhaupt.

Allerdings war der Handschuh dabei gerade nicht oder nicht mehr ein Kleidungsstück. Wie andere Dinge auch, wird er desto reibungsloser zum Symbol oder Fetisch, je geringer sein Nutzwert ist. Gerade als Einzelner ist er daher höchst empfänglich für semantische Beladungen, suspendiert das Fehlen seines Partners ihn ja als Gebrauchsgegenstand. »Zumindest hemmt das Paar, wenn es ihn nicht untersagt, den ›fetischisierenden‹ Antrieb; es haftet am Gebrauch«,[8] so Jacques Derrida mit Blick auf Van Goghs Stillleben *Ein Paar Schuhe*. Dies gilt auch für Handschuhe, die Derrida, beim Umkreisen der Frage, wann ein Paar nun ein Paar ist, beiläufig erwähnt. Daran anknüpfend beschreiben Peter Stallybrass und Ann Rosalind Jones, wie Handschuhe durch »Entpaarungen« zum Fetisch wurden, unter anderem auf Renaissance-Porträts von Aristokraten und gehobenen Bürgern. Wenn diese, wie Tizians *Mann mit dem Handschuh*, einen Handschuh tragen und den zweiten in der nackten Hand halten, wirke diese Ikonografie der ungeraden Zahl (ein Handschuh oder, in Gleichsetzung von Hand und Handschuh, drei Hände pro Bild) fetischisierend. In konstitutioneller Differenz zum Fäustling, dessen Kulturgeschichte eine von Nutzen und Arbeit ist, war der Fingerhandschuh bis ins 16. Jahrhundert hinein ohnehin meist den oberen Ständen vorbehalten. Auf den Gemälden ist er Merkmal derjenigen, deren Hände nicht arbeiteten, sondern schwer damit beschäftigt waren, einen Handschuh festzuhalten oder ihn als Ausdruck ihrer Gunst zu verschenken.[9]

Minne- und Fehdehandschuhe sind beste Beispiele dafür, dass der Handschuh als Bindungswesen zweifacher Art doppelt qualifiziert war, um Vereinigungen, Zerwürfnisse oder den Wunsch danach sinnfällig zu machen. Obwohl man ihn erst im 18. Jahrhundert so nannte,[10] entstand die Tradition des Fehdehandschuhs im ritterlichen Umfeld. Zur Erklärung des Kampfes warf man jemandem, wie es heute noch redewendend heißt, den Handschuh hin. Gezielt wurde gemeinhin auf den Boden, bisweilen auch, halbwegs sublimiert, auf die Nase des Anderen. Mit Aufnahme des Handschuhs wurde die Herausforderung akzeptiert; in Vorausschau auf das Duell galt er als Pfand. Pfand in freundlicherer Absicht war er, wenn eine Hofdame ihn ihrem Auserwählten zuwarf, um diesen zu überzeugenden Liebesbeweisen herauszufordern.[11] Wie schmerzhaft dicht Minne und Fehde beieinander liegen, davon erzählt Schillers Ballade *Der Handschuh*. Um ihren Verehrer Ritter Delorges zu verhöhnen, wirft Kunigund ihren Handschuh in den Raubtierkäfig, zwischen Tiger und Löwen. »›Ei, so hebt mir den Handschuh auf!‹« Zum Erstaunen aller erfüllt Delorges den Auftrag. Und erklärt der nun ganz Verzückten in spektakulärer Geste das Aus: »Und er wirft ihr den Handschuh ins Gesicht: ›Den Dank, Dame, begehr ich nicht!‹«

Bei – noch – vorhandenem Begehren war die Liebessymbolik nicht selten eine Handschuhsymbolik. Seit der Antike stand der Handschuh, wie in Romeos sehnlicher Fantasie, etwa für den Mann, der die Frau umfasst,[12] und oft wurde die Ein-und-Alles-Logik des Handschuhpaars zum Vorbild für die hoffentlich endlose Liebe. »Leave out the G, And make a pair of loves«,[13] heißt es in einem englischen Volksreim. Galt die Hinwendung zum, typischerweise, weiblichen Objekt der Begierde auch dem, typischerweise, Damenhandschuh, lässt sich das auf die Zusammengehörigkeit von Hand und Handschuh wie auf jene von Handschuh und Handschuh zurückführen. Ergattert man einen ihrer Handschuhe, ist man der Besitzerin des spiegelverkehrten Gegenstücks eben auch dinglich verbunden, und als Ersatzobjekt konnte der Handschuh, pars pro toto, die Begehrte vertreten oder zur externen Prothese werden – und das nicht nur für ihre Hand.[14]

Der Psychiater Richard von Krafft-Ebing hielt Handschuhliebhaber im Reich des sexuellen Fetischismus allerdings für eine eher harmlose Subkultur. Anders als der Schuhfetischis-

Max Klinger, Ängste. Blatt 7 aus Ein Handschuh, Opus VI, 1881.

mus sei der Handschuhfetischismus selten pathologisch,
dann nämlich wäre »der Fetisch der ganze Vorstellungsin-
halt«.[15] Für Krafft-Ebing gehörte der Handschuh, offenbar
genau aufgrund seiner Verweisbeziehung zur Hand, zur
Salon-Kategorie parfümierter Briefe, getrockneter Rosen und
Haarlocken, die einen bestimmten Menschen vergegenwär-
tigten oder an ihn erinnerten. Kaum jemand, legte er nahe,
jagt wahllos irgendwelche Handschuhe.

Wenige Jahre vor der Erstauflage von Krafft-Ebings *Pa-
thologia Sexualis* beendete Max Klinger mit *Ein Handschuh*
eine Radierungsfolge, die den Handschuh als Fetisch in
seiner ganzen Ambivalenz von Verheißung und Bedrohung

aufleben lässt. Eine ältere Version des zehnteiligen Zyklus hieß *Phantasien über einen gefundenen Handschuh, der Dame, die ihn verlor, gewidmet.* Diese Dame ist auf dem zweiten Blatt von hinten zu sehen; sie hat soeben ihren Handschuh fallen gelassen. Eine dem Künstler ähnelnde Figur hebt ihn auf und wird dann nachts von turbulenten, eindeutig Handschuh-induzierten Träumen heimgesucht (s. Abb.).[16] Wie jener, den Kleists Prinz von Homburg, in somnambulem Zustand, Prinzessin Natalie entwendet, ist auch Klingers Handschuh ein Grenzgänger zwischen Träumen und Wachen, aber in Gegenrichtung. Der im Schlaf erhaschte Handschuh führt Friedrich von Homburg, wie Aschenputtels Schuh den anderen

Prinzen, zur Liebsten.[17] Bei Klinger lösen die reale Begegnung mit der »Dame« und der Handschuhfund einen abgründigen »Schlaf der Vernunft«[18] aus. Während die Dame nicht mehr auftaucht, wird der Handschuh zur fantasmatischen Hauptfigur in immer neuer Gestalt, Größe und Konstellation. Angeblich spielte Klinger mit der »Handschuh-Affaire«[19] auf eine leidvolle Liebesgeschichte an. Fest steht, dass der Mann diesen Handschuh – diese Frau – nicht in der Hand hat. Im Gegenteil.

Zu Klingers Zeiten waren Handschuhe im Alltag längst zum Bestandteil bürgerlicher Garderobe geworden, und ihre Verweisfunktion beschränkte sich meist darauf, *am* Mann oder *an* der Frau den Bürgerstand ihrer Träger anzuzeigen. Ähnlich verpönt wie dann zeitgleich der Hut, legte man Handschuhe spätestens seit den 68ern fast nur mehr aus pragmatischen Gründen an. Ihre symbolischen Qualitäten gerieten in Vergessenheit.

Jüngst traten sie als Insignien allerdings wieder in Erscheinung, in Jim Jarmuschs *Only Lovers Left Alive*; ein Film über Vampire und über Vampirfilme, aber auch über ewige Liebe, Fernbeziehungen und gestörte Zweisamkeit. Den sensiblen und diskreten Vampiren von heute sind ihre ledernen Handschuhe Schutz gegen die Außenwelt und Tarnung; für den wissenden Zuschauer sind sie zugleich ihr Markenzeichen. Das Haus verlassen sie immer mit Handschuhen. Nur wenn sie, die sich eigentlich von Blutkonserven aus Krankenhäusern ernähren, in Angewohnheiten aus dem 15. Jahrhundert zurückfallen und jemanden aussaugen, zeigen sich mit ihren Eckzähnen auch ihre unverhüllten Hände. Und in ganz privaten Momenten. In einer der hinreißendsten Szenen des Films empfängt Vampir Adam seine Geliebte Eve nach langer Trennung bei sich zu Hause. Er führt sie hinein und streift ihr sanft die Handschuhe von den Händen, erst den einen, dann den anderen.

Anmerkungen

1 Friedrich Wilhelm Weber: Der Handschuh, in: ders.: Gedichte. Eine Auswahl, zusammengestellt von Johannes Heinemann, Paderborn 1976, S. 110–116, hier S. 113 und 115.

2 Johann Peter Hebel: Der Handschuhhändler, in: Johann Peter Hebels Werke, Zweiter Bd.: Erzählungen und Aufsätze des Rheinländischen Hausfreunds, hg. von Wilhelm Zentner, Karlsruhe o. J., S. 451–452.

3 Auch Marx räumt ja trotz der betonten Differenz zwischen Gebrauchs- und Warenwert ein, dass, was gar keinen Gebrauchswert hat, auch keine Ware sein kann. Vgl. Karl Marx: Das Kapital. Kritik der politischen Ökonomie, Erster Bd., Berlin 1979, S. 55.

4 William Shakespeare: The Most Excellent and Lamentable Tragedy of Romeo and Juliet, in: ders.: The Complete Works, hg. von Stanley Wells und Gary Taylor, Oxford 1988, S. 335–366, hier S. 345 (2.1.65–66). In der Shakespeare-Forschung ist der Handschuh ein großes Thema. Die vielen Handschuhe in Shakespeares Dramen deutet man oft als Zeugnis dafür, dass sein Vater Handschuhmacher war, und man spekuliert darüber, ob auch William Shakespeare in diesem Handwerk ausgebildet worden ist. Vgl. etwa Stephen Greenblatt: Will in the World. How Shakespeare Became Shakespeare, New York 2004, S. 55 ff.

5 Fetisch wird hier verstanden als »Ding […], an das Individuen oder Kollektive Bedeutungen und Kräfte knüpfen, die diesem Ding nicht als primäre Eigenschaften (im Locke'schen Sinn) zukommen.« Hartmut Böhme: Fetischismus und Kultur. Eine andere Theorie der Moderne, Reinbek bei Hamburg 2006, S. 17.

6 Berent Schwineköper: Der Handschuh im Recht, Ämterwesen, Brauch und Volksglauben, Berlin 1938, S. 33.

7 Vgl. Schwineköper, S. 57, 105, 104, 60; Max von Boehn: Das Beiwerk der Mode. Spitzen, Fächer, Handschuhe, Stöcke, Schirme, Schmuck, München 1928, S. 78 f. und J. A. Kment: Der Handschuh und seine Geschichte, Austria, Wien 1890, S. 8–15.

8 Jacques Derrida: Restitutionen. Von der Wahrheit nach Maß, in: ders.: Die Wahrheit in der Malerei, hg. von Peter Engelmann, Wien 1992, S. 301–442, S. 388.

9 Vgl. Peter Stallybrass und Ann Rosalind Jones: Fetishizing the Glove in Renaissance Europe, in: Critical Inquiry 28 (Autumn 2001), S. 118 und 120–124.

10 Vgl. Friedrich Kluge: Etymologisches Wörterbuch der deutschen Sprache, 24., durchgesehene und überarbeitete Auflage, Berlin, New York 2002, S. 282.

11 Vgl. zum Fehde- und Minnehandschuh z. B. Kment, S. 15 ff. bzw. 28–36.

12 Vgl. Stallybrass und Jones, S. 128.

13 Zitiert nach Schwineköper, S. 134.

14 Dies demonstrieren Stallybrass und Jones anhand wenig subtiler Anspielungen aus Zeiten der Renaissance, vgl. Stallybrass und Jones, S. 127.

15 Richard von Krafft-Ebing: Psychopathia Sexualis. Mit besonderer Berücksichtigung der konträren Sexualempfindung. Eine klinisch-forensische Studie, 7. Auflage, Stuttgart 1892, S. 157, vgl. zur Seltenheit der Handschuhfetischisten S. 165 und 178.

16 Vgl. zum Zyklus z. B. Max Klinger 1857–1920. Ein Handschuh. Traum und künstlerische Wirklichkeit, Ausst.kat. Städtische Galerie im Städelschen Kunstinstitut, Graphische Sammlung, hg. von Klaus Gallwitz und Margret

Stuffmann, Mainz 1992 und Das Drama um Mann und Weib. Graphische Zyklen von Max Klinger, Ausst.kat. Horst-Janssen-Museum Oldenburg, hg. von Friedrich Scheele, Oldenburg 2011, S. 46–54 und S. 79–85.

17 Heinrich von Kleist: Sämtliche Werke. Brandenburger Ausgabe, Bd. I/8, hg. von Roland Reuß und Peter Staengle, Frankfurt/Main 2006. Zu Klingers Anspielung auf Kleist vgl. Max Klinger 1857–1920. Ein Handschuh. Traum und künstlerische Wirklichkeit, S. 36 f.

18 Zu Klingers Orientierung an Goyas Schlaf der Vernunft vgl. ebd., S. 37, 41.

19 So bezeichnete Klinger sie angeblich selbst einmal. Vgl. ebd., S. 37.

Der Pelz des Hermelins
oder Von Sommer- und Winterkleidern, Tarn- und Warntrachten, Putz-, Schutz- und Trutzfärbungen sowie der Jäger'schen Normalkleidung

Georg Toepfer

Der Pelz des Hermelins ist im Sommer braun und im Winter weiß. Das ist ein schönes Phänomen für sich, zumal das Weiß von einer Reinheit ist, die sich im Tierreich selten findet. Die Reinheit ihres weißen Fells wurde vielen Hermelinen zum Verhängnis: Sie endeten als Stück in einem adligen Mantel, ihr Weiß noch unterstrichen durch die schwarze Schwanzspitze, die mitverarbeitet wurde (siehe Abb. 1). Das reine Weiß des Winterpelzes machte das Hermelin auch zu einer brauchbaren Projektionsfläche des Volksglaubens. Als Symbol der Keuschheit und Reinheit erscheint es schon im antiken Aberglauben: Um sein Fell nicht zu beflecken, empfange das Hermelin durchs Ohr und gebäre durch den Mund – oder umgekehrt, wie der *Physiologus* behauptete.[1] Auch galt es als ein besoders kultiviertes Tier, weil es sich eher von einem Jäger fangen lasse, als durch den Kot zu gehen, sein reines Weiß also höher schätze als Freiheit und Leben.[2] Sein Fellwechsel machte das Tier darüber hinaus zu einem beliebten Objekt für Zauber und Gegenzauber, Wetterorakel und Verwandlungssagen.

Der Pelz des Hermelins bietet sich aber nicht nur für allegorische und sartoriale Ordnungen des Menschen an. Kleiderordnungen sind vielmehr auch Naturordnungen, zu entschlüsseln von der Naturwissenschaft der lebendigen Wesen. Biologen gehen dabei, wie immer, funktionalistisch vor: Das Phänomen wird eingeordnet im Hinblick auf seinen Nutzen, erklärt durch seine Funktion, am besten als eine evolutionäre ›Anpassung‹. Dies erfolgt zunächst mittels der für die Welt des Menschen etablierten Sprache: Als »Sommerkleid« und »Winterkleid« wird das wechselnde Outfit des Hermelins in der deutschen Ausgabe von Buffons *Naturgeschichte* von 1776 bezeichnet.[3] Im französischen Original von 1758 ist zwar nur von wechselnden Farben (»change de couleur«) die Rede;[4] dafür wird der Farbwechsel aber gleich mit einem Namenswechsel für das ganze Tier verbunden (im Sommer »belette à queue noire«, im Winter »hermine«) (siehe Abb. 2).

Terminologisch ist bemerkenswert, dass die biologische Sprache bis heute über keinen Ausdruck für das verbreitete Phänomen des periodischen Wechsels der Farbe oder Gestalt eines Individuums im Laufe seines Lebens verfügt. Der Wechsel des Aussehens von laubabwerfenden Bäumen im Wechsel der Jahreszeiten oder von Vögeln, die jedes Jahr ihr »Prachtkleid« gegen ein »Schlichtkleid« tauschen, ist zwar wohlbekannt, aber nicht allgemein benannt. Angemessen wären die Ausdrücke ›saisonaler Dimorphismus‹ oder ›Zyklomorphose‹ – diese werden aber in der Regel nicht auf einzelne Organismen, sondern auf Arten bezogen, bei denen mehrere Generationen in einem Jahr vorkommen und die Sommergeneration morphologisch verschieden von der Wintergeneration ist. Dies ist zum Beispiel bei Wasserflöhen und manchen Schmetterlingen der Fall, für die diese Begriffe Mitte des 19. bzw. zu Beginn des 20. Jahrhunderts eingeführt wurden.

Der periodische Wechsel der Körperumhüllung wird von Biologen zu den überlebensdienlichen »Tricks der Tiere«[5] gerechnet. Die farbliche Spiegelung der Umwelt im Pelz des Hermelins – im Sommer braun, im Winter weiß – hat in biologischer Perspektive auch nur auf der Oberfläche etwas ›Ehrliches‹, eigentlich ist sie doch auf Täuschung angelegt: Die Farbe dient der Tarnung und soll die Abwesenheit des Tiers vortäuschen. Die sichtbare Körperoberfläche ist die Kontaktzone mit der Umwelt, die ein Tier als etwas anderes erscheinen lassen kann, als es ist: als größer, gefährlicher, attraktiver – oder eben als an seinem jeweiligen Ort nicht vorhanden. Auch für Tiere gilt damit: Kleidungen sind Verkleidungen, Verhüllungen der Wahrheit, bevorzugte Medien der Täuschung. Wobei es durchaus umstritten ist, ob von einer echten Täuschung bei Tieren gesprochen werden kann. Davon ist zwar bereits in der antiken Naturgeschichte die Rede, so beispielsweise bei Plinius, der dem Kuckuck zuschreibt, er täusche die Zieheltern seiner Nachkommen,[6] oder auch in der Verhaltensforschung des 20. Jahrhunderts, in der die Mimikry in der Natur als »Täuschung eines Signalempfängers« definiert wird.[7] Es gab aber immer auch kritische Stimmen, die einwenden, in der Natur gebe es keine Täuschungen, weil es sich bei den fraglichen Phänomenen um Verhaltensweisen handele, die instinktiv ablaufen und nicht vom einzelnen Tier willentlich initiiert und gesteuert werden könnten: »Mich zu verstellen, muß ich erst wissen oder wenigstens ahnen, wie ich bin, um dann eine Maske anzunehmen. ›Alle Verstellung ist Werk der Reflexion‹ (Schopenhauer). Kein Tier kann das tun.«[8] Die Konsensmeinung ist aber doch eher die gegenteilige: »Das Sein in einen Schein zu verwandeln, der als ein anderes Sein genommen wird, ist das Täuschungsmanöver, welches das Tier leistet. […] Mit diesen Täuschungen überlebt, lebt also das Tier.«[9]

Tarnung – ein Ausdruck, der erst in den 1920er Jahren in Übernahme einer militärtechnischen Vokabel in die Biologie einwanderte[10] – ist nur *eine* der täuschenden Funktionen, die die Tracht der Tiere übernehmen kann. Eine einfache, kaum beachtete Klassifikation der Färbungen von Tieren nach Funktionskategorien erstellte der Zoologe und – im lukrativen Nebenberuf – Modedesigner und Textilfabrikant Gustav Jäger. Er unterschied 1877 in einem kurzen Beitrag zum ersten Band einer *Zeitschrift für einheitliche Weltanschauung auf Grund der Entwicklungslehre* »Schutzfärbung, Trutzfärbung, Putzfärbung und Appetitfärbung«.[11] Jägers Wortwahl war offensichtlich beeinflusst durch den politischen Begriff des ›Schutz- und Trutzbündnisses‹, im Besonderen durch die genau so genannten Verträge, die Preußen nach dem ge-

Abb. 1   [Unbekannter Künstler], Portrait Elisabeth I. von England in
ihrem Krönungsgewand, ca. 1600–1610

Fig. 1.

Fig. 2.

Bavée l'Ameriquain del.   L'HERMINE   *M. Aubert sculp.*

Abb. 2   Hermelin im Sommer- und Winterpelz, 1758

wonnenen Deutschen Krieg mit den süddeutschen Staaten in den Jahren 1866–67 abschloss. Unter »Trutzfärbungen« versteht Jäger die auffälligen Warnfarben von Tieren, die entweder auf eine tatsächliche Giftigkeit für ihre Feinde hinweisen oder in der Nachahmung der Auffälligkeit diese Giftigkeit nur vortäuschen (Mimikry). Unter »Putzfärbung« werden von Jäger die durch sexuelle Selektion entstandenen und auf die Anlockung von Artgenossen zielenden bunten Farben zusammengefasst. Eine »Lockfärbung« wie diese sei auch die »Appetitfärbung«, die aber auf die Anlockung artfremder Organismen ziele, wie die bunten Farben der Blüten und Früchte, die durch die angelockten Insekten und Vögel bestäubt bzw. verbreitet werden. Tarnung, Abschreckung, Fortpflanzung und Verbreitung sind damit die Funktionen, die in Jägers System den Farben der Lebewesen zukommen. Er ordnet diesen Funktionen auch einzelne Farben zu: Grün, Braun und Grau seien die tarnenden Schutzfarben, Gelb die »Trutzfarbe oder Ekelfarbe« und Rot die »Lüsternheits- oder Lockfarbe«. Die weite Verbreitung dieses Farbcodes erlaubt auch ein metaphorisches Spiel mit ihm: Das Rot der Brust vieler Vogelmännchen fungiert als lockender Reiz für die Weibchen, weil diese gerne rote Früchte zu sich nehmen; die »Putzfärbung« ist hier aus einer »Appetitfärbung« hervorgegangen. Zoologen kennen noch manch andere Beispiele für derartige durch sexuelle Selektion entstandene und in der Körperfärbung der Tiere fixierte Übertragungen der visuellen Reize der Nahrungsidentifizierung auf solche der Partnerpräferenz (»Lockmimikry«[12]): vom leichenhaften Aussehen der Köpfe leichenfressender Geier über die körnerähnlichen Augenflecken im Gefieder körnerfressender Hühnervögel bis hin zum Grau der im grauen nassen Sand lebende graue Sandkrebse fressenden Graumöwen Südamerikas.[13]

Neben diesem durch Funktionsübertragung entstandenen Vorkommen von Farben bestehen andere, ebenfalls bisher kaum thematisierte allgemeine Regelmäßigkeiten. So sind die farbenfrohsten Tiere unter den Schmetterlingen, Vögeln und Fischen zu finden, also solchen Tieren, die sich dreidimensional im Raum bewegen. Eine einfache Erklärung dafür geht davon aus, dass sich diese Tiere primär visuell orientieren. Eine andere Erklärung könnte auch sein, dass die Färbung dieser Tiere nur unwesentlich zu ihrer Sichtbarkeit beiträgt, weil sie gegen den hellen Himmel für ihre Feinde sowieso oft leicht zu erkennen sind – Körperfärbung kann daher zu innerartlichen Kommunikationszwecken eingesetzt werden. Tiere, die sich kriechend oder laufend fortbewegen, wie Reptilien und Säugetiere, sind dagegen meist ein- oder tarnfarbig, weil bunte Farben sie für Feinde viel auffälliger machen würden. Gut abzulesen sind diese Muster an der ›Biodiversitätswand‹ des Berliner Naturkundemuseums, die eine (nicht erläuterte) Ordnung der Lebewesen nach Formen ihrer Fortbewegung enthält. Auch die Farbigkeit der Blüten vieler Pflanzen kann damit letztlich daraus erklärt werden, dass sie funktional auf Organismen bezogen sind, die sich fliegend fortbewegen (die Insekten und Vögel als Bestäuber).

Der farbeninteressierte Gustav Jäger war nicht nur von den vielfältigen biologischen Funktionen der Tierfelle angetan, er war auch von dem Wert der Tierhaare für die Zwecke menschlicher Kleidung überzeugt – und entwickelte ein lebensreformerisches Konzept für optimale Herrenkleidung, die er *Normalkleidung* nannte.[14] Für diese wurden Merinowolle und Kaschmir sowie Haare von Kamel, Vikunja und Alpaka verarbeitet; ab 1879 wurden neben Anzügen auch Unterwäsche und andere Kleidungsstücke im großen Maßstab von einer Stuttgarter Wirkwarenfabrik hergestellt. Jägers Normalkleidung wurde von den Protagonisten der großen Afrika- und Polarexpeditionen wie Fridtjof Nansen, berühmten Bergsteigern wie Edmund Hillary und schließlich auch von deutschen Universitätsprofessoren auf dem Katheder wie Martin Heidegger getragen – allesamt vereint in der Symbolik eines naturnahen Normalrocks als »reine[m] Widerspruch zur bürgerlichen Unnatur«[15] (Hans Blumenberg). Jäger propagierte das »System« seines »Woll-Regimes« nicht nur als Mittel zum Schutz des Körpers, sondern auch als stärkende Medizin im Sinne eines »Abhärtungsmittels«.[16] Im Versailler Vertrag wurde Jägers florierendes Unternehmen als Kriegsentschädigung England zugesprochen und besteht dort bis heute – mit Stammsitz in London, etwa 14 Fabriken in Großbritannien und eigener Schafherde in Australien.

In England war überraschenderweise auch Oscar Wilde Anhänger der schlichten Funktionskleidung aus deutscher Manufaktur. Er kannte den Zusammenhang von Oberfläche und Tiefe, denn er wusste: »Nur die Oberflächlichen urteilen nicht nach dem Äußeren.«[17] Über lange Zeit konnte sich das Hermelin darauf – auf die Orientierung seiner Feinde und Beute am Äußeren – verlassen und blieb unentdeckt; aber dann kam der adlige Mensch und machte mit seinem oberflächlichen Urteil den reinweißen fremden Körper zur eigenen Oberfläche.

Anmerkungen

1 Vgl. Richard Riegler: Wiesel, in: Handwörterbuch des Deutschen Aberglaubens, Bd. 9, hg. von Hanns Bächtold-Stäubli, Berlin 1941, Sp. 578–600, hier Sp. 581.
2 Vgl. Friedrich Lauchert: Geschichte des Physiologus, Straßburg 1889, S. 224.
3 Herrn von Büffons Naturgeschichte der vierfüssigen Thiere, mit Vermehrungen, übers. von Friedrich Heinrich Wilhelm Martini und Bernhard Christian Otto, Bd. 4, Berlin 1776, Inhaltsverzeichnis.
4 Louis Jean-Marie Daubenton: Description de l'Hermine, in: Georges-Louis Leclerc Comte de Buffon, Louis Jean-Marie Daubenton: Histoire naturelle générale et particulière, Bd. 7, Paris 1758, S. 243–248, hier S. 243.
5 Marie-Pierre Klut: Tricks der Tiere [Quand les animaux se déguisent, 1987], Ravensburg 1992.
6 Vgl. Plinius: Naturalis historia [77 n. Chr.], 10. Buch, Abschnitt 25–27.
7 Wolfgang Wickler: Mimikry. Nachahmung und Täuschung in der Natur, München 1968, S. 236.
8 Ludwig Carrière, Bern Carrière: Tierpsychologie. Neue Grundlegung. Beiträge zur vergleichenden Psychologie der Tiere und des Menschen, Berlin 1959, S. 26.
9 Arno Baruzzi: Philosophie der Lüge, Darmstadt 1996, S. 10.
10 Otto Lipmann: Zur Psychologie der Lüge, in: ders., Paul Plaut (Hg.): Die Lüge, Leipzig 1927, S. 1–14, hier S. 9 f.; Alexander Stüler: Kann man sich unsichtbar machen?, in: Kosmos 25 (1928), S. 315–317, hier S. 317.
11 Gustav Jäger: Einiges über Farben und Farbensinn, in: Kosmos 1 (1877), S. 486–495, hier S. 486.
12 Oskar Heinroth: Beiträge zur Biologie, namentlich Ethologie und Psychologie der Anatiden, in: Verhandlungen des V. Internationalen Ornithologen-Kongresses in Berlin 1910, Berlin 1911, S. 589–702, hier S. 697.
13 Hans-Wilhelm Koepcke: Die Lebensformen. Grundlagen zu einer universell gültigen biologischen Theorie, Bd. 2, Krefeld 1974, S. 1223 ff.

14 Vgl. Elisabeth Kaufmann: Gustav Jaeger, 1832–1917. Arzt, Zoologe und Hygieniker, Zürich 1984; Hans Dieter Haller: Gustav Jäger – ›Woll- oder Seelen-Jäger‹, in: Dieter A. Bloedt, Hermann Ehmer, Wolfgang Schöllkopf (Hg.): Uracher Köpfe, Bad Urach 2009, S. 103–111.

15 Hans Blumenberg: Normalrock nach Gustav Jäger, in: ders.: Die Verführbarkeit des Philosophen, Frankfurt/Main 2000, S. 51–55, hier S. 52.

16 Gustav Jäger: Die Normalkleidung als Gesundheitsschutz. Gesammelte Aufsätze aus dem ›Neuen Deutschen Familienblatt‹ (Jahrgang 1872–1881), Stuttgart ³1883, S. iv (Vorwort zur 1. Aufl. 1880).

17 Oscar Wilde: Das Bildnis des Dorian Gray [1891], 2. Kapitel [übers. von G.T.].

Persische Zypresse (*Buta Djiḳa*) – Paisleymuster

MARYAM PALIZBAN

Wenn ein Objekt des Begehrens in unserer Umgebung erscheint und ins Auge gefasst wird, entsteht eine imaginäre Linie, von außen nach innen und von innen nach außen. Das Auge erfasst das Bild, um es im Inneren zu konfigurieren.

Das Auge ist nicht frei. Es gehört einem seltsam blinden Wesen, dem Menschen, der das reale Bild und das reale Objekt erfasst, analysiert, interpretiert und als Teil seines eigenen Ausdrucks reflektiert. Dieses Objekt des Begehrens vergegenständlicht sich in dem Druck der Hände, auf Papier, Stein, Stoff und allem was bedruckbar sein kann, als Text und Bild. Die Frage ist, warum ein bestimmtes Element so faszinierend sein kann? Was verbindet so viele Augen mit diesem Objekt?

Sein Name ist Zypresse, ein Baum, der menschliche Gestalt anzunehmen scheint. Seine Geschichte als Bild fängt in der Achämeniden-Ära[1] in der Antike an, wird später über Indien in den Kolonialreichen verbreitet und erscheint auf Schals und Krawatten – als Paisleymuster. Das Schicksal dieses Objektes ist mit seinem Kopf verbunden. Die Spitze seiner Gestalt, die sich in Miniaturen, Teppichen und Stoffen kreisförmig nach unten zieht, wurde auf verschiedenste Art interpretiert. In Geschichte und Literatur werden der Zypresse menschliche Eigenschaften zugeschrieben. Es ist ein Baum, der in ganz Altpersien zu finden war und immer grün und lebendig blieb. Zypressen können sehr alt werden, wenn sie nicht verbrannt oder gefällt werden. Die ältesten Zypressen in jedem Dorf und jeder Stadt standen an den Orten der Tempel und später der Heiligengräber der vorzoroastrischen und zoroastrischen Traditionen bis zum schiitischen Islam. Die ältesten Zypressen standen an Orten, an denen Himmel und Erde zueinander fanden. So sagt man, dass Zarathustra die Zypresse vom Himmel mitbrachte und sie in die Erde vor dem Tempel des Feuers senkte – die Kashmar-Zypresse.[2]

Die Āzād-Zypresse (Sarv-e Āzād, ›Frei-Zypresse‹) leitet ihren Namen aus ihrer Kopfhaltung her: Die Zypressen mit aufrechtem Kopf waren auf jeder Palastwand verewigt. Auch in Persepolis, einer der Hauptstädte des antiken Perserreichs unter den Achämeniden, findet man sie überall. Neben jedem steinernen Soldaten auf den Mauerreliefs steht sie als heiliger Baum, um die Hoffnung auf ewigen Bestand des Reiches zu symbolisieren. Die Macht der persischen Soldaten sollte ewig herrschen; was aber blieb, war die Macht der Zypressen und ihre immergrüne Natur (siehe Abb. 1).

Die Geschichte der Zypresse wendet sich in der Zeit der Sassaniden,[3] in der Ära Kavadehs[4] und seines Sohnes.[5] Die Quellen über die Taten von Vater und Sohn sind nicht eindeutig. Die Unterschiede liegen in der Art und Weise, mit der diese Herrschaft von Vater und Sohn die bekannteste Reformbewegung ihrer Zeit behandelt hat. Zum einen heißt es, der Vater habe der neuen Glaubensrichtung nahegestanden und sich mit Sozialreformen auseinandergesetzt, zum anderen habe der Sohn, Chosrau I., die Bewegung bis zur Ausrottung verfolgt. Die Anhänger dieser Bewegung nannten sich nach Mazdak, ihrem Anführer, Mazdakiten. Der König, die zoroastrischen Priester (Mobed), die Adligen und die Feudalherren sahen in Mazdaks Lehre eine machtbedrohende Ideologie, die sich rasend schnell verbreiten könnte. Der König lud die Mazdakiten ein, mit den christlichen und zoroastrischen Priestern öffentlich zu debattieren. Die Mazdakiten verloren den Disput und der König ließ sie massakrieren und alles, was von ihnen übrig geblieben war, ihr Eigentum, ihre Bücher, verbrennen. Nun symbolisierten die Zypressen die Bewegung der Mazdakiten Anfang des sechsten Jahrhunderts unter der Macht der Sassaniden.[6] Mazdak und seine Anhänger wurden von Ferdowsi (940–1020 n. Chr.) in seinem Epos *Shahnāma* als Bäume, als Zypressen, bezeichnet.

Abb. 1   Zypressen in Persepolis. Steinernes Relief am Treppenauf-
gang zum Apadana, 515 v.u.Z.

Die Zypresse, die aufrechte Gestalt, das Symbol des frei-
en Wesens, deren Spitze himmelwärts zeigt, die ihren Kopf
aufrecht hält, wird danach als Symbol aufgeweicht, enthärtet.
Ihre Gestalt wird auf fließende Erscheinungen, die sich formen lassen, projiziert. Zypressen werden fester Bestandteil
wertvoller und luxuriöser Kleiderstoffe und Accessoires. Der
spitze und gerade stehende Kopf fließt nach unten und seine
Gestalt wird durch das Diktat des Ästhetischen zu einem
Kreis deformiert. Von jetzt an heißt sie *Buta Djika*, und ihr
neuer Name verwischt ihren Ursprung. *Buta Djika* verweist
auf die große Feder, die die Könige auf ihren Kronen trugen,
um die tote Natur und die königliche Lust an der Macht über
die Natur zu demonstrieren, und die wie ein zweiter Kopf

eines besiegten, abgeschlachteten Tiers über dem menschlichen Kopf thronte.

Die Zypresse erschien von da an auf allem, was ein Zeichen der Schönheit tragen sollte, und dekorierte Teppiche, Kleidung, Gebäude. Gleichzeitig hatte die Zypresse ihr Leben schon immer in der Literatur geführt. Allein in den persischen klassischen Gedichten des 14. und 15. Jahrhunderts von Hafis und Sa'adi wurde sie mehr als 50 000 Mal erwähnt: als Symbol der Schönheit, des schönen Körpers, des freien Körpers, ein Symbol, das immer jung geblieben und gleichzeitig das alte, weise Wesen ist.

Die vervielfachten Formen der Zypressen, nebeneinander liegend oder stehend, sind so dicht und ineinander gefaltet, dass man ihre ursprüngliche Form kaum mehr erkennen kann (siehe Abb. 2). Die wertvollen Seidenstoffe sind damit übersät und die verkrümmten Köpfe der Zypressen, die sich der Zartheit des Stoffes angepasst haben, schmeicheln den Augen. Die Zypressen heißen nicht mehr Zypressen und ihre Körper haben auch nicht mehr die ursprüngliche Form. Ob wir die Zypressen im Paisleymuster sehen und

Abb. 2   Termeh-Stoff mit Buṭa Djiḳa-Motiv

ihre mannigfache Symbolik in unserer Welt wiedererkennen oder nicht, ist unsere Sache.

Die Zypresse lebt weiter.

Anmerkungen

1 Ca. 550–330 v. Chr.
2 Vgl. Ferdowsi: S̲h̲ahnāma, Teheran 2005, S. 33–35; A.V. Williams Jackson: The Cypress of Kashmar and Zoroaster, in: ders.: Zoroastrian Studies. The Iranian Religion and Various Monographs, New York 1928.
3 Ca. 224–651 n. Chr.
4 488–496 n. Chr. und 499–531 n. Chr.
5 531–579 n. Chr. Auch genannt *Anuschirwan*.
6 Vgl. Arthur Pope: A Survey of Persian Art, Oxford 1938 f.

Tradition im Schafspelz.
Der Norwegerpullover

UTA KORNMEIER

Als im März 1983 die neue Partei Die Grünen in den Deutschen Bundestag einzog, stachen deren Mitglieder zunächst
aufgrund ihres unkonventionellen Äußeren hervor. Nicht
nur die langen Haare und Turnschuhe, auch die ›Norwegerpullover‹ von Walter Schwenninger und Klaus Hecker
sorgten für Schlagzeilen. Diese Oberbekleidung war nicht nur
ein Protest gegen die steife Kleiderordnung im Bundestag,
sie brachte auch die Werte der alternativen Bewegung auf
den Punkt: Von Hand aus natürlichen, nachwachsenden
Rohstoffen gefertigt, robust, bequem und mit zeitlosem traditionellen Design steht der ›Norweger‹ in Deutschland für
das Gegenteil von Industrialisierung und Globalisierung,
Umweltverschmutzung und Raubbau an der Natur, Kon-
sumwahn und Körperfetischismus. Da war es fast egal, dass
Walter Schwenningers Pullover aus Alpakawolle war und
aus Südamerika kam, denn das Wort ›Norwegerpullover‹
ruft starke Bilder hervor, die weniger das Kleidungsstück
als solches betreffen als vielmehr den Träger: naturverbun-
den, idealistisch, alternativ und widerspenstig. Doch wieso
gerade der Norwegerpullover? Was genau *ist* eigentlich ein
Norwegerpullover?

Ein Strickpullover, dessen Ursprung in Norwegen liegt,
könnte man denken – aber so einfach ist es nicht. Erfunden
haben die Norweger das Stricken jedenfalls nicht. Man vermutet, dass diese Handarbeitstechnik im 8. Jahrhundert im früh-
islamischen Ägypten entwickelt wurde und im Mittelalter
nach Südeuropa, vor allem ins arabisch-maurisch besiedelte
Spanien gelangte.[1] Von dort verbreitete sie sich entlang von

Handelsrouten nach Nordeuropa. In Norwegen etablierte sich die Strickkunst frühestens Mitte des 17. Jahrhunderts,[2] etwa eineinhalb Jahrhunderte später als in Island oder Großbritannien – die Norweger gehörten also zu den letzten Völkern in Europa, die die Nadeln in die Hand nahmen. Auch die Wolle der norwegischen Schafe ist nicht dicker als die in anderen nordischen Ländern wie Island, Irland oder Schottland, wo ebenfalls Strickpullover produziert werden. Das typische graphische Muster aus Kreuzen, Rauten und Zick-Zack-Linien über Brust und Schultern findet sich sowohl auf den Pullovern Norwegens als auch auf denen seiner Nachbarn. Vor allem der isländische *lopapeysa* mit der mehrfarbigen Rundpasse um Hals und Schultern wird in Deutschland häufig für einen ›Norweger‹ gehalten, wobei die Isländer selbst ihn bis in die erste Hälfte des 20. Jahrhunderts als ›dänischen Pullover‹ bezeichneten. Tatsächlich sind Geschichte, Kultur und Ökonomie der nordischen Staaten seit Jahrhunderten so miteinander verstrickt, dass man den Norwegerpullover als eine skandinavische Gemeinschaftsleistung ansehen muss, eine Tradition mit multiplen Ursprüngen.

Fragt man nun in Norwegen, was ein traditioneller norwegischer Pullover ist, wird man auf den *lusekofte* verwiesen, eine Mischung aus Strickjacke und Pullover, die erstmals in den 1840er Jahren im südnorwegischen Setesdal gestrickt wurde.[3] Die im Norsk Folkemuseum in Oslo erhaltenen historischen Stücke sehen allerdings dem, was man heute als ›Norweger‹ kennt, nur bedingt ähnlich (siehe Abb. 1): Der Lusekofte ist nur in den oberen zwei Dritteln gemustert und im unteren Drittel einfarbig weiß, da er in Hosen mit hohem Bund getragen wurde. Der schwarze Rumpf ist mit kleinen weißen Punkten bedeckt – den *luser* oder Läusen. An Schultern, Ärmelansätzen und -bündchen ist ein relativ schmaler Streifen Kreuz- und Rautenmuster eingestrickt, den unteren Abschluss bildet hier ein Band aus Selbu-Rosen.[4] Das Neue am Setesdal-Pullover war das aus zwei verschiedenfarbigen Wollfäden gestrickte Muster, bei dem der Faden der zweiten Farbe hinter den Maschen der ersten Farbe mitgeführt wird. Das verdoppelt die gemusterten Partien und macht die Pul-

Abb. 1   Alter ›Lusekofte‹ aus dem Setesdal, vor 1955

lover dort wärmer. Insgesamt ist die Wolle feiner als heute
und das Muster überraschend kleinteilig. Außerdem sind
Halsausschnitt und Ärmelbündchen mit farbig bestickten
Stoffstreifen und Metallschließen bestückt, was dem Lusekofte ein trachtenartiges Aussehen gibt.

Obwohl die Kulturtechnik des Strickens dieser mehrfarbig
gemusterten Pullover erst in der ersten Hälfte des 19. Jahrhunderts entstand, zählte sie bereits Ende des Jahrhunderts
zur ›alten‹ norwegischen Handwerkskunst, die durch die
Einführung von Strickmaschinen zu verschwinden droh-
te und die es zu bewahren galt. Durch Ermunterung zur
Heimarbeit (*husflid*) sollte das traditionelle Textilhandwerk
gefördert und der ländlichen Bevölkerung eine zusätzliche
Einkommensquelle geschaffen werden. So wurde 1891 der
Husflid-Verband gegründet, der die verschiedenen kunst-
handwerklichen Produkte, darunter auch handgestrickte
Pullover, über Ladengeschäfte in ganz Norwegen vertrieb.
Als Anregung für die Heimstrickerinnen sammelte die junge
Husflid-Angestellte Annichen Sibbern (1905–1978) in den
1920er Jahren alte Strickmuster und veröffentlichte sie 1928
als *Norske Strikkemønstre*.[5] Das Buch, in dem sich auch die Um-

schrift für den Setesdal-Pullover fand, wurde die Grundlage für ›traditionelles‹ Stricken in ganz Norwegen. Besonders während der Zeit der deutschen Besatzung 1940–1945 waren die Strickanleitungen beliebt, denn die danach gearbeiteten Pullover signalisierten Patriotismus und waren ein Zeichen stillen Widerstands gegen die Nazis.[6] So symbolisierte der Pullover schon vierzig Jahre vor dem Bundestagseinzug der Grünen eine Protesthaltung und drückte Solidarität mit den politisch Unterdrückten aus.

Neben dem Lusekofte gibt es aber noch einen zweiten Pullover, der eng mit Norwegen assoziiert ist: der *Mariusgenser* oder ›Marius-Pullover‹ (siehe Abb. 2). Es handelt sich dabei

Abb. 2   Marius Eriksen als Werbeträger für den ›Mariusgenser‹, 1954

um ein vereinfachtes und modernisiertes Setesdal-Muster, das die Strickdesignerin Unn Søiland (1926–2002) mithilfe der alten Umschriften aus Sibberns Buch 1953 entwickelte. Ursprünglich wollte sie ihren Entwurf durch den norwegischen Skirennläufer Stein Eriksen (*1927) vermarkten, der als Olympiasieger und mehrfacher Weltmeister Anfang der 1950er Jahre in Norwegen und im Ausland bekannt war. Da er als Werbeträger jedoch seine Berechtigung zur Teilnahme an den Olympischen Spielen verloren hätte, wandte Søiland sich an seinen ebenfalls sehr populären Bruder, den dekorierten Kriegshelden, norwegischen Alpinskimeister und Schauspieler Marius Eriksen (1922–2009), nach dem sie das Modell dann auch benannte. Durch Betonung der Schulterpartie und den figurnahen Sitz hatte Søiland den Setesdal-Pullover erneuert und einen Look geschaffen, der sexy, jung und modern war. Sowohl Marius als auch Stein trugen beim Skifahren fortan statt der üblichen ausrangierten Militärjacken die neu designten Strickpullover und beeinflussten damit die internationale Skimode nachhaltig.[7] Als Søiland anlässlich der Weltmeisterschaft 1954 für die offiziellen Auftritte des norwegischen Ski-Teams das Modell »Marius II« lieferte, etablierte sie den norwegischen Pullover endgültig als ideale Wintersportbekleidung.[8]

Der heutige ›Norwegerpullover‹ ist ein Konstrukt, das sich von seinen historischen Bezügen gelöst und zu einem mehrfach semantisierten Symbol verselbständigt hat. Ganz im Sinne einer »invention of tradition«[9] arbeitet dieses Konstrukt gegen den Verlust einer Tradition an, die es selbst unter Eindruck der modernen Krisenerfahrungen zuallererst herstellt. Es steht für Nationalbewusstsein und die ›gute alte Zeit‹ und bringt Protest gegen Industrialisierung und politische Fremdbestimmung zum Ausdruck. Gekreuzt werden diese traditionellen Bezüge vom Bild einer dynamischen Moderne, die sich im sportlichen Wettkampf, in einem neuen, befreiten Körpergefühl und einer Provokation des Establishments ausdrückt. Diese Verflechtung von Tradition und Moderne ist so erfolgreich, dass der Norwegerpullover nun auch in Norwegen existiert: Fünfzig Jahre nach seiner Erfindung ist der ›Marius-Pullover‹ zum traditionellen ›Nationalpullover‹ geworden und wird seit 2013 im Norsk Folkemuseum als solcher auch inszeniert.[10]

Anmerkungen

1 Zur Geschichte des Strickens allgemein siehe Richard Rutt: A History of Hand Knitting, London 1987; Gerald W. R. Ward (Hg.): The Grove Dictionary of Materials and Techniques in Art, New York 2008, S. 311–312.

2 Zum Stricken in Norwegen siehe Susann Pagoldh: Nordic Knitting. Thirty-One Patterns in the Scandinavian Tradition, London 1987; Annemor Sundbø: Everyday Knitting: Treasures from a Rag Pile, übers. von Amy Lightfoot, Kristiansand 2000; Gail Ann Lambert: The Taxonomy of Sweater Structures and Their Origins, MSc thesis, North Carolina State University 2002.

3 Vgl. Lambert 2002, S. 29; Annemor Sundbø: Setesdal Sweaters. The History of the Norwegian Lice Pattern, übers. von Amy Lightfoot, Kristiansand 2001.

4 Das Motiv ist ein aus Rauten zusammengesetzter achtzackiger Stern, der in den 1850er Jahren in Selbu bei Trøndheim erfunden worden sein soll; vgl. Sundbø 2000; Lambert 2002, S. 34–35.

5 Annichen Sibbern Bøhn: Norske Strikkemønstre, Oslo 1928; englische Ausgabe: Norwegian Knitting Designs, Oslo 1954. Später folgten noch weitere Strickmusterbücher: Strikke Opskrifter, 1931, und Nye Strikke Opskrifter, 1932. Norske Strikkemønstre wurde sowohl auf Norwegisch wie auch auf Englisch mehrfach aufgelegt.

6 Terri Shea: Annichen Sibbern Bøhn. Preserver of Norway's Knitting History, Wartime Resistance Fighter, in: Piecework Magazine, Februar 2014, http://www.interweave.com/needle/projects/Norwegian-Article-100802.pdf [abgerufen am 15.1.2015].

7 Morton Lund: Stein's 70th, in: Skiing Heritage 10,1 (1998), S. 36. Anfangs waren diese von seiner Mutter Bitten Eriksen (1900–1996) gestrickt, die später auch die Urheberschaft des ›Marius-Pullovers‹ beanspruchte; vgl. Cato Guhnfeldt: Marius. Skiløper, Jageress, Krigsfange, Oslo 2002.

8 Auch Bitten Eriksen entwickelte einen weiteren, auf »Marius« basierenden Pullover: das Modell »Cortina« für die offizielle Ausstattung der norwegischen Skifahrer bei den Olympischen Winterspielen in Cortina d'Ampezzo 1956. Sie verkaufte das Muster an die Firma Dale of Norway, die seitdem die Ausstattung von Norwegens Ski-Olympioniken mit Wollpullovern besorgt. In welchem Verhältnis die Frauen zueinander standen, ist unklar.

9 Vgl. Eric Hobsbawm, Terence Ranger (Hg.): The Invention of Tradition, Cambridge 1983, darin besonders Hugh Trevor-Roper: The invention of tradition: The Highland tradition of Scotland, S. 15–41, über die ›Erfindung‹ des Tartan-Musters.

10 www.lillunn.no/marius_181.html; seit 2013 gibt es im Museum eine neue Dauerausstellung, in welcher der Pullover zu sehen ist, http://www.norsk-folkemuseum.no/Forskning/Forskere/Birte-Sandvik/Designeren-Unn-Soiland-Dales-strikkehistorie/; vgl. auch http://mylittlenorway.com/2014/11/the-design-of-norway-marius/ [abgerufen am 15.1.2015].

Modesünde, Statussymbol, Stereotyp.
Der Trainingsanzug

Hannah Markus

»Wer trägt heute noch Trainingsanzüge in der Öffentlich-keit?«, titelt die »Stilkritik« der *Süddeutschen Zeitung* im Mai 2010. Sportler jedenfalls nicht. Der aktuelle Bundes-trainer der deutschen Fußballnationalmannschaft kleidet sich – »modisch top«, »Stilikone«[1] – selbst im Stadion in Designer-Anzüge.

Dabei waren Sportler ursprünglich die einzige Zielgruppe des Ende der 1920er Jahre in den USA erfundenen *tracksuit*. Die Kombination aus locker sitzender Hose mit Gummizug und Beinbündchen sowie Blouson mit Reißverschluss oder Sweatshirt sollte sie vor und nach ihren Aktivitäten wärmen. Ein Einsatz von Trainingsanzügen außerhalb des Sports war lange Zeit undenkbar. (In der Nationalen Volksarmee der DDR allerdings, deren Angehörige automatisch auch Mitglieder in der Armeesportvereinigung Vorwärts wurden, war der braune Trainingsanzug zeitweilig auch abseits von sportlichen Einsätzen vorgeschrieben – als Uniformalterna-tive in der Kaserne für die Zeit nach Dienstschluss.)

Die Modifizierung des Trainingsanzugs begann erst fünf Jahrzehnte nach seiner Erfindung. Wie schon zuvor in den USA war Joggen in Deutschland seit den 1970ern ausgespro-chen populär geworden, begünstigt u.a. durch die Trimm-Dich-Bewegung und die Begeisterung für die Olympischen Spiele 1972. Dank Chemiefasern wie Glanznylon-Jersey und Azetat-Satin in knalligen Farben, figurbetonten Schnitten und Hosen mit Schlag entwickelte sich der nun gern als ›Jogging-anzug‹ vermarktete Trainingsanzug in den kommenden Jah-ren mehr und mehr vom funktionalen Kleidungsstück zum modischen Freizeitdress: 1979 sah man in München »tagsüber auf der Leopoldstraße die schönsten Disco-Mädchen in Trainingshosen und Turnschuhen ihr Eis löffeln«, accessoirisiert mit Glitzerbroschen und Perlenketten, und abends wurde der Trainingsanzug in den besagten Discos »mit hochhackigen Sandalen und Pumps« aufgewertet.[2] Auch die zumindest in England für ihren Kleidungsstil verehrte Prinzessin Diana ließ sich häufig in Trainingsanzügen fotografieren, etwa 1985 beim Besuch der in Berlin-Spandau stationierten Royal Air Force in einem schwarz glänzenden Exemplar mit gelbem Blockstreifen auf dem Blouson, ergänzt durch schmale weiße Turnschuhe.[3]

Dass solche ansonsten vor allem in Lila und Pink beliebten *shell suits* (Trainingsanzüge aus Ballonseide) zur schlimmsten Modesünde der 1980er Jahre gewählt wurden,[4] mag mit etwas zeitlicher Distanz nicht verwundern. Eine bemerkenswerte Entwicklung allerdings ist, dass der in der Öffentlichkeit

Prinzessin Diana beim Besuch der RAF-Truppen in der Spandauer Wavell-Kaserne, Berlin, 1985

Junge Männer mit Weinglas und Jogginghose

getragene Trainingsanzug mittlerweile geradezu ein modisches Synonym für eine im pejorativen Sinn verstandene
Unterschicht- bis Halbwelt-Zugehörigkeit geworden ist – ein
durchaus internationales Phänomen.

In Großbritannien etwa werden Trainingsanzug und Jogginghose als Symbol für *chavness* behandelt. Es handelt sich
bei ›*chav*‹ um die stereotype Klassifizierung einer als asozial
und ungebildet dargestellten Jugendsubkultur, der lautes,
aggressives Verhalten zugeschrieben wird und die optisch
durch auffälligen Schmuck, zumeist imitierte Designerware,
weiße Turnschuhe, Baseballcaps und eben die besagten Trainingshosen und -anzüge gekennzeichnet ist. So lassen die
Band Kaiser Chiefs den kulturpessimistischen und mutmaß-
lich älteren *middle class*-Sprecher ihres Songtextes *I predict a*

riot 2005 verstört zurückweichen, als ihm sein Taxi von einem »man in a tracksuit« streitig gemacht wird.[5] Und Model Kate Moss verkleidet sich 2006 bei einem Gastauftritt der Sketch-Show *Little Britain* mit blauem Trainingsanzugsoberteil und Klimperketten als *chavette* mit klischeehaft lockeren Moralvorstellungen (»I'm the easy one«).[6] Aber auch die deutsche Stand-up-Komikerin Ilka Bessin markiert ihr Bühnen-Ich, die Langzeitarbeitslose ›Cindy aus Marzahn‹, seit 2000 durch einen pinken Trainingsanzug. 2010 verkündet der Modedesigner Karl Lagerfeld in einer Talkshow: »Wer Jogginghosen trägt, hat die Kontrolle über sein Leben verloren.«[7]

Die Grenzen zwischen sozialer Kategorisierung, die vom Kleidungsstück auf den Träger schließen lässt, und dessen oft politisch motivierter Stigmatisierung sind hierbei durchaus fließend. Besonders deutlich wurde dies 2012 in Slowenien: Nach dem Wahlsieg von Zoran Janković, Sohn eines Serben und einer Slowenin, ließ die konservative Oppositionspartei SDS auf ihrer Website einen Kommentar zu, der dem Gewinner der Wahl unlautere Methoden vorwarf. Massiv mobilisiert worden seien »Wähler in Trainingsanzügen, mit ausländischem Akzent«. Gemeint waren Slowenen mit Migrationshintergrund aus dem ehemaligen Jugoslawien, die angeblich ihr Wahlrecht durch die SDS in Gefahr gesehen hätten – und dem Kommentator offenbar ja auch tatsächlich als Wähler zweiter Klasse erschienen.[8]

Vermutlich ist es auf zwei Entwicklungen in den späten 1980er Jahren zurückzuführen, dass der Trainingsanzug in der öffentlichen Wahrnehmung zum sozialen Stigma geworden ist und durchaus zum Verweis aus der First Class im Flugzeug,[9] zum Tadel seitens der besuchten Schule[10] oder gar zur Kündigung führen kann.[11] Einerseits setzten sich damals Anzüge aus festem Baumwolljersey durch, deren Pumphosen und weite Sweatshirts eher figurverhüllend als -betonend wirkten – Trainingsanzüge wurden nun verstärkt aus Gründen der Bequemlichkeit und nicht mehr aufgrund von sportlichen oder modischen Überlegungen getragen. (»Nichts drückte, nichts machte ihnen ihre Formen bewusst, nichts gemahnte sie an ihre Existenz«, kommentiert die Autorin Sybille Berg süffisant.[12]) Andererseits entdeckte der Hip-Hop Anzüge von Markenherstellern wie Adidas als Statussymbol. Rapper wie Run DMC, Diddy (später: Puff Daddy) oder Sean John kombinierten schwarz-goldene Anzüge mit schwerem Schmuck und teuren Turnschuhen und ebneten den Weg für eine mit dem Gangster-Image verbundene *streetwear*. (Auch der aktuell anlässlich der Proteste nach den tödlichen Schüssen auf den afroamerikanischen Jugendlichen Trayvon Martin[13] vieldiskutierte *hoodie*, also das Kapuzensweatshirt, ist übrigens ein Abkömmling des Trainingsanzugs.) Noch 2011 wurde Jennifer Lopez' Auftritt im Trainingsanzug als Rückkehr zu ihren Hip-Hop-Wurzeln und damit als Bekenntnis zu ihrer Herkunft aus der Bronx als sozialem Brennpunkt gedeutet.[14]

Ganz aktuell jedoch erlebt zumindest die Trainingshose im Zuge der Retro-Bewegung ein Comeback in der Damenmode, nicht zuletzt ausgerechnet durch Karl Lagerfelds Designs für Chanel: Eng geschnitten, das Bein optisch durch einen Längsstreifen verlängernd und z.B. zu hohen Schuhen und Blazer getragen, wird sie veredelt und suggeriert zugleich durch den Stilmix eine Annäherung der *high fashion* an die Alltagskultur. Ob damit eine neuerliche Wende in der symbolischen Besetzung des Trainingsanzugs einhergeht, bleibt abzuwarten. Fidel Castro jedenfalls, sein wohl berühmtester Träger, hat dessen Potential als Kleidungsstück, das jedem passt und jeder Schicht zugänglich ist, offenbar schon lange erkannt.

Anmerkungen

1 http://www.welt.de/lifestyle/article2055489/Jogi-Loew-die-neue-Stilikone-am-Fussballfeld.html, http://www.20min.ch/wm2010/nebendemplatz/story/23534662. Vgl. auch Halstuch statt Trainingsanzug, http://www.faz.net/aktuell/stil/mode-design/mode/mode-halstuch-statt-trainingsanzug-1488447.html [diese und alle weiteren angegebenen Websites abgerufen am 6.11.2014].
2 Zum Basteln und Bummeln. Der Trainingsanzug wird zum modischen Kleidungsstück, Turnschuhe »rennen« wie nie: Die Jogging-Welle ist unaufhaltsam, in: DER SPIEGEL 23 (1979), S. 210–213.
3 Vgl. http://www.derwesten.de/img/incoming/crop8893642/55708761-cImg0134_530-w656-h489/picturegallery-372664-1384057-x236y328w1708h1320.jpg.
4 Englische Umfrage von 2010, vgl. http://www.express.co.uk/news/uk/173206/Shell-suit-is-voted-the-worst-fashion-crime-of-the-80s.

5 »I waited to get to my taxi / A man in a tracksuit attacks me / He says that he saw it before me / Wants to get things a bit gory«.Vgl. zur Deutung auch http://www.songfacts.com/detail.php?id=5180.

6 Vgl. http://news.bbc.co.uk/2/hi/entertainment/6175608.stm.

7 http://www.vogue.de/mode/mode-news/mode-news-neues-buch-widmet-sich-karl-lagerfelds-beruehmtesten-zitaten.

8 Vgl. http://derstandard.at/1323222843394/Konservative-empoeren-sich-ueber-Waehler-in-Trainingsanzuegen.

9 So bei United Airlines, vgl. http://www.economist.com/blogs/gulliver/2009/11/have_tracksuit_wont_travel.

10 »Wir tragen zweckmäßige und saubere Kleidung (Trainingsanzug, Militärlook, Nietengürtel, nabelfreie Kleidung lassen wir zu Hause)«, so die Schulordnung der privaten Neuen Mittelschule St. Marien unter: http://www.liniengasse.at/home/downloads/schulordnung_kms_liniengasse_vers1.2.pdf.

11 Vgl. http://www.dailymail.co.uk/news/article-1102460/Strike-threat-PE-teacher-sacked-wearing-trainers-class.html.

12 Sibylle Berg: Der Trainingsanzug [= Das war die BRD (20)], in: Süddeutsche Zeitung (3.5.2010).

13 Der unbewaffnete Martin war dem Schützen, Mitglied einer Nachbarschaftswache, u.a. aufgrund des Kapuzenshirts – ein auch bei Straßengangs beliebtes Kleidungsstück – verdächtig erschienen. Vgl. http://abcnews.go.com/US/smithsonian-eyes-trayvon-martin-hoodie-museum-exhibit/story?id=19836962.

14 Vgl. http://www.dailymail.co.uk/tvshowbiz/article-2079228/J-Lo-goes-hip-hop-roots-tracksuit.html.

Schland-Dirndl und Gesichtstrikolore. Nationale Selbstallegorisierung und visuelle Repräsentanz im weltweiten Fußballturnier

ANDREAS KELLER

Das binäre System im Fußballmatch findet seine signifikante Abbildung in der Kleidung: Zwei gegnerische Mannschaften treten in eindeutig unterscheidbarer Trikotfarbe auf. Eine dritte Größe erscheint zunächst farblos: Die Zuschauertribünen waren jahrzehntelang buchstäblich ›schwarz vor Menschen‹, genauer: vor monochrom bekleideten Männern in Anzug, Mantel und Hut. An die Stelle dieser ›Schlachtenbummler‹ aber tritt nach 1970 der *Fan*, der sich optisch mit ›seiner‹ Mannschaft identifiziert und mit farblichem Trikotimitat ein buntes Farbenspektrum auf die Ränge bringt. Gelegentlich versuchte man dies mit hochzuhaltenden Farbtafeln zu perfektionieren, was den einzelnen Sitzinhaber dann zum Rasterpunkt im nationalfarbigen ›Ornament der Masse‹ reduzierte. Aus dieser Abwertung zum Farbpixel in der kollektiven Aussage einer Massengeometrie befreite man sich nach 1990 mit dem individuellen ›Fanauftritt‹: neben dem Trikot und kreativen Accessoires (Blümchenkette, Schal, Mütze) fungieren nun auch die Gesichts- bzw. Ganzkörperbemalung und der verrückte Kopfputz (Perücken, Helme, Hasenohren) als Trägerelemente für die Nationalfarbigkeit. Es gilt, sich mit dem eigenen Körper in ein sichtbares Hoheitszeichen zu verwandeln und auf eine offene Bühne zu treten.

Bald jedoch ist die reine Farbe nicht mehr genug: Die Fans als Bürger kennen ihre kollektive Identität in allen Varianten der kulturgeschichtlichen Selbst- und Fremdwahrnehmung und greifen beherzt und humorvoll darauf zurück. In Form von Stereotypen, Allegorien oder szenischen Konstellationen rufen sie ihre Nation in deren Geschichtlichkeit auf, ja werfen sie mit Kleidungszitaten, Attributen und größeren Requisiten ikonographisch in die Jetztzeit der sportlichen Entscheidungsschlacht: Der Torero etwa erscheint für Spanien, der Schwertkämpfer für Griechenland oder der Legionär für Italien, Pippi Langstrumpf oder die Wikinger fiebern für Schweden oder Dänemark, Frau Antje für die Niederlande. Elvis Presley oder die Freiheitsstatue jubeln für die USA, der gallische Hahn für Frankreich. Die Eidgenossen maskieren sich als Löcherkäse oder Wilhelm Tell, ausgelassene Sambaschönheiten tanzen für Brasilien und pfiffige Kobolde für Irland. Sogar höchst ›amüsiert‹ dreinblickende Queen-Masken für England, ja ganze Fratzen-Ensembles aus Queen und Kronprinz samt Gemahlin werden auf den Zuschauertribünen der Weltturniere gesichtet.

Hinzu tritt bald auch eine komplexere Ausdeutung von Nationalität, etwa in Verbindung mit der Religion: Für Argentinien erscheint beim World Cup 2014 via Kostümierung der seinerseits fußballbegeisterte Papst Franziskus im Kultgeschehen des Erdkreises, nicht ohne segensbringenden Anspruch, gerne auch unterstützt von anderen ›heiligen‹ Mittlern *in effigie* wie Diego Maradona (mit aufblasbarer ›Hand Gottes‹) oder Lionel Messi. Wenn für Mexiko dagegen die Azteken auftreten, fließt damit nicht nur siegbeschwörende Magie ins Stadion, sondern auch das klare Bekenntnis zur eigenen präkolonialen Kultur: Man versteht sich in Abgrenzung vom Hegemonialvolk als *prehispánico*. Ähnliches mag für die Niederlande und Spanien gelten, wenn mit einem Kampf um den Endstand alte Kolonialkonflikte zitiert, zeitliche Alteritäten aktualisiert oder gar kompensiert werden – stets herausvergrößert und mondial verbreitet durch die Stadionkamera oder das Selfie in den Netzwerken.

Was aber ist mit den Deutschen? Zunächst haben sie einen Sonderstatus: Ihre Trikotfarben (schwarze Hose, weißes Hemd) entsprechen nicht den Nationalfarben Schwarz-Rot-Gold. Seit ihrem ersten Länderspiel 1908 spielen sie in den Farben des längst untergegangenen Preußen, Farben, die ihrerseits auf den Deutschen Ritterorden zurückgehen, der im späten Mittelalter den europäischen Osten militärisch ›missionierte‹. Auch der Reichsadler als Hoheitszeichen des (Heiligen) Römischen Reichs (Deutscher Nation) prangt bis heute auf der Brust der DFB-Kicker. Daraus aber ergibt sich etwa in jedem deutsch-polnischen Länderspiel das Kuriosum, dass (rein farblich betrachtet) noch 600 Jahre nach der Schlacht von Tannenberg die ›Kreuzritter‹ wie in Jan Matejkos Schlachtengemälde *Die Schlacht bei Grunwald* (1878) gegen die polnische Krone antreten. Wie 1410 kämpfen die Deutschen auch 2010 noch in Schwarz-Weiß, die Polen aber in Rot-Weiß, so dass damit – bewusst oder unbewusst – ein *reenactment* der Vernichtung des Deutschen Ordens durch den polnischen König auf dem Programm steht. Die Trikotfarben stehen für die Tiefenschichten eines bilateralen Nationalismus: Der Deutsche Ritterorden als religiöser Männerbund des Mittelalters verkörpert den deutschen ›Drang nach Osten‹, was im aktuellen Nachwendedeutschland natürlich völlig unbekannt ist, keineswegs aber in Polen: Hier ist das Geschehen des 15. Jahrhunderts, verstärkt durch die hegemoniale und militärische Aggression im 18. und 20. Jahrhundert, bis heute präsent. Und so greift beispielsweise die polnische Boulevardzeitung *Fakt* noch 2008 zum Tannenberg-Mythos: Man zeigt einen gedemütigten Kapitän der deutschen Mannschaft in weißem Ritterumhang mit schwarzem Kreuz und fordert einen schwertschwingenden Trainer Polens auf, ›Tannenberg‹ (Grunwald) »zu wiederholen«, sprich: die Deutschen zu besiegen.[1]

Aber weder der Ordensritter noch andere bekannte deutsche Allegorien, wie etwa Germania, Kriemhild oder der deutsche Michel, treten im zeitgenössischen Fankult als nationale Figurationen auf. Offenbar besitzt der Deutsche kein akzeptables visuelles Nationalstereotyp. Das aber ruft sofort die Industrie auf den Plan, hier mit vorfabrizierten Outfitangeboten zu helfen und vor allem kommerzielle Chancen zu nutzen. Branchengemäß kommt damit auch die Geschlechterdifferenz ins Spiel (›sex sells‹): »Während Männer zu klassischen Nationaltrikots greifen und vielleicht noch mit bemalten Wangen mitfiebern, haben wir weiblichen Fans eine breite Palette an Möglichkeiten, [uns] […] auffallend schön und modisch zu stylen« (Anzeige 2014).[2] Zunächst fällt hier die ›Trikotsexualisierung‹ ins Auge. Mit extremer Rockkürze, provokanter Sichtbarkeit von Oberweite, Nabel und Beinen, verstärkt durch Haltungsstraffungen via High Heels erfährt die DFB-Optik eine verführerische Übersteigerung. Fast wäre von einer Travestierung der Ordensritter zu sprechen, von einer erotischen Geschlechtsinversion der vormodernen Keuschheitsprotagonisten. Die *FAZ* kommentiert: »Das zur WM verbreitete Frauenbild lautet: scharf aussehen, scharf schießen.«[3] Pfiffige Designer hatten bereits 2006 die aktuellen Nationalfarben mit einem besonderen vestimentären

Ordensbuch des Jahres 1620 mit Abbildung eines Ordensritters

Überlieferungsgut kombiniert und das ›Deutschland-Dirndl‹ präsentiert. Dahinter steckt empirisches Kalkül, folgt man doch dem Trend, sich auf ›Wies'n‹ und ›Wasen‹ nur noch in Tracht zu zeigen; es entspricht aber auch der weltweiten Wahrnehmung, denn dort steht das Dirndl quasi semiotisch für ›deutsch‹, als nonverbale Zuweisung von eindeutiger Nationalität. Selbst Madame Tussauds zeigt 2010 die Bundeskanzlerin ›fesch im Dirndl‹. Das Deutschland-Dirndl besteht »aus einem sexy Minikleid mit Bluseneinsatz, kleinen Puffärmeln und eingearbeitetem Petticoat«, und die Katalogtexter jubeln: »Mit diesem süßen Dirndl in Deutschland Farben lassen Sie alle Fußball WM Fan Herzen beim Public Viewing höher schlagen«,[4] denn »kein anderes Kleidungsstück steht

Länderspiel Bundesrepublik Deutschland gegen die Sowjetunion am 26.5.1972 in München (Ausschnitt)

so sehr für starke Weiblichkeit wie das Dirndl.«[5] Schlau geht es vordergründig gegen den Fußball als Männerdomäne – Frauen sollen zwar teilnehmen, aber eben nur als Objekt für das Männerauge: »Wer glaubt, dass die Damenwelt bei diesem sensationellen Fußballereignis im Abseits stehen wird, täuscht sich gewaltig!« Sind die »deutschen Fankurven […] modisch reif für den Europameister-Titel?«, so fragt man 2012, und antwortet frivol: »vor allem die weiblichen!« So kann ein weiblicher Fan »beim Fußballschauen attraktiv-sexy und trotzdem im Deutschland-Look gekleidet sein«.[6] Unmerklich erfolgt sogleich auch der vestimentäre ›Drang nach Osten‹ mit demonstrativer Vereinnahmung der Veranstaltungsländer 2012: Die Sportreporterin trifft nämlich im Garten des Generalkonsulats der Republik Polen die Generalkonsulin, Elżbieta Sobótka, und die Ehefrau des Generalkonsuls der Ukraine, Olesia Kostiuk, und zwar nicht irgendwie, sondern selbdritt gehüllt in ein Trachtentuch in deutschen Nationalfarben.

Steht mit der Entlehnung des weiblichen Nationalkleids aus der Region des deutschen Rekord-Fußballmeisters aber nicht einmal mehr die bayrische Tracht *pars pro toto* für die deutsche Nation? Warum keine Gutachter Tracht aus dem Schwarzwald mit Bollenhut oder ein rheinisches Funkenmariechen? Tatsächlich ist das Dirndl wie kein anderes Kleidungsstück im deutschen Bewusstsein verankert. Dies zeigen Debatten und Konnotationen allein im Weltmeisterjahr 2014. »Der Sexismus ist eine Geisteshaltung. Da wird in Dirndln gedacht. Oder überhaupt nicht«, so eine Satire auf einen ranghohen FDP-Politiker, der seinerseits despektierliche Bemerkungen über den Brustumfang seiner Gesprächspartnerin als ›Füllmenge‹ im Blick auf ein Trachtenkleid gemacht hatte.[7] Eine CSU-Abgeordnete wagte es gar, im Dirndl in den Bundestag zu kommen, und wurde von der grünen Kollegin sogleich als »rückständig« verhöhnt. Die Konservative schoss aber zurück, ob die Grünen vielleicht ein »Dirndltrageverbot« erwögen?[8] Ein Dirndlverbot hatte es zuletzt 1938 gegeben: Das Nazi-Regime hatte versucht, die biederen Vorgängermodelle zu »ent-katholisieren«, das heißt zu »erotisieren« und damit eine deutsche »Urtracht« als modisches Signal des Ariertums zu etablieren.[9] Im Juni 1938 verbot dann der Salzburger Polizeidirektor den »Juden im Bereiche der Polizeidirektion Salzburg das öffentliche Tragen von alpenländischen (echten oder unechten) Trachten wie Lederhosen, Joppen, Dirndlkleidern, weißen Wadenstutzen, Tirolerhüten usw.«.[10]

Bis heute habe die Tracht einen »fremdenfeindlichen, zumindest ausgrenzenden Akzent«, so Hannelore Schlaffer.[11] Im Juli 2014 aber hält die türkisch-deutsche Publizistin Hatice Akyün dagegen: Im Vorfeld des WM-Finalsiegs der Deutschen läuft sie im ›Schland‹-Dirndl durch Berliner Fußgängerzonen und versteht dies als Akt der Integration, denn »in dieser Zeit trug ganz Deutschland diese Farben, und es war für mich ein erhabenes Gefühl, dazuzugehören«, außerdem sei Fußball das letzte »kollektive, gemeinsame Freudenfest« für alle »Alt- und Neudeutschen«. Und natürlich sei es besser, »wenn unsere Symbole von ausgelassenen, weltoffenen Bürgern als Feierdeko benutzt werden als von Hütern der Deutschtümelei«.[12]

So zeigt sich spätestens mit dem Dirndl, dass das eingangs konstatierte binäre System keine Entsprechung mehr jenseits des Rasens aufweist. ›Im Spiel‹ sind nicht zwei Trikots und zwei Nationen, sondern weit mehr. Unbefangen wird das Rot in der bundesrepublikanischen Trikolore mit weißem Halbmond und Stern bestückt, und das Gesicht des Fans verträgt ohne weiteres eine senkrechte Teilung in eine türkisch und eine deutsch geschminkte Hemisphäre. Auch auf dem Feld treten mittlerweile verschiedenste Formen von Mehrfachzugehörigkeiten und hybridisierten Identitäten auf. So traten bei der WM zwei Brüder in zwei Nationalmannschaften gegeneinander an, und konnten deutsche Nationalspieler nicht über ihr Tor gegen ihr Geburtsland Polen jubeln.

So mag eine kleidungsmäßig zu etikettierende Nation nur noch als Relikt aus der nationalistischen Frühzeit des Fußballs erscheinen, während heute die Herausforderung lockt, sich auch hier aus dem Schwarz-Weiß zu befreien und sichtbar kreativ als Unikat vor die Augen der Welt zu treten. Und zum post- wie transnationalen Spiel gesellt sich bereits das transsexuelle, denn 2014 wurde auch der erste Fußballer im weiblichen Trachtenhabit gesehen. Der neue ›Bomber der Nation‹ und frisch gekürte Weltmeister Thomas Müller trägt bei der Siegesfeier noch am Abend des 13. Juli: ein Dirndl.

Anmerkungen

1 Vgl. Annette Langer: Beenhakker köpft Ballack: Polnische Zeitung eröffnet Fußball-Medienschlacht, in: Spiegel online (4.6.2008), http://www.spiegel.de/panorama/gesellschaft/beenhakker-koepft-ballack-polnische-zeitung-eroeffnet-fussball-medienschlacht-a-557727.html [diese und alle weiteren angegebenen Websites abgerufen am 10.2.2015].

2 http://beautylounge.singlekativ.de/girls-aufgepasst-styling-tipps-fuer-per-fekten-fan-auftritt-im-wm-sommer-2014.

3 Thomas Klemm: Frauenfußball-WM. Die Stunde der herausgeputzten Pa-triotinnen, in: Frankfurter Allgemeine Zeitung (28.6.2011), www.faz.net/aktuell/gesellschaft/frauenfussball-wm-die-stunde-der-herausgeputzten-patriotinnen-1653841.html.

4 Vgl. etwa http://www.das-kostuemland.de/wm-dirndl-deutschland-fan-kos-tuem-mit-petticoat-sexy-kleid-fuer-damen/.

5 So die Designerin Marie Amière, zit. nach: In der Fankurve trägt frau Dirndl. Das WM-Dirndl 2011. Football loves Couture by Angermaier, in: Münch-ner Wochenanzeiger (8.6.2011), www.wochenanzeiger-muenchen.de/mün-chen/politik+%26+wirtschaft/nachrichten/In+der+Fankurve+trägt+frau+Dirn dl,34769.html.

6 Fanoutfit im Trachten-Look. Pressemitteilung Trachten Angermaier, in: ro-senheim 24.de (1.6.2012), www.rosenheim24.de/leben/fashion/muenchen-weibliche-fankurven-tragen-dirndl-angermaier-rosenheim24-23410025.html.

7 Zit. nach: Thorsten Denkler: Herrenwitz in Grün, in: Süddeutsche Zeitung (14.5.2013), www.sueddeutsche.de/politik/bundestagswahlkampf-herren-witz-in-gruen-1.1672198.

8 Zit. nach Winfried Folz: Mit Tracht in den Bundestag. Dirndlgate für grüne Wächter. In: Stuttgarter Zeitung (12.9.2014), http://www.stuttgarter-zeitung.de/inhalt.mit-tracht-in-den-bundestag-dirndlgate-fuer-gruene-waechter.eab570f5-c855-a03c-a641-3d1631bd35e6.html.

9 So die Volkskundlerin Elsbeth Wallnöfer im Interview mit Reinhard Jellen: Nazierfindung Wiesndirndl, in: Telepolis, www.heise.de/tp/artikel/37/37717/1.html.

10 Zit. nach: Wolfgang Dreier: Zur Rolle der Pflege in der musikalischen Volks-kultur in Salzburg von der Jahrhundertwende bis zum Zweiten Weltkrieg. Ein kritisch-historischer Abriss, in: Thomas Hochradner (Hg.): Lieder und Schnaderhüpfl um 1900. Aus dem Sammelgut des »Arbeitsausschusses für das Volkslied in Salzburg«, Wien, Köln, Weimar 2008, S. 185–208, hier S. 199.

11 Hannelore Schlaffer: Die Geschichte der Tracht. Durch Stars gewinnt das Dirndl an Popularität, in: Stuttgarter Zeitung (1.10.2012), www.stuttgarter-zeitung.de/inhalt.die-geschichte-der-tracht-ausstieg-aus-dem-alltag-page2.

12 Hatice Akyün: Mitkreischen im Deutschland-Dirndl? Selbstverständlich!, in: Der Tagesspiegel (13.7.2014), www.tagesspiegel.de/berlin/kolummne-meine-heimat-mitkreischen-im-deutschlanddirndl-selbstverstaendlich/10190964.html.

Von der *culotte* zum »existentiellen Anzug«. Stationen in der Karriere der Kniebundhose

Herbert Kopp-Oberstebrink

Bildbeschreibung. Man sieht zwei Männer beim gemeinsamen Hantieren mit einer Bügelsäge, zwischen ihnen liegt das Resultat ihrer Arbeit auf dem Boden, zersägtes Kleinholz. Hinter dem einen links im Bild eine mit Schindeln verkleidete Berghütte. Dass es sich bei den beiden wohl kaum um Bergbauern handeln dürfte, verraten Hemd und Frisur des Jüngeren, und auch die weiße Zipfelmütze des anderen mutet unerwartet und keinesfalls rustikal an. Ihre Beinkleider ähneln sich auf den ersten Blick. Doch wird bei näherem Hinsehen deutlich, dass der Zipfelmützenträger eine Bundhose samt dazu passenden Wickelgamaschen trägt, während der andere lediglich Kniestrümpfe über seine lange Hose gezogen hat. »Philosophen bei der Arbeit«, so könnte eine mögliche Bildunterschrift lauten – »Holzarbeit« eine andere, in den Worten des abgebildeten zipfelmützentragenden Martin Heidegger gesprochene.[1] Die ›Holzwege‹ des Seins erkundete er ungefähr eine Generation nach Entstehung des Bildes in der ihm eigenen, sich immer stärker ausprägenden neo-scholastischen Terminologie.[2] Der andere Holzarbeiter, sein Schüler Hans-Georg Gadamer, erinnerte sich später in pastoral verklärendem Ton an jene Wochen des Sommers 1923, die er inmitten der Inflationszeit mit seinem Meister auf dessen Hütte in Todtnauberg verbrachte: »Da lebten wir viele Wochen lang buchstäblich von den Früchten des Landes, Milch und Brot, sorgenlos und ohne Geld […]. Das Leben in der Hütte war von wunderbarer Einfachheit.«[3]

Martin Heidegger und Hans-Georg Gadamer bei der »Holzarbeit«,
1923

Diesem Lob des Einfachen pflichtete auch Heidegger bei,
dem »[d]ie Bauern […] viel angenehmer und sogar interes-
santer« schienen als die »Gesellschaft der Professoren«.[4] Dem
Bewohner der Berghütte liege »das Leben […] rein, einfach
und groß vor der Seele«.[5] Solche Einfachheit soll in dem im
August 1923 aufgenommenen Foto ihren Ausdruck in der
schlichten Kleidung der beiden ›Hüttenbewohner‹ finden,
auch wenn diese keineswegs der Arbeitstracht von Schwarz-
waldbauern entsprach. Gerade die Differenz zwischen fan-
tasierter und tatsächlicher bäuerlicher Arbeitskleidung ist
freilich signifikant, war doch dieses vorgestellte Bauerntum
so falsch wie Heideggers Zipfelmütze. Imaginiert wurde
hier von Kleinbürgern »[e]in Bauerntum, wie es nie existiert
hat«, wurde »das Landleben zur zeitlos gültigen, ewig un-
veränderten Lebensform umstilisiert«, wie Robert Minder
angemerkt hat.[6] Aus Heidegger, dem wenige Wochen zuvor,
im Juni 1923, berufenen Extraordinarius für Philosophie an
der Marburger Universität, wurde ebenso wenig wie aus
seinem Adlatus Gadamer durch Verkleidung und ›Holzar-

beit‹ ein Bergbauer, beide verblieben in der Uneigentlichkeit sommerfrischelnder Kleinstädter.

Der Unterschied zwischen der folkloristisch imaginierten Bergbauernoberbekleidung und der realen Tracht der Bauern beruht auf der Differenz zwischen städtischem und ruralem Kleidungsstil. »Ich bin nicht ganz so, wie ich scheine« – dieser Satz des Wenzel aus Gottfried Kellers bekannter Novelle gilt auch für Heidegger.[7] Das ›Als-ob‹ der Kleidung in der Moderne verweist eben darauf, dass Kleider keine Leute mehr machen, sondern ein Spiel der Signifikanzen eröffnen, hinter dem die personale Identität unscharf wird, sich im schlimmsten Falle aufspaltet. Heidegger ahnte das, als er an Karl Jaspers schrieb, »[z]uweilen begreife ich nicht mehr, daß man da unten so merkwürdige Rollen spielen kann«.[8] »[D]a unten«, das meinte nicht nur das Flachland, sondern vor allem die Stadt, die Universität, letztlich die soziale Realität, vor der er Zuflucht auf der Höhe suchte. Solche Realitätsflucht scheint für Philosophen seit Nietzsches *Zarathustra* zum Topos geworden zu sein, wie ehedem das Fass des Diogenes. Existentiell vollzog sich die Spaltung zwischen städtisch-akademischem Leben und bäuerlicher Selbstgenügsamkeit, wie sie sich in der Wiederholung des Musters »[a]cht Tage Holzarbeit – dann wieder Schreiben« realisierte.[9]

Die Zeit der Weimarer Republik, in der Heideggers Lebensentwürfe zwischen »Schwarzwaldbub«[10] und Ordinarienexistenz oszillierten, fällt kultur- und modegeschichtlich betrachtet in eine lange Phase der Auflösung der berufsständischen und sozial geprägten Kleiderordnungen, die zur Mitte des 19. Jahrhunderts einsetzte und sich an der Schwelle um 1900 verschärfte. Der Kulturphilosoph Friedrich Theodor Vischer diagnostizierte solche Tendenzen seiner Gegenwart bereits 1859, konnte sie aber nur in Begriffen fassen, die er der Kunstgeschichte und ihrem Widerstreit von hoher und niederer Kunst, von normativem Klassizismus und gegen die Norm verstoßender Imagination entlehnt hatte. Auf der Suche nach »Stilprinzipien« der Mode stellte er einem an der griechischen Antike orientierten Kanon die »unruhigere,

durch Brüche sich bewegende Phantasie der neueren Zeiten«
gegenüber, die »verzerrt« und »mißhandelt«, mit Witz und
Verstößen agiert.[11] Letzteres vermag nicht zu überraschen,
galt Imagination doch bereits dem ästhetischen Diskurs des
18. Jahrhunderts als Quelle von Karikatur und Gegenkunst.
Das Vakuum, das durch das Nachlassen der autoritativen
Kraft der Kleiderordnungen entstanden war, wurde nach
1900 durch Versuche der Schaffung neuer Ordnungen einer
partiellen Gegenbesetzung unterzogen. Exemplarisch hierfür
ist die lebensreformerische Jugendbewegung im Kaiserreich,
etwa der 1901 in Berlin-Steglitz als Verein gegründete Wandervogel. Zentralstück seiner Invention einer Kleiderordnung, die zugleich als Versuch der Erfindung einer Tradition
auftrat, bildete neben geknoteten Halstüchern und Wander-
vogelmütze die mit Wadenstutzen oder langen Strümpfen
getragene Kniebundhose. Zwischen Uniformierung und
Trachtenbekleidung gelegen, diente diese Neuerfindung
einer Tracht gruppensoziologisch der Identitätsstiftung.[12] Sie
richtete sich durch Uniformierung nicht zuletzt auch gegen
Individualisierung, gegen »die freie Laune« der Moden der
Moderne und optierte im Gegenzug für die Herrschaft des
»Gesetzes« durch Typisierung.[13] Auf diesen Gegensatz von
Freiheit und Gesetz brachte Vischer die historische Dynamik
der Entwicklung von Kleidungsstilen und aktualisierte damit
einmal mehr die Polarität zwischen Mode und Tracht, die
die kulturgeschichtliche Forschung bereits zur Mitte des
19. Jahrhunderts diagnostiziert hatte.[14]

Dass es ausgerechnet die Kniebundhose war, die zum Kleidung gewordenen Symbol einer nicht nur in ihren Anfängen
männerbündischen Jugendbewegung wurde, mag mit der
Geschichte dieses Kleidungsstücks mehr zu tun haben als
mit dessen häufig beschworenen praktischen Gesichtspunk-
ten. Unter der Bezeichnung ›culotte‹ war sie als Bestandteil
höfischer Tracht vom 16. bis 18. Jahrhundert in Westeuropa
weit verbreitet. Mit dieser Tradition brachen die Revolutionäre der Französischen Revolution, die lange Hosen trugen,
sich aber bezeichnenderweise ›Sansculotten‹ nannten. In der
Folge überlebte die *culotte* als Kniebundhose vor allem in

bäuerlichen und ländlichen Zusammenhängen. Im Unterschied zur Knickerbocker, einer bis zur Wade reichenden
Überfallhose, deren Beine weit geschnitten waren und die
um 1895 in den USA als Radfahr- und Wanderhose in Mode
kam, lagen die Beine der Bundhose um das Knie herum eng
an. Die jugendbewegte Renaissance der Kniebundhose im
wilhelminischen Deutschland symbolisierte eine doppelte
Rückwärtsbewegung: Sie war politisches Symbol des Ancien Régime, verkörperte aber auch ein ›Zurück zur Natur‹,
das im Zeichen der Abkehr vom technisch-zivilisatorischen
Fortschritt, von den Beschleunigungsbewegungen seit der
Sattelzeit stand. So unterstellte Ludwig Klages' vielbeachteter
Beitrag zur Festschrift des Jugendtreffens auf dem Hohen
Meißner im Oktober 1913 die Kulturkritik der Jugendbewe-
gung dem Zeichen einer vehementen, in apokalyptischem
Ton vorgetragenen Kritik an Fortschritt und Beschleunigung:
»Wie ein fressendes Feuer fegte [der Fortschritt] über die Erde
hin, und wo er die Stätte einmal gründlich kahl gebrannt,
da gedeiht nichts mehr, solange es noch Menschen gibt.«[15]
Dieses kulturkritische Moment verband sich mit einer Ideo-
logie der Selbsterlösung, wie sie im Gründungsmanifest der
Wandervogelbewegung zum Ausdruck kam.

   Wenn Kleiderordnungen brüchig werden, dann geraten
die Kontexte, in denen Kleidungsstücke getragen werden,
umso mehr in den Blick. Heidegger bediente sich der Kniebundhose nicht nur als ›Hüttenbewohner‹. Er führte dieses
Kleidungsstück während der Jahre seines Extraordinariats
in der Kleinstadt Marburg auch in die akademische Welt
ein, wo es noch auf die durch den Wilhelminismus tradierte
berufsständische Kleiderordnung traf – den schwarzen Rock
der Professorenschaft – und erwartungsgemäß gehörig pro-
vozierte. Heideggers Marburger Kollege Nicolai Hartmann
etwa »ging in seine Vorlesung wie immer in gestreifter Hose
und schwarzem Rock und einem altväterischen weißen Kragen«.[16] Heidegger dagegen trug – sofern er zur Winterzeit
nicht im Skianzug gesichtet wurde – einen Anzug, wie ihn
der Marburger Maler Otto Ubbelohde (1867–1922) entwor-
fen hatte. Er bestand aus einer Kniebundhose und einem

langen Überrock und wurde von den Marburger Studenten als Heideggers »existentieller Anzug« bezeichnet.[17] Hartmanns entsetzte Frage, als er Heidegger auf dem Weg in seine Vorlesung im Skianzug begegnete: »Ist es möglich, so gehen Sie in die Vorlesung?«, hätte ebenso gut dem Outfit aus Kniebundhose und Überrock gelten können. Auch wenn Ubbelohdes Entwurf sich an hessischen Bauerntrachten orientierte, kam hier freilich nicht lediglich der »bescheidene Prunk eines sonntäglich gekleideten Bauern« zum Ausdruck, wie ihn Gadamer wahrnehmen wollte.[18] Denn bereits der Erfinder dieses Anzugs, der durch Heidegger zum »existentiellen« wurde, gehörte zur lebensreformerischen Bewegung um die Jahrhundertwende. Otto Ubbelohde pflegte einen Kult der ›Ursprünglichkeit‹; er war in seinen Gemälden einer vor- und in seiner Zeit auch gegen-modernen Ästhetik verpflichtet und gab sich utopischen Leitvorstellungen von Naturnähe und Volkskultur hin.[19] Die Zeitgenossen waren der skizzierten symbolischen Besetzung des Kleidungsstücks vollständig gewärtig, zumal Heidegger aktives Mitglied der Akademischen Vereinigung, einer dem bündischen Gedanken verpflichteten Studentenverbindung war.[20] Heideggers mit hohem Bewusstsein für Selbstinszenierung und für die eigene Wirkung getragener Anzug ist – wie Jean Améry mit Recht festgestellt hat – »durchaus als eine weltanschauliche, ja sogar als eine politische Manifestation zu verstehen«.[21] Diesen proklamatorischen Charakter behielt die Kniebundhose auch im weiteren Verlauf ihrer Karriere, als sie zur Uniform der Hitlerjugend gemacht wurde.

Am Gehalt dieser Manifestation hat Heidegger festgehalten, auch nachdem er seine »*Unio mystica* mit dem Dritten Reich« verleugnet und »seine Abirrungen auf die Holzwege des Nazismus« verlassen hatte.[22] Noch in einer Rede des Jahres 1955 fragte er: »Gibt es noch wurzel-kräftige Heimat, in deren Boden der Mensch ständig steht, d.h. boden-ständig ist? […] Der Verlust der Bodenständigkeit kommt aus dem Geist des Zeitalters, in das wir alle hineingeboren sind.«[23] Hier ist es wieder, das Denken in Figurationen des totalen Verfalls und der Kulturkritik. Solche absoluten Denkfiguren ließen auch in der zweiten Nachkriegszeit, die Heidegger erlebte, die Zuflucht zum Boden, zum Wurzelholz und auf die Höhe als eine Antwort auf die Fragen der Gegenwart erscheinen. Die andere Antwort bestand im Rückzug in ein gegen Realitätswahrnehmung und Humanität verhärtetes esoterisches Denken.

Auch im Abstand von mehr als einem halben Jahrhundert lässt sich indessen eine gewisse Verwunderung nicht verleugnen, wenn man den Philosophen, dessen Arbeit um das zentrale Thema der Exploration des Seins und des Wesens kreiste, so hingegeben an die Ausgestaltung des zum Eigentlichen hin zu durchstoßenden Da-Seins sieht. Wollte man Fragen der Kleidung einmal mehr lediglich zur bloßen Oberfläche erklären, deren Betrachtung dem angeblichen Tiefsinn der Philosophie unangemessen sei, wollte man hierin gar die schiere »Gefahr des Biographischen« sehen, der sogar der Meister selbst »eine Zeitlang etwas zu viel Bedeutung gegeben« habe – offenbar ein Sachverhalt, den die seriöse Heidegger-Forschung ihrem Hauptakteur noch im Jahre 2014 vorhalten zu müssen glaubte –,[24] so begäbe man sich der Möglichkeit, solches Beiwerk in seiner Stillstellung durch das Medium der Fotografie lesbar zu machen. Denn es handelt sich hier um nicht weniger als um im Warburg'schen Sinne »bewegtes Beiwerk«, bildliches Beiwerk zu einem bis zur Erschöpfung der Exegese unterzogenen Werk. Hierin – in einer Bildgeschichte der Denker und des Denkens – liegt *eine* Möglichkeit kulturwissenschaftlicher Erforschung der Kontexte und ihrer Signifikanzen gegenüber dem systematisierenden philosophischen Nachvollzug der Begrifflichkeiten, der sich häufig genug in der Immanenz der Lektüre verfängt.

Anmerkungen

1 Brief Martin Heideggers an Karl Jaspers vom 24. Juli 1925, in: Martin Heidegger/Karl Jaspers: Briefwechsel 1920–1963, hg. von Walter Biemel und Hans Saner, Frankfurt/Main, München, Zürich 1990, S. 53–54, hier S. 54, ebenso S. 67.
2 Martin Heidegger: Holzwege, Frankfurt/Main 1950.
3 Hans-Georg Gadamer: Einzug in Marburg, in: Günter Neske (Hg.): Erinnerung an Martin Heidegger, Pfullingen 1977, S. 109–113, hier S. 109.

4 Heidegger/Jaspers: Briefwechsel, S. 63.

5 Ebd., S. 54.

6 Robert Minder: Heidegger und Hebel oder die Sprache von Meßkirch, in: ders.: Dichter in der Gesellschaft. Erfahrungen mit deutscher und französischer Literatur, Frankfurt/Main 1966, S. 210–264, hier S. 215.

7 Gottfried Keller: Kleider machen Leute, in: ders.: Sämtliche Werke, Bd. 4, hg. von Thomas Böning, Frankfurt/Main 1989, S. 286–332, hier S. 322.

8 Heidegger/Jaspers, Briefwechsel, S. 63.

9 Ebd., S. 54.

10 Hans-Georg Gadamer: Philosophische Lehrjahre. Eine Rückschau, Frankfurt/Main 1977, S. 35.

11 Friedrich Theodor Vischer: Vernünftige Gedanken über die jetzige Mode [1859], in: ders.: Kritische Gänge, Bd. 5, hg. von Norbert Vischer, 2., vermehrte Aufl., München 1922, S. 339–365, hier S. 340–341.

12 Anke Troschke: ›Niemals werden kranke Modeaffen unserem Vaterlande Stützen sein‹. Zur Kleidung des Wandervogels, in: Sabine Weißler (Hg.): Fokus Wandervogel. Der Wandervogel in seinen Beziehungen zu den Reformbewegungen vor dem Ersten Weltkrieg, Marburg 2001, S. 111–135, hier S. 118.

13 Vischer: Vernünftige Gedanken, S. 357.

14 Jakob von Falke: Die deutsche Trachten- und Modewelt. Ein Beitrag zur deutschen Culturgeschichte, Bd. 2, Leipzig 1858.

15 Ludwig Klages: Mensch und Erde, in: Freideutsche Jugend. Zur Jahrhundertfeier auf dem Hohen-Meißner 1913, Jena 1913, S. 89–107, hier S. 99.

16 Gadamer: Philosophische Lehrjahre, S. 215.

17 Paul Hühnerfeld: In Sachen Heidegger. Versuch über ein deutsches Genie, Hamburg 1959, S. 55, sowie Gadamer: Philosophische Lehrjahre, S. 215.

18 Ebd.

19 Otto Ubbelohde: Kunst und Lebensreform um 1900, Katalog, hg. von der Kunsthalle Darmstadt, Darmstadt 2011, bes. S. 15 f.

20 Ernst Fuchs: Aus der Marburger Zeit, in: Neske: Erinnerung, S. 105–108, hier S. 105.

21 Jean Améry: Sie blieben in Deutschland – Martin Heidegger [1968], in: ders.: Werke, Bd. 6, hg. von Gerhard Scheit, Stuttgart 2004, S. 297–329, hier S. 308.

22 Ebd., S. 328 f.

23 Martin Heidegger: Gelassenheit, in: ders.: Gesamtausgabe, 1. Abt., Bd. 16, hg. von Hermann Heidegger, Frankfurt/Main 2000, S. 517–529, hier S. 521 f.

24 Vgl. Helmuth Vetter: Grundriss Heidegger. Ein Handbuch zu Leben und Werk, Hamburg 2014, S. 46, Anm. 82.

Bildnachweise

S. 21   Gustave Doré, Le Petit Poucet, 1862. Illustration in: Charles Perrault, Moritz Hartmann: Der kleine Däumling, Berlin 1958, S. 19.

S. 28   Gagarins Raumanzug, angebliches Original aus der Fabrik ›Zvezda‹. Post No6222 (Vot takoj vot pamjatnik otkryli v Samare k 50-letiju poleta Ju. Gagarina v kosmos). In: Murmolka, http://murmolka.com/img/l/static2.aif.ru/pictures/201103/a_skafandr_col.jpg.

S. 34   Ivan Sutherlands ›Sword of Damocles‹. In: Wayne Piekarski: Interactive 3D Modelling in Outdoor Augmented Reality Worlds. Online-Dissertation der University of South Australia, Adelaide, South Australia 2004, o.S. (chapter 2.1: »Indoor Augmented Reality«, Figure 2.2).

S. 35   Cod. Pal. germ. 848, ›Große Heidelberger Liederhandschrift‹ (Codex Manesse), 194v. Zürich, ca. 1300 bis ca. 1340.

S. 41   Cuddeback. Kite photo: Cris Benton. © The Center for Land Use Interpretation (CLUI), Culver City 2015. Abdruck mit freundlicher Genehmigung.

S. 41   Hitomi Steyerl, Filmstill aus ›How Not to Be Seen: A Fucking Didactic Educational .Mov File‹, 2013. © VG Bild-Kunst, Bonn 2015.

S. 43   Acer collaborated with Christian Cowan-Sanluis for the release of their new Iconia A1-840 tablet. © Acer/Christian Cowan-Sanluis. http://static.wixstatic.com/media/efd707_e0a9c98d4898419f90fcedfac59a01ee.jpg.

S. 50   Bubelle Dress, 2006. © Royal Philips Electronics. http://www.design.philips.com/philips/shared/assets/design/probes/dresses2_hr.jpg.

S. 57   InCulto Auftritt beim ESC 2010 (Detail). Foto © Rolf Klatt. Abdruck mit freundlicher Genehmigung.

S. 60 f.   Oskar Schlemmer, Costume Designs for the ›Triadic Ballet‹. Studie, 1926. BR50.428. Courtesy Harvard Art Museum/

Busch-Reisinger Museum. Foto © President and Fellows of Harvard College. Abdruck mit freundlicher Genehmigung.

S. 68   Rock mit Volantbesatz von Balenciaga, Frühjahr/Sommer 2013. © Fairchild Photo Service/Condé Nast/Corbis. Abdruck mit freundlicher Genehmigung.

S. 69   Loïe Fuller, La Danse du Lys, ca. 1900. Foto: Isaiah W. Taber. © Ullstein Bild/Roger-Viollet. Abdruck mit freundlicher Genehmigung.

S. 73   Rosa Luxemburg, ca. 1918. Foto © Rosa Luxemburg Stiftung. Abdruck mit freundlicher Genehmigung.

S. 81   Esther vor Ahasver. Flämische Schule des 17. Jahrhunderts [unbekannter Meister], Öl auf Leinwand. Foto © Dorotheum Wien, Auktionskatalog 11.12.2007. Abdruck mit freundlicher Genehmigung.

S. 86 f.   Lauren DiCioccio, Human Destiny pp 136–7, 2011. Foto © Lauren DiCioccio. Courtesy the Artist.

S. 94   Franz Kafka als Dreizehnjähriger, in für die Zeit um 1900 typischen Knabenstrümpfen. Foto © Archiv Klaus Wagenbach. Abdruck mit freundlicher Genehmigung.

S. 100   Honoré Daumier, Les Bas-bleus. Lithografie in: Le Charivari, Paris 1844. United States Library of Congress's Prints and Photographs division, cph.3b16416. http://commons.wikimedia.org/wiki/File%3AHonore_Daumier_-_Les_Bas-Bleus_cph.3b16416.jpg.

S. 101   Honoré Daumier, Les Bas-bleus: Monsieur, pardon si je vous gêne un peu… Lithografie in: Le Charivari, Paris 1846. http://www.davidsongalleries.com/site/assets/files/0/11/355/daumier-25892.900x0.jpg.

S. 103   Coco Chanel, Das kleine Schwarze. Skizze, 1926. In: Rudolf Kinzel: Die Modemacher. Die Geschichte der Haute Couture, Wien 1990, S. 165.

S. 104   Fashionable Mourning. In: Amy Holman Edelman: The Little Black Dress, London 1998, S. 33.

S. 109   Oscar Wilde at About Thirty (Detail). In: Frank Harris: Oscar Wilde, Volume 1 (of 2): His Life and Confessions, Self-publication, New York City 1916, o.S. http://upload.wikimedia.org/wikipedia/commons/f/f6/Oscar_Wilde_frock_coat.jpg.

S. 115   Leather Shank Button. Foto © Sage Ross.
          http://commons.wikimedia.org/wiki/File:Leather_shank_
          button_up_close.jpg.

S. 120   Constantin Guys, Femme en velours, 1860–1864. Aquarell.
          In: José Alvarez (Hg.): Constantin Guys 1802–1892. Fleurs du
          mal. Dessins des Musées Carnavalet et du Petit Palais, Ausst.
          kat. Musée de la vie romantique, Paris 2003, S. 138, cat. 32.

S. 125   Félix Vallotton, Le Bon Marché (1893). Holzschnitt.
          © Brooklyn Museum, Henry L. Batterman Fund.

S. 131   Donwan Harrell PRPS Noir Denim Jeans. Foto: PRPS
          Jeans, New York. https://theselvedgeyard.files.wordpress.
          com/2012/03/img_2808.jpg.

S. 139   Der Papyrer. In: Hans Sachs: Eygentliche Beschreibung al-
          ler Stände auff Erden, hoher und nidriger, geistlicher und
          weltlicher, aller Künsten, Handwercken und Händeln […],
          Frankfurt am Mayn: Feyerabend 1568, o.S.

S. 143   The Souper Dress, 1966. Foto: Takashi Hatakeyama. © The
          Kyoto Costume Institute. Abdruck mit freundlicher Geneh-
          migung.

S. 150   Inszenierung von »Faserland« durch das Schauspiel Hanno-
          ver 2012. Foto © Katrin Ribbe/Schauspiel Hannover. Abdruck
          mit freundlicher Genehmigung.

S. 155   Thomas Bernhard, 1971. Foto (Ausschnitt) © Erika Schmied.
          Abdruck mit freundlicher Genehmigung des Residenz Ver-
          lags.

S. 162   Jackie Kennedy im rosa Chanel-Kostüm, Love Field Airport,
          Dallas, 22. November 1963. Foto © Cecil W. Stoughton.
          U.S. National Archives and Records Administration.
          http://commons.wikimedia.org/wiki/File:Kennedys_arri-
          ve_at_Dallas_11-22-63.JPG.

S. 165   Garderobe im Theater Wolfsburg. Foto © Lars Landmann.
          In: Katrin Barthmann, Rocco Curti, Nicole Froberg: Hans
          Scharouns Theater für Wolfsburg 1973–2013, hg. Stadt Wolfs-
          burg, Forum Architektur, Berlin 2013, S. 40.

S. 170–   Collagen © D.M. Nagu.
  176

S. 179   Aschenputtel. Farbige Illustration von Karl Fischer.
          In: Die Kinder- und Hausmärchen der Brüder Grimm, Bd. 3,
          Berlin 1960, Cover.

S. 190   Swami Vivekananda im Turban, 1893.
          In: His Eastern and Western Disciples (Hg.): The Life of Swami
          Vivekananda [1912], published by Swami Bodhasarananda in
          2 Volumes, sixth Edition, Kolkata 2008 (Bd. 1, o.S.).

S. 198   Atatürk mit Kalpak. Kolorierte Fotografie, ca. 1923.
          Foto: unbekannt. http://img809.imageshack.us/img809/
          6813/ataturk1.jpg.

S. 199   Atatürk mit Panamahut (Ausschnitt), 1925. Foto: unbekannt.
          https://www.flickr.com/photos/wneuheisel/6225342675/
          sizes/o/in/photostream/.

S. 199   Atatürk im Zylinder am 29. Oktober 1925. Foto © Ullstein
          Bild. https://commons.wikimedia.org/wiki/File:Atat%C3%
          BCrk_in_white_tie.jpg?uselang=de.

S. 203   Jane March und Tony Leung in Der Liebhaber (L'amant)
          von Jean-Jacques Annaud. Frankreich, Großbritannien,
          Vietnam 1992. Filmstill: https://lucychubby.files.word-
          press.com/2013/03/3058_0.jpg.

S. 207   Schüler in Schuluniform, 1925.
          Foto © Basel Mission Archive BMA D-30.67.005 (1925). Re-
          produktion mit freundlicher Genehmigung.

S. 212   Dritte Klasse in Schuluniform, Moskau 1960/61. Privatfoto
          © Franziska Thun-Hohenstein. Abdruck mit freundlicher
          Genehmigung.

S. 216   Festliche Schuluniform. Foto: unbekannt. http://www.vmir.
          su/uploads/posts/2013-10/1380705138_005.jpg.

S. 219   Kiosk im Transferbereich der U-Bahn-Station ›Lenin-Biblio-
          thek‹, Moskau 2014. Fotos © Anna Kotomina. Abdruck mit
          freundlicher Genehmigung.

S. 227   Lukas Cranach der Ältere, Adam und Eva. Öl und Tem-
          pera auf Holz, 1508–1512. Muzeum Narodowe w Warsza-
          wie/Nationalmuseum Warschau, M.Ob.588. Foto © Dorota
          Folga-Januszewska. http://commons.wikimedia.org/wiki/
          File:Cranach_the_Elder_Adam_and_Eve.jpg.

S. 234   Johannes de Borias, Emblem aus Empresas Morales von 1581.
          In: Johannes de Borias: Empresas Morales. Deutsche Übers.
          Georg Friedrich Schraffen: Moralische Sinn-Bilde, Berlin

1698; zit. nach: Arthur Henkel, Albrecht Schöne: Emblemata. Handbuch zur Sinnbildkunst des 16. und 17. Jahrhunderts, Stuttgart 1967, Sp. 996.

S. 238　Jakobs Klage bei der Nachricht von Josefs Tod. Mosaik. Erste Josefskuppel in der Vorhalle der Kirche San Marco, Venedig. In: Kirchen in Venedig. Kunst und Geschichte, Text v. Ennio Concina, Aufnahmen v. Piero Codato u. Vittorio Pavan, München 1996, S. 148.

S. 243　Erste nationale Gedenkfeier zum Völkermord in Rebero, 1995. Foto: unbekannt. Kigali Genocide Memorial. http://genocidearchiverwanda.org.rw/index.php?title=Image:Ibuka_photo_01056.jpg.

S. 246　Gedenkfeier mit violetten Halstüchern. Nyanza, Kicukiro, Kigali. Foto: unbekannt. Kigali Genocide Memorial. http://www.genocidearchiverwanda.org.rw/index. php?title=Image:Ibuka_photo_00885.jpg.

S. 248　20. Gedenkfeier, ›Flame of Remembrance Tour in Gasabo‹. National Commission for the Fight Against Genocide (CNLG), Ruanda. http://www.cnlg.gov.rw/IMG/jpg/flame-nyarugenge-2.jpg.

S. 253　Jan Luyken, Elisa slaat het water van de Jordaan met de mantel van Elia. Papierdruck (Buchillustration), 1712. Amsterdam Museum. http://www.geheugenvannederland. nl/?/nl/items/AHM01:A_50844.

S. 254　Ludwig Henfflin/Henfflin-Werkstatt, Elia teilt mit seinem Mantel das Wasser. Bibelillustration, Feder & koloriert, 1477. Universitätsbibliothek Heidelberg, Cod. Pal. germ. 17, fol. 105v. Foto © Universitätsbibliothek Heidelberg: HeidICON. Die Heidelberger Bilddatenbank. http://prometheus.unikoeln.de/pandora/image/show/heidicon_bp91078bdc82bcba1544c590765c72b9ef6e92102a.

S. 260　[Charles Nicolas Cochin d. Ä. nach] Charles Nicolas Cochin d. J., Illustration zur Laokoon-Episode im zweiten Buch der Aeneis. In: Les oeuvres de Virgile. Traduites en françois, le texte vis-a-vis la traduction. Ornées de figures en taille-douce, avec des remarques, hg. u. übers. v. Pierre François Guyot Desfontaines, Paris 1743, Bd. 2, S. 96. © Staatsbibliothek zu Berlin – Preußischer Kulturbesitz, Abteilung Historische Drucke, Signatur Wc 2964-2. Abdruck mit freundlicher Genehmigung.